"十二五"国家重点出版物出版规划项目

加纳政府与企业间关系史

1982～2008

［加纳］达科·夸贝纳·奥普库　著

刘少楠　译

民主与建设出版社

图书在版编目（CIP）数据

加纳政府与企业间关系史：1982～2008 /（加纳）
奥普库著；刘少楠译. —北京：民主与建设出版社，
2014.4

ISBN 978-7-5139-0334-9

Ⅰ.①加⋯ Ⅱ.①奥⋯ ②刘⋯ Ⅲ.①国家行政机关
—关系—企业—研究—加纳—1982～2008 Ⅳ.
①F279.445

中国版本图书馆 CIP 数据核字（2014）第 055509 号

The Politics of Government-Business Relations in Ghana, 1982-2008
© Darko Kwabena Opoku 2010
"First published in English by Palgrave Macmillan, a division of St. Martin's Press, LLC, under
the title The Politics of Government-Business Relations in Ghana, 1982-2008 by Darko
Kwabena Opoku. This edition has been translated and published under licence from Palgrave
Macmillan. The author has asserted his right to be identified as the author of this Work."
Simplified Chinese edition copyright: **2014 DEMOCRACY & CONSTRUCTION PRESS**
All rights reserved
版本登记号：01-2014-1885

加纳政府与企业间关系史：1982～2008

出 版 人　许久文
著　　者　（加纳）达科·夸贝纳·奥普库
责任编辑　赵振兰
整体设计　逸品文化
出版发行　民主与建设出版社有限责任公司
电　　话　（010）59419778　59417745
社　　址　北京市朝阳区曙光西里甲六号院时间国际 8 号楼北楼 306 室
邮　　编　100028
印　　刷　北京明月印务有限责任公司
版　　次　2015 年 1 月第 1 版　2015 年 1 月第 1 次印刷
开　　本　880×1230　1/32
印　　张　13.25
字　　数　280 千字
书　　号　ISBN 978-7-5139-0334-9
定　　价　52.00 元

注：如有印、装质量问题，请与出版社联系。

中央财经大学中国海外发展研究中心资助

出版说明

中国与非洲相距遥远，但自古以来，两地人民就有了从间接到直接、从稀疏到紧密的联系，这种联系增进了两地人民的沟通与了解，为两地的发展不断发挥着作用。特别是20世纪中叶以来，因为共同的命运，中国和非洲都走上了反殖民主义革命与争取民族独立的道路，中非之间相互同情，相互支持，结下了深厚的友谊。迈入新世纪以来，随着我国经济的发展，中非经贸关系日益深入，及时了解非洲的政治、经济、法律、文化的情况当然也就具有十分重要的现实意义。

有感于此，我社组织翻译出版这套《非洲译丛》，所收书目比较全面地反映了非洲大陆的政经概貌以及过去我们很少涉及的一些重要国家的情况，涵盖多个语种，具有较强的系统性和学术性，意在填补我国非洲研究的空白，对于相关学术单位和社会各界了解非洲，开展对非洲的研究与合作有所帮助。

译丛由北京大学、中央财经大学、浙江师范大学、湘潭大学等国内非洲研究的重镇以及国家开发银行、中非基金等单位组织，由非洲研究专家学者遴选近期国外有关非洲的政治、经济、法律等方面有较大影响、学术水准较高的论著，汇为一编，涵盖政治、经济、法律等七个方面的内容，共约 100 种图书。

对于出版大型丛书，我社经验颇乏，工作中肯定存在着一些不足，期待社会各界鼎力支持，共襄盛举，以期为中非合作做出贡献。

民主与建设出版社

2014 年 8 月

致　谢

　　这本书是在我 2005 年伦敦大学博士毕业论文的基础上修订而成的。在本书的撰写过程中，我的导师们——理查德·杰弗里斯博士（Richard Jeffries）、约翰·赛德尔教授（John Sidel）和斯蒂芬·陈教授（Stephen Chan）给予了我极大的帮助和支持：他们帮我打磨研究问题并提出极富价值的建议。我在此向他们表示由衷的感谢。特别要指出的是，理查德对我的学识成长起到了非常重要的作用；同时，他的精妙洞见也对本书贡献良多。我还想感谢我的良师益友——加拿大滑铁卢威尔弗里德·劳里埃大学（Wilfrid Laurier University）的约翰·博伊·艾乔布瓦教授（John Boye Ejobowah）。我曾经和他在威尔弗里德·劳里埃大学同事两年。同时我还要感谢我在劳里埃大学的同事罗达·霍华德—哈斯曼教授（Rhoda Howard-Hassman）对本书部分内容的阅评。最后，我要感谢多伦多大学的爱德华·安德鲁（Edward Andrew）教授对我的悉心指导和格外关注。他是我遇到过的最好的老师，他对我的人生和学业都产生了深刻的影响。

　　我在加纳进行实地调查研究时隶属于加纳大学政治学系。

1

阿伊（J. Ayee）教授帮助我在里共（Legon）校区找到了住所并且办理了图书卡。我和奥库耶教授（M·Oquaye）、吉玛—博阿迪教授（E·Gyimah-Boadi）和乔纳教授（K. Jonah）进行了十分有益的讨论。我的小学同学奥塞·聂梅查（Osei Nyamekye）在库玛西的家中热情地款待了我。我的初中同学彼得·贝西（Peter Bessey）——他也被称作波周·海斯（Pozo Hayes）——在苏尼亚尼（Sunyani）招待了我。他们的款待令我十分愉快：我既可以与旧时好友共忆童年，又节省了开销。我还要感谢那些本书中实名或匿名的受访者愿意和我分享他们的经历、知识与洞见。令我悲伤的是，曾经接受过我数个小时采访的萨福·阿杜博士（K. Safo-Adu）已经去世。愿他的灵魂安息。

如果没有来自多伦多的亲友的物质和精神支持，我的学术道路恐怕将不会一帆风顺。我的表亲夸库·博纳（Kwaku Bona）对我的帮助尤大，他在我最困难的时刻与我一起渡过难关。我的另一个表亲科菲·奥乌苏—博纳（Kofi Owusu-Bona）也不遗余力地帮助并减轻我的负担。在此我向夸库和科菲致以诚挚的感谢。我还要感谢我的挚友亚历克斯·安科玛（Alex Ankomah）。下面这件事体现了他对我的帮助。2003年5月30日，我的笔记本电脑被盗。被盗的电脑中存有我博士论文两个章节的草稿，而我在其他地方没有这两章的备份。数年的辛苦工作就这样付诸东流。亚历克斯第二天给我买了一台新的笔记本电脑，并且在随后几天不断地安慰我鼓励我，让我有勇气从头再来。我的另两位好友玛利亚·麦金泰尔（Maria McIntyre）和西比尔·莫斯利（Sybil Mosley）也对我提供了很大的帮助。

在伦敦,我的同学和好友帕特·安特维(Pat Antwi)和她的丈夫夸库·阿奎阿(Kwaku Acquah)向我提供了帮助。他们的热情款待和坚定支持使我得以度过那段在伦敦的艰辛岁月。感谢你们的友谊。

我想感谢我的妈妈——阿克苏阿·"聂梅查"·弗里姆博玛(Akosua "Nyamekye" Frimpomaa),感谢你的爱和鼓励。聪明而敏锐的她让我明白了努力工作和坚持不懈的价值。她是一个坚定的乐观主义者,永远不会让我半途而废。最后,没有我妻子阿周阿·博阿西玛(Adwoa Boahemaa)的耐心和支持,我不可能成功写完这本书。她是上天对我的恩赐。

献给我已故的舅舅奥卡梅·娜娜·科菲·康托三世（Okyeame Nana Kofi Kontor，Ⅲ），亦称长者科菲·冬尼纳（Opanin Kofi Donyina），他对我的指导和帮助让我终身受益。

关键缩略词

AC   Africa Confidential
《非洲秘闻》

ACR   Africa Contemporary Record
《非洲当代记录》

ACSMA Ada Cooperative Salt Miners Association
阿达采盐工人合作协会

AFRC   Armed Forces Revolutionary Council
武装力量革命委员会

AGI   Association of Ghana Industries
加纳工业协会

AMA   Accra Metropolitan Assembly
阿克拉市政议会

ARB   Africa Research Bulletin
《非洲研究公报》

ATC   Ada Traditional Council
阿达传统理事会

BAs   Business Associations
企业协会

BKF   Brong Kyempim Federation
布朗齐皮姆联盟

1

BOG Bank of Ghana
    加纳银行

C   Cedi
    塞地

CB   Consultative Bodies
    协商机构

CBI   Confederation of British Industries
    英国工业同盟

CDRs Committees for the Defense of the Revolution
    革命保卫委员会

CEPA Center for Policy Analysis
    政策分析中心

CEPS Customs, Excise and Preventive Service
    加纳海关

CHRAJ Commission on Human Rights and
    Administrative Justice
    布罗蒂加姆

CIBA Council for Indigenous Business Associations
    本土企业协会委员会

CPP   Convention People's Party
    人民大会党

CVC   Citizens' Vetting Committee
    公民审查委员会

DA   District Assembly
    地区议会

DC   Defense Committee
    保卫委员会

DCE   District Chief Executive
    地区行政长官

DG   *Daily Graphic*
              《每日写真报》
DIC   Divestiture Implementation Committee
              资产剥离执行委员会
DWM   December Women's Movement
              十二月妇女运动
EIU   Economist Intelligence Unit
              《经济学人智库》
ERP   Economic Recovery Program
              经济恢复计划
GBA   Ghana Bar Association
              加纳律师协会
GED   Ghanaian Enterprises Decree
              加纳企业法
GEPC   Ghana Export Promotion Council
              加纳出口促进委员会
GFIC   Ghana Film Industry Corporation
              加纳电影业公司
GHACEM   Ghana Cement Works
              加纳水泥公司
GIPC   Ghana Investment Promotion Center
              加纳投资促进中心
GMA   Ghana Manufacturers' Association
              加纳制造商协会
GNCC   Ghana National Chamber of Commerce
              加纳全国商会
GNPC   Ghana National Petroleum Corporation
              加纳国家石油公司
GPRTU   Ghana Private Road Transport Union

加纳私营公路运输联盟

GSE Ghana Stock Exchange

加纳证券交易所

GTP Ghana Textile Printing

加纳纺织印染公司

GUTA Ghana Union of Traders Association

加纳商人协会联盟

IB Identifiable Bodies

可辨识团体

ICL Industrial Chemicals Limited

工业化学品有限公司

IFIs International Financial Institutions

国际金融机构

IMF International Monetary Fund

国际货币基金组织

IRS Internal Revenue Service

国内收入署

ISSER Institute of Statistical, Social and

Economic Research

社会经济数据研究所

ITG International Tobacco Ghana

加纳国际烟草有限公司

JFM June Four Movement

六月四日运动

MFJ Movement for Freedom and Justice

自由正义运动

NCD National Commission on Democracy

国家民主委员会

NDC National Democratic Congress

全国民主大会党

NDM   National Democratic Movement

全国民主运动

NICs   Newly Industrializing Countries

新兴工业化国家

NIB   National Investment Bank

国家投资银行

NIC   National Investigations Committee

国家调查委员会

NIRP   National Institutional Renewal Programme

国家机构革新计划

NLC   National Liberation Council

全国解放委员会

NPP   New Patriotic Party

新爱国党

NRC   National Redemption Council

救国委员会

NRP   National Reform Party

国家改革党

NTE   Nontraditional Exports

非传统出口

ODI   Overseas Development Institute

海外发展研究所

OECF   Overseas Economic Cooperation Fund

海外经济合作基金会

PDC   People's Defence Committee

人民保卫委员会

PEF   Private Enterprises Foundation

私人企业基金会

PNDC Provisional National Defence Council
     国家临时保卫委员会

P/NDC Provisional National Defence Council and the National
     Democratic Congress
     国家临时保卫委员会和全国民主大会党

PNP   People's National Party
     人民国家党

PP   Progress Party
     进步党

PSAG   Private Sector Advisory Group
     私营部门顾问小组

PSCC   Private Sector Consultative Committee
     私营部门咨询委员会

PSR   Private Sector Roundtable
     私营部门圆桌会议

PT   Public Tribunal
     公共法庭

P/WDC People's/Workers' Defense Committees
     人民/工人保卫委员会

SCCL   Star Chemical Company Limited
     星光化学品有限公司

SFO   Serious Fraud Office
     严重欺诈办公室

SMC   Supreme Military Council
     最高军事委员会

SOEs   State-Owned Enterprises
     国有企业

SSNIT   Social Security and National Insurance Trust
     国家社保信托基金

T&CG	Transport and Commodity General
	通用运输商品公司
TTBF	Tano Tile and Brick Factory
	塔诺瓷砖厂
UGCC	United Gold Coast Convention
	黄金海岸统一大会党
UTAG	University Teachers Association of Ghana
	加纳大学教师协会
VAT	Value Added Tax
	增值税
VSPL	Vacuum Salt Products Limited
	真空盐制造公司
WA	West Africa
	西非
WDC	Workers' Defence Committee
	工人保卫委员会

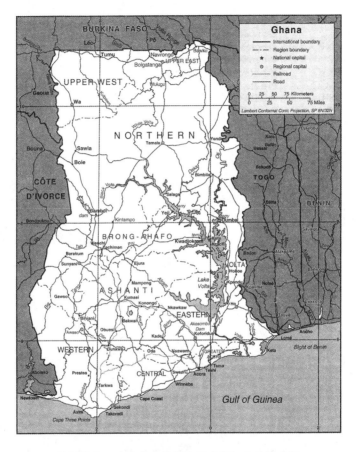

地图信息：来自德克萨斯大学奥斯汀分校图书馆

地图右上角图例自上至下：国界、地区边界、首都、地区首府、铁路、公路

序 言

　　20 世纪 80 年代以来，为了刺激非洲资本主义的发展，世界银行在援助国的支持下要求非洲国家政府必须推行一系列正统的新自由主义经济政策来换取世行的结构调整贷款。本土企业一直被认为是新自由资本主义的中流砥柱。世界银行认为，"非洲需要自己的企业家，只有他们的首创和进取才能够满足社会对于低成本产品和服务的长期需求"（世界银行，1989，第 135 页）。然而，尽管旨在刺激私有部门发展的新自由主义经济改革已经持续了二十年，但是富有活力的非洲资本家群体却没有出现。这些改革还力图促进国家和企业的联盟，但这种联盟同样没有实现；与之相反，政府和企业之间的关系依旧紧张甚至充满敌意。简而言之，世行刺激非洲资本主义发展和促进经济成长的一系列努力和改革没有收到预期的效果，令人失望。

　　企业家是新自由主义经济改革成功的关键，为什么非洲国家领导人愿意接受新自由主义经济改革却不愿意看到企业家群体的崛起？为什么这些改革在促进当地私营经济发展和刺激富有活力的资本家成长方面作用有限？本书将对这些问题做出解答。为了解决这些问题，我将通过加纳的案例——它是 20 世纪八九十年代非洲新自由主义改革的代名词——对非洲新自由主义经济改革的理论假设和与之相关的政策提出质疑。本书的主要论点分为以下两个方面。首先，加纳的裙带政治和统治者的积累策略意味着：政治考量而非经济考量支配着政策制定和政府对企业家的态度，这就没有为后者的发展留下多少空间。第二，一些旨在促进加纳资本主义发展的政策措施同时也限制了加纳资本家的扩张能力。因此，理解非洲独特的政治经济环境和新自由主义政策的基本特征对于我的研究问题十分关键。

世界银行在其 1981 年的报告中认为，非洲的经济危机主要是因为错误的国内政策。在对非洲国家的国内政策进行广泛批评后，这份报告将公有部门的管理不善、对农业的偏见、不自由的贸易和汇率政策列为非洲经济陷入危机的主要原因。报告认为，国家对非洲经济的大规模干预扼杀了本土资本家的成长，使他们难以在非洲的经济发展中发挥积极作用。这份报告假设，如果一系列系统的改革措施得以实行，非洲资本家的发展和扩张就必将实现。它还进一步假设，一旦改革实行，企业家将会得到更多的资源。

80 年代末，世界银行对非洲经济失败的原因提出了进一步的解释。世行认为，"政治统治危机，即政治权力全面管理国家事务，造成了非洲的发展问题"（世界银行，1989，第 60 页）。世行依旧坚持经济改革的关键作用，但也承认经济改革的同时必须辅以政治机构改革。如果没有后者，引导非洲经济走向资本主义经济轨道的改革努力将难免失败。

世行的这一观点可谓恰当其时。90 年代初，随着共产主义在东欧的覆灭，西方成为非洲国家唯一的援助来源。在这一背景下，一些西方强国开始把民主化作为向非洲国家提供双边援助的前提条件。民主被认为是有效推行自由主义改革的前提，因为其可以防止统治者滥用权力，使之更加负责，并且创造一个有利于资本家成长的环境。世界银行采纳了西方国家的这一观点，从而开启了非洲新一轮的民主变革浪潮。

非洲学家对于想象中的民主和有效的新自由主义改革之间的联系持强烈怀疑态度。（参见杰弗里斯，1993；卡拉奇Callaghy，1994a）他们注意到，经济发展服从于政治考量是导致非洲经济危机的原因，这一危机促使世行更加积极地介入非洲经济事务并试图通过推行民主改革来解决危机。然而，世行的民主改革药方并不能改变经济服从于政治的情况，因为世行要求这一体系的受益者去摧毁这个体系。

罗伯特·贝茨（Robert Bates，1981）对于政治考量胜过经济考量这一情况进行过很好的阐释。他认为，非洲政府领导人在制定经济政策时的首要考量是如何最大限度的确保自己的政治生存。在这一考量的驱使下，他们对市场进行干预，把资源从小农向官僚、实业家和工人等更加有组织、有力量和有威胁的城市群体转移。国家市场管理局是转移资源的主要工具。它对出口农产品征税并稳定地提高税率，从而用这些收入来资助政府和类政府部门的扩张。

而且，英语非洲国家的政府倾向于维持过分高估的汇率。这样就使得进口产品——这些产品主要由城市群体消费——变得便宜，但却极大地减少了农民的收入。政府还刻意压低食品价格以安抚城市居民。长此以往，对农业的不公导致许多农产

3

品生产者放弃或者减少农作物的生产，或者把农作物走私到价格更高的邻国销售。农产品出口量的减少成为许多非洲国家出现日益严重的收支平衡问题的主要原因。这一问题远比国际贸易环境的恶化来的严重。由于农业出口收入是多数非洲国家财政收入的基础，长期的农业衰落导致政府收入的减少以及政府收入占国内生产总值比重的下降。因此，政府也就愈发难以维护交通基础设施、改善医疗卫生条件和提供教育津贴。更加讽刺的是，政府甚至都难以维持自身雇员的实际工资水平，而政府的各项政策最初就是为他们服务的。大多数非洲政府就此陷入了他们自身政策所导致的经济螺旋下降衰落的恶性循环。贝茨发现，尽管这些政策在经济上被证明是有害的，但他们在政治上却有其合理性。

　　对个人统治进行说明有助于我们对这一非常规的权力运用的理解。个人统治长期以来被认为是非洲的主要统治模式。个人统治成为非洲脆弱而不稳定的新政权收编潜在敌对者和扩大支持基础的一种方式。非洲政府通过扩大国家机构的规模向人们提供政治赞助。例如，政府向不同程度的受过教育的年轻人提供工作机会，从而化解他们可能会对政府造成的威胁。领袖们手中握有极大的权力并且通过非正式渠道巩固权力。统治者对于巨额财富积累渠道的控制和垄断能力是个人统治的另一个重要方面。事实上，现任统治者把资产阶级所拥有的独立于政府的大规模资本积累能力视作政治威胁。韦伯认为，"为了其自身统治的利益，世袭统治者必须反对资产阶级的经济独立"（韦伯 Weber，1978，第1107页）。因此，加纳总统夸梅·恩克鲁玛曾对自己的助手坦白过自己的忧虑——统治者所共有的忧虑：如果他允许加纳资本家成功，那么他们反过来会反对他并威胁他的统治（埃森克 Esseks, 1971a）。在非洲，资源、利益、财富积累和向上的流动性都系于国家，因此政府总能够成功地对资本家的财富积累施加影响。实际上，最成功的企业家几乎无一例外都是（国家体系的）内部人士；体系外的企业家大多折戟沉沙。

面对非洲国家的这一情况，旨在促进非洲资本主义的新自由主义改革试图剥夺统治者赞助的主要手段——权力寻租、过分高估的货币、对经济的干预和公有企业等。另一方面，非洲政府则受困于一场激烈的零和游戏之中：在这场游戏中，只有胜利者才能决定谁来控制关键资源——大多时候这种资源是资本。而且，由于对关键资源的控制权和维持自身权力息息相关，现任统治者绝不愿意把资源的控制权拱手相让。因此，在这种环境下，资本主义处境险恶，前途未卜。

那么，为什么非洲国家政府愿意接受新自由主义经济改革？至于其中原因，各家众说纷纭；但其中最具说服力的一个是：这是它们唯一可行的选择。这一解释尤其适用于在加纳发起新自由主义经济改革的杰瑞·罗林斯（Jerry Rawlings）的国家临时保卫委员会（Provisional National Defence Council）政权。国家临时保卫委员会在执政初期曾尝试推行激进的民众主义，并且试图从社会主义国家获得经济援助。直到这些实验和努力都归于失败，国家临时保卫委员会才同意采纳新自由主义的经济改革方案。即使在那之后，罗林斯统治下的几届政府的经济政策都很难和促进资本家成长扯上关系。

尽管如此，加纳的经济改革计划却十分周密彻底，并且取得了一些显著的成效。到 20 世纪 90 年代中期，经济改革计划涵盖了货币汇率的大规模贬值、进口数量限制的取消、相对较低的 10%～25% 的统一税率、削减到 35% 的公司税和 5% 的资本所得税、价格控制和补贴的取消、大量公有企业的关停和私有化、外国投资法的修订以及对出口和投资基础设施的特别鼓励措施。正如世界银行所言，到 1994 年，在自由贸易和较低程度的关税保护方面，加纳是非洲最先进的国家。

和结构调整前的十年相比，加纳经济在出口、进口和整体收支方面都取得了极大的提升。加纳 1983～1990 年间国内生产总值年均增长 5.2%，随后其增长幅度在 90 年代下降到年均 4.4%（哈切夫 Hutchful，2002，第 58 页）。财政收支方面的表现尤其令人印象深刻。政府收入占国内生产总值的比例从 1983 年的 5.3% 上升到 1986 年的 14.4% 和 1991 年的 14.5%。这促进了实际收入的强劲复苏，使得政府得以增加教育和卫生支出，同时逐步重建交通和通讯基础设施。全国投资占国内生产总值的比例也从 1983 年的 3.7% 跃升至 1990 年的 16%（哈切夫，2002，第 58 页）。然而，投资方面的复苏主要来自公共部门，得益于高额的外部援助。相比之下，私人投资从 1983 年的 4% 上升到 1990 年的 9%，但随后就一直维持在这一水平没有进一步提升。

尽管加纳所取得的成功有限，一些世界银行官员仍然对加纳在 90 年代初实现东亚式的经济起飞持乐观态度。然而，这一乐观态度并无依据。加纳所取得的经济成就和东亚新兴国家相比显得十分平庸，其服务业一直是最具活力的部门。这一结构变化在某种程度上可以被认为是一种退步。尽管工业部门占

国内生产总值的比例从 1983 年的 11.6% 增长到了 1987 年的
14%，但是这一比例一直到 1998 年都维持在这一水平停滞不
前（相比之下，这一比例在 70 年代曾达到 20%）。这一明显
的停滞之下还隐藏着工业部门的变化，即采矿业在工业内所占
比例增加而制造业则出现衰落。桑佳娜·劳（Sanjaya Lall，
1995，第 2025 页）指出，加纳制造业增加值之所以能够在
1983～1989 年之间迅速增长，是因为加纳制造业企业能够得
到进口原材料并且充分利用自己此前巨大的过剩产能。然而，
当这一过剩产能全部用尽之后，由于保护性关税迅速降低，加
纳制造业就完全暴露于国际竞争之下，其增长率也急剧下降。
加纳的制造业增加值从 1984 年的 12.9% 下降到 1989 年的
5.6%，并在 1990 年进一步下降到仅有 1.1%。到 1996 年，制
造业仅仅占国内生产总值的 4.8%，比 1993 年下跌了 7%。正
如私人企业基金会主席所言，"加纳正日益变成一个由顾客和
店主组成的国家，几乎没有制造业和工业生产"。

　　如果更加仔细地观察工业部门内部的发展，我们会发现大
企业——其实大部分是国有企业——遭到了最沉重的打击；它
们几乎被进口产品的竞争所摧毁。这主要是因为它们落后的技
术能力。幸存的企业大多数是由于自身的性质没有受到进口竞
争的冲击：那些生产低成本或地方化产品的小企业、受到高运
输成本保护和经营地方原材料的较大规模企业。与采矿业和其
他资源产业相比，流向制造业的外国投资没有出现显著增长；
制造业出口也没有任何明显的增长。

　　当然，新自由主义者以加纳和非洲其他地方的有限成功来
为他们自己开脱责任。他们把失败的原因归咎于以下两个方

6

面。首先，加纳和其他非洲国家没能成功地创造一个足够良好的宏观政治经济环境；其次，如世行80年代末所强调的，加纳等国需要有相应的（民主化）政治进程和制度变革来支撑经济改革。在这一背景下，我认为加纳的有限成功便可以和新自由主义的理论框架有机联系起来。这一框架强调新制度经济学的一些内容，如保障财产权的安全和降低交易成本。

与新自由主义学派相对的是发展型国家学派。韦德（Wade，1990）、阿姆斯登（Amsden，2001），常（Chang，2003）和其他学者的研究显示，最成功的发展中国家往往通过对制造业提供广泛的补贴来进行干预，而这种干预是新自由主义经济学家所反对的；他们还探讨了这些国家这么做的原因：如阿姆斯坦所言，（这些国家是）"为了把它们的经济重心从初级产品生产转向知识型生产，而后者是经济发展的关键"（阿姆斯登，2001，第8页）。然而，更重要的一点是，政府补贴之所以投向高效行业而非低效不可持续的行业，是因为它们（高效行业）的表现可以时刻被政府监督："它们不会白白浪费。"（阿姆斯登，2001，第8页）。康（Kang，2002）试图淡化这些因素的重要性，但是东亚发展型国家的成功有着重要的前提：他们拥有真心谋求发展的统治精英和团结高效的官僚机构来促进经济的发展。世界银行十分推崇东亚国家的这些经验，尤其是它们的行政管理能力和连贯性，认为这是资本主义发展的关键，并把加纳和它们进行比较。

我对发展型国家持有以下两个观点。第一，尽管学界通常把新自由主义经济学和发展型国家的经济干预看成两种彼此对立的发展路径，但是在我看来，近期的研究和分析忽视了

"相对正统"的宏观经济政策和其他典型的新自由主义药方
——投资基础设施、增加教育投入和多种方式降低交易成本
——对于韩国、中国台湾和部分东南亚国家经济成功的贡献。
我们可以认为，在相对正统的汇率政策框架下发放财政补贴是
这些经济体系成功的一部分原因，而相对正统的汇率政策在刺
激经济迅速增长方面是十分有效的。同时，近期的研究和分析
大多强调结构和政治关系，却忽视了多数非洲国家在 1960～
1980 年间所推行的经济干预政策和韩国、台湾地区等东亚经
济体所采取的经济干预政策之间的差异。同时被忽视的还有这
些重要差异所导致的寻租方式和效果的不同。

　　第二，我认为，新自由主义对保障财产权安全和降低交易
成本的强调，可以帮助我们理解为什么加纳的自由化改革可以
取得有限的成功。我首先将十分详细地阐述为什么发起改革的
准军事政权国家临时保卫委员要疏远商业。其次，民主化对这
一情况产生的影响远没有世界银行和援助国所期待的那样清
晰。实际上，加纳在 1992 年通过民主选举回归宪政统治之后，
罗林斯的国家临时保卫委员会和全国民主大会党对于商人的骚
扰反而有所加剧。这是因为商人们在大选中支持反对党。第
三，民主化只带来了非常有限的制度环境的变化，而加纳的制
度环境在此后多年中仍然不利于资本家的发展。

　　审视加纳在 2001～2008 年新爱国党政府执政期间的经济
表现可以让我们进一步发现新自由主义的局限性。新爱国党毫
无疑义是"企业的政党"。它比上届的全国民主大会党政府更
加忠实和严格地遵循世界银行的改革政策，推行世行所推荐的
更合理的宏观经济管理方法，并和商业部门有着更紧密的联

8

系。然而，这届政府却只获得了温和的商业投资增加和整体经济增长。因此，我们需要思考的是，加纳需要哪些必要的政策措施来刺激资本主义的发展以及这种发展需要哪些行政和政治条件。

本书的研究方法、研究背景和范围

开放式访谈是本书主要的资料收集方式。作者总共采访了280位加纳的大企业家和中等企业家。我将研究这些企业家和政府之间关系的发展变化以及这种政企关系对他们自身的影响。很明显，这一研究在政治上十分敏感，而对这些问题的调查和研究方法也受到当下政治环境的影响。我最初打算发放调查问卷，并在此基础上进行开放式访谈。但是，这一方法很快就遇到了一些问题。我把调查问卷邮寄或者亲手交给一部分企业家。这些企业家是我从加纳全国商会（Ghana National Chamber of Commerce）和加纳工业协会（the Association of Ghana Industries）这两个加纳历史最久的企业协会的商人名单中所选出的。然而，调查问卷只得到了极少的回复，这使得相应的样本过小而不具有研究价值。于是，我不得不放弃了这一尝试。

尽管调查问卷的结果可能十分有趣，但是对于本书的研究目的而言，广泛的开放式访谈更加重要。在政企关系和为何私有部门的发展不如预期这样的话题上，调查问卷所得出的结果的可信程度十分有限。正如艾瑞特（Aryeetey）所言，调查问卷难以抓住投资不确定性对加纳改革的可持续性带来了很大程度的影响。在调查问卷中，商人们倾向于将财政瓶颈说成主要的困难。但是"当没有调查问卷的时候"，他们会对政府、对商人们的敌意表达自己的看法（艾瑞特，1994，第1219页）。

幸运的是，那些以调查问卷过于政治化为由而拒绝回答的商人却愿意接受开放式的访谈。其中一位受访者指出："（接受过采访的）人可以否认自己说过这段话或者声称自己的话遭到了误解，但是对自己所写下的东西却很难撇清关系。"由于多数受访者不愿意被录音，这一做法也被搁置。因此，我通过笔记的方式进行记录。采访中主要使用两种语言：第一种是在南部和中部加纳广泛使用的特维语（Twi），第二种是加纳的官方语言英语。值得强调的是，即使在加纳已经回归宪政统治七年后的2000年，很多加纳企业家仍然对于加纳政企关系这一话题出言谨慎。这其中的原因将在本书接下来的论述中一一清楚展现。简言之，企业家十分害怕政府线人以学者身份从他们那儿获取对自己不利的信息，而且2000年作为选举年的敏感性可能令他们更加恐惧。

开放式访谈这一方式降低了企业家们的担忧。作者通过这种方式逐渐获得了企业家们的信任。开放式访谈还具有一个优势，那就是可以鼓励受访者自由谈论任何他们认为相关的议题。而且，通过把多次的访谈记录与报纸和其他资料上获得的信息相互比对，这些敏感的议题逐渐明晰起来。一旦我和企业家们建立了密切的联系，他们就十分愿意把我介绍给他们的生意伙伴。这帮助我扩大了案例的样本。

在本书中受到采访的企业家样本并不是基于"科学的"选择。我尽可能多的采访了一切我所能联系上并且愿意接受采访的商人；而且整体而言，受访者中从事工业活动的企业家要多于其他类型的企业家。总共有 280 位企业家接受了采访（其中 120 位在加纳首都和最大城市阿克拉；100 位在加纳第二大城市库玛西；60 位在布朗—阿哈福省，该省是加纳的十个行政区之一）。

10   访谈样本的选择带来了一个明显的问题：这种相对不系统的样本选择方式是否意味着可能的偏见？这一点很难确定，但是根据口述的印象证据、学术著作、报纸、世行报告和其他资料，有一点十分清楚：大多数企业家都认为他们与罗林斯政府之间的关系较差。相应的，多数受访的商人也都强调这一困难的关系，这种互相印证表明受访者样本是具有代表性的。由于本书主要关注相对成功的中型和大型企业，这可能会导致偏见。本书中所有受访的企业家都至少雇佣 50 名员工。

  作者在这里要对为何选择阿克拉、库玛西和布朗—阿哈福省作为研究地点进行简要说明。对加纳资本家的研究传统上集中于加纳的主要商业中心—阿克拉和库玛西。由于这两个城市是加纳主要大中型企业的所在地，这使得他们成为研究企业家活动理所当然的地点。对我而言，在这两个企业高度聚集的城市进行相关研究可以给我很大的帮助。加纳十个行政区之一的布朗—阿哈福省之所以被纳入研究范围，是因为它可以为本项研究提供一个不同的观察角度。它作为库玛西和阿克拉等大城市的对照体，是地方层面上中小城市企业的代表。研究这一地区的企业家是否像大城市的企业家一样承受着相似的压力并面对相似的困难十分重要。

  与企业家们的访谈从 2000 年 1 月持续到当年年底。对于要求保密的受访者，我信守承诺，没有在文本中透露他们的姓名。而对于那些没有要求保密的受访者，我指明了他们的身份信息；但是对于受访者所透露的一些较为敏感的信息，我出于安全考虑隐去了受访者的姓名。

为了检验并确保经验证据的准确性，作者还对政府官员、文职人员、各类社会团体负责人、学术研究人员和加纳知名政治人物进行了访谈，从而使之与企业家的访谈记录互相印证补充。由这些团体提供的信息有时会印证企业家提供的信息；有些时候双方的信息又会彼此矛盾。当第二种情形出现时，我会"挑战"企业家对于特定事件的描述来澄清事实真相。同样地，我也会使用从企业家那儿获得的信息来检验非企业家团体所提供的信息。

采访政府官员和文职人员还有另一层原因。加纳曾把政策重点放在促进更具活力的企业家的发展上。当政府官员和文职人员落实这一政策时，他们对企业家阶层的态度和行为是否有显著变化？对这一情况的调查显然是十分重要的。因为政府官僚和文职人员是政策任务的执行者，他们的态度和行为可以方便或者阻碍企业运行。为了评估这些方面是否有进步，我对几十位政府官员和文职人员进行了一系列的采访。

除了这些调查和访谈，加纳媒体是本书的另一个重要资料来源。作者尽可能地搜寻媒体资料，使之能够和从个人访谈中获得的信息互相检验。本书所查阅的报刊资料有如下几家。首先，在伦敦出版的《西非》（*West Africa*）周报中的有关报道是一个十分有用的信息来源。《西非》所提供的有关20世纪80年代的信息尤其可贵，因为在当时的政治环境下很难获得

11

独立的新闻报道。其次，尽管国有报纸《每日写真报》（*Daily Graphic*）和《加纳时报》（*Ghanaian Times*）是加纳政府的代言人，但它们还提供了非常重要的有关商人的信息，并且反映了官方反对企业家的立场。它们对于"真空制盐产品公司"（*Vacuum Salt Products Limited*）的报道是一个主要案例（见第四章）。对于国有媒体在 80 年代的报道，我们应当更加谨慎地对待。这些报道不是对同时代事件无偏见的中肯记录，而是政府意见的传声筒。在 1992 年之后的宪政时代，由于私人报纸的大量出现，我们得以对持不同政治观点的各家媒体的报道进行研究比对。在诸多私人报纸中，《加纳纪事》（*Ghanaian Chronicle*）、《改革导报》（*Crusading Guide*）和《政治家》（*Statesman*）紧密关注国家发展。这些报纸的报道将在下面的篇章中被大量引用。

本书结构

本书包括引论、结论和正文的九个章节。第一章主要记述了自独立以来加纳历届政府所采取的针对国内企业家的政策，直至 1981 年 12 月 31 日国家临时保卫委员会夺取政权。第二章主要关注国家临时保卫委员会政权的"革命"阶段或者说"激进民众主义"阶段，即 1982 年初到 1983 年末。该章概述了国家临时保卫委员会掌权初期的背景、最初的目标、面临的挑战和其改弦更张的原因。这一章重点强调了军政权及其"革命"组织对于商业利益造成的威胁以及企业家群体对这种威胁的体验所导致的他们对于军政权持续的怀疑态度。

12

第三章主要讨论从 1983 年开始引入加纳的"结构调整"等经济改革措施。该章探寻罗林斯政府（国家临时保卫委员会和全国民主大会党）刺激私营部门发展的失败在很大程度上是因为这些经济政策的局限性。罗林斯政府的经济改革政策与独立后历届加纳政府所采取的经济政策都有着明显的区别，这些经济政策在引导经济恢复方面取得了一定程度的成功。但是，尽管改革为企业家提供了一些激励措施，可它却同时给很多企业家带来了严峻的挑战。这些经济政策使得本土企业遭遇重重困难，而 1993 年回归宪政统治之后经济政策的执行不力和恶化的宏观经济状况更是加剧了这种挑战。这些严峻的挑战对于本土的大型制造业企业造成了毁灭性的打击。

第四章主要讨论从 1983 年 4 月加纳实行市场化改革到 1990~1991 年民主化初期这段时间加纳政府与企业的关系。在此期间，国家临时保卫委员会从最初的反资本主义态度转变为拥抱新自由主义改革。这一章试图探究这一转变在何种程度上催生出一种更加积极的对待企业的新态度。作者注意到，尽管市场化改革通常伴以（政府）与商界的良好合作，但是加纳的情况却并非如此。罗林斯军政权不仅没有与企业界共谋发展，反而还继续清查没收有关企业，迫害加纳最好的企业家。因此，在这种情况下，商人们因为恐惧而不得不将财富隐藏起来，而非用于投资。

第五章记述了加纳向民主制度的过渡和全国民主大会党在 1992 年大选中的胜利掌权。该章概述了从 1992 年民主选举一直到 2000 年全国民主大会党下台这段时间内的政企关系。双边援助国积极促进民主；它们认为，民主将能够抑制权力的滥用并促进非洲的市场化改革。然而双边援助国的这一期望在加纳落空，因为政府和企业界政治上的敌对恶化了双方的关系。第六章详细叙述了全国民主大会党政府是怎样摧毁那些与反对党关系密切的企业家的。同时，全国民主大会党政府通过为自己企业界中的支持者和盟友提供贷款和私有化的公共资产等来使他们成为企业界新的翘楚。

13

　　第七章从国家层面转向地区层面，重点研究加纳十大行政区之一的布朗—阿哈福省的政企关系。基于第五章和第六章的观察分析，作者在第七章提出，尽管经济自由化使得加纳当局失去了一些重要的赞助来源，但是政府手中仍然握有其他可以影响企业家财富和命运的手段。这一针对小城镇政企关系的案例研究还将阐明企业在全国民主大会党资源动员中的重要作用。

　　第八章探究文化因素是否抑制了非洲企业家的成长。文化因素究竟对90年代加纳企业界的软弱无力有何作用？作者认为，文化因素固然重要，但是它整体上依然是经济、政治和制度不确定性的反应。这些"环境"因素在解释这一问题上更加重要。经济和政治解释已经在之前各章中详细讨论过，第八章主要关注制度因素。加纳的国家机构在多大程度上为资本主义经济提供了一个友善和支持的环境？作者重点关注加纳的行政部门和司法部门，因为它们在创造适合资本主义发展的环境方面发挥着主要作用。由于改革的主要目标是重新调整加纳经济并实现出口的增长，我还将讨论加纳出口促进委员会（Ghana Export Promotion Council）——负责促进出口的国家机构为企业发展所提供的支持。

　　第九章将探讨本书的研究发现所具有的普遍意义和启示，即哪种政策可以最好的促进资本主义的发展——这种发展需要包括发展中国家制造业企业的增长。在本章之前，本书对经验资料的运用大致都在新自由主义理论的框架之下，同时辅以新制度经济学、国际金融机构的理论假设和它们逼迫加纳政府所采取的政策。在第九章中，我将转向这些理论的批评者——"发展型国家学派"。我试图探究更具干预主义倾向的政策对于促进加纳（和其他非洲国家）的工业化是否必要以及成功实施干预主义政策的必要政治和制度前提。新爱国党在 2000 年取代全国民主大会党执掌政权；对于新爱国党政府经济政策和经济成就的概述有助于理清这一问题。最后，结论将把各章的研究发现综合起来，陈述整体的论点。

目录

1 | 出版说明

1 | 致谢

1 | 关键缩略词

8 | 加纳地图

1 | 序言

1 | 第一章　加纳企业家和加纳政府

14 | 第二章　国家临时保卫委员会统治下的前十八个月

41 | 第三章　经济改革的成就和局限

80 | 第四章　政府与企业间关系的紧张（1983～1991）

119 | 第五章　民主时代的政府与企业关系

176 | 第六章　加纳企业的变化：国家临时保卫委员会/
　　　　　　全国民主大会党坚定分子的崛起

205 | 第七章　全国民主大会党和企业间的关系：
　　　　　　布朗阿哈福省（Brong-Ahafo）案例研究

245 | 第八章　资本主义扩张的制度环境约束

277 | 第九章　加纳经验的理论意义

294 | 结论

301 ｜参考文献

349 ｜本书引用的报刊杂志

351 ｜索引

第一章　加纳企业家和加纳政府

近年来，大量研究聚焦于为何新自由主义改革只在非洲取得了有限的成功。这些研究发现，除了少数一两个国家之外，大部分非洲国家政府都不愿意改变它们和企业间的关系，即使这（指维持之前的政企关系）会给经济增长带来负面效果。在积累财富、确保权位和获得赞助工具的驱动下，这些政府及其领导人更喜欢和企业家们发展排他性的关系并建立商业帝国。斯科特·泰勒（Scott Taylor, 2007）关于赞比亚、津巴布韦和南非的研究令人印象深刻。他认为，政权是否与企业界合作取决于经济的本质、企业界对于经济的相对贡献和政企之间的制度性力量对比。赞比亚经济相对单一，主要依赖铜，因此政府不需要与企业界合作。相比之下，津巴布韦的经济更具多样性，拥有更强的制造业部门，加之白人企业有着强大的组织能力；这些情况促使政企联盟的形成，直到日益缩小的支持基础促使罗伯特·穆加贝总统（Robert Mugabe）放弃了这一联盟。在南非，后种族隔离时代的政府意识到了企业界所具有的制度性力量和经济实力，因而与后者形成了联盟。

在其对南非、毛里求斯、加纳和赞比亚等国政企互动关系的研究中，安托瓦尼特·汉利（Antoinette Handley，2008）使用了相似的分析框架来阐明特定国家的政府及其特殊国情是如何影响并塑造政企关系的。她认为，南非和毛里求斯的主要特征是"建设性对抗"：商人阶级所具备的较强的能力和雄厚的资金实力与政府的能力和实力相匹配。"两个实力相对匹配的参与者"之间的"有益的"平衡使得企业界能够对南非和毛里求斯的经济政策制定施加重要和持续的影响。相比之下，在加纳和赞比亚，"新世袭制"占据支配地位，同时政府也支配着企业界。而且，不同于南非和毛里求斯，加纳和赞比亚企业界对于经济政策制定的影响是"可以忽略的"（汉利，2008，第 2 页）。

在更宽泛的关于第三世界政企关系的研究中，不少文献强调政企联合对于资本主义发展和经济转型成功的核心作用，比如由马科斯菲尔德和施奈德（Maxfield and Schneider，1997）所主编的论文集。许多研究都显示了政府和企业界的联合在亚洲和拉丁美洲的普遍性。一些东亚国家和企业界之间的关系尤为密切。这种密切的关系受到了（多数学者）的赞扬（埃文斯 Evans，1995；常，1994），但是也遭到了任人唯亲的指责，尤其是在亚洲90年代中后期遭遇金融危机之后（康，2002）。

因此，学界存在着一个广泛的共识，那就是政企联合可以显著地增加（经济）成功的可能性。与之相反，对于那些政府与企业界合作较少甚至彼此敌对的国家，其成功的可能性就较低。泰勒（2007，第 3 页）认为，政企联合是后起的资本主义（国家）发展的必要制度因素。之前提到的观点认为，当企业界拥有一定经济实力并具备良好的组织力量时，政府与企业的联合就会出现。这是一种合理的假设，但是却有着过分强调的危险。毕竟，新自由主义的目标只是帮助企业发展。而政府是否会与企业界合作最终是一个政治决定，这一决定受到多方面的影响，而企业的能力只是其中的一个方面。事实上，在施奈德（Schneider，2004）对于五个拉美国家的企业能力的比较研究中，他发现，尽管智利、哥伦比亚和墨西哥的企业的影响力比阿根廷和巴西的企业大，这种更大的影响力更多的是和国家政策的执行有关，而非企业本身的经济特征或是更宽泛的政治参数。

因此，在加纳，政府领导人所持的态度和倾向就显得极为重要。我的主要观点都在这样一个大的框架中展开，即个人统治和互惠政治与有活力的资本主义是不匹配的。但是需要指明的是，在这个宽泛的系统中有许多重要的变量。在这方面，乔恩·克劳斯（Jon Kraus，2002）关于加纳和尼日利亚政企关系的研究是一个例子。尽管两国都处在独裁政权统治之下，但是由于尼日利亚领导人的观点倾向（对企业友好），尼日利亚的政企关系要明显好于加纳。与加纳的其他领导人相比，罗林斯可以说是对企业家最为敌视的一位。罗林斯在处理政企关系方面独断专行，只与符合他标准的企业家打交道。他一方面果断追求推行新自由主义经济政策，另一方面又迫害企业家：他的政策是一个矛盾的集合体，他本身也是一个微妙的平衡，而这些都是新自由主义宏观理论始料未及的。

我通过检视政府和企业团体的互动来着重探讨这种矛盾（正如近期的其他研究一样），但是我还会对政府与个别企业家之间的排他性关系进行细致的研究。对于使用个人统治框架

17

3

的研究而言，案例分析显得尤为重要。我认为，这些案例是个人统治的最终体现。它们体现了经济竞争中领导人（对企业）仲裁的程度和范围，还可以强调一些新自由主义的假设有多么的抽象。我力图展示加纳的本来面目，而非被一系列假设扭曲的加纳。

此外，本书之所以包括大量细致的案例研究还有更深一层的原因。令人吃惊的是，除了一些粗略的报道，许多加纳人对罗林斯军政权如何在 80 年代迫害企业家知之甚少。加纳的一些小企业社区也对此不甚了解。即使把加纳政府在 80 年代严格控制资讯信息这一情况考虑在内，大众对一些企业家遭遇的不了解这一事实仍然令我十分吃惊。而某些企业家对事件的描述则与事实真相相差甚远，扭曲严重。在梳理过大量的信息后，我希望这本书能够帮助加纳人了解这段历史，对加纳人有所助益。

加纳的政治经济：经济衰落和走向结构调整

加纳 1957 年独立时的经济状况要远远好于其他非洲国家。它是当时世界上最大的可可生产国，拥有超过 5 亿美元的外汇储备。它的人均国民收入高达 300 美元，不仅是非洲最高，而且已经踏入中等收入国家行列（斯特赖克和塔利 Stryker and Tuluy，1989）。加纳拥有相对发达的基础设施和完善的行政管理系统。杰努（Genoud，1969）说，"加纳拥有比较先进的殖民经济"。加纳的末任总督阿登·克拉克爵士（Sir Arden Clarke）宣称，如果加纳在发展的道路上折戟沉沙，那么就没

18

有哪个非洲国家能够成功了（塞德曼 Seidman，1978）。然而，加纳经济在独立后不久就陷入停滞，1975 年开始严重衰落，随后到 1980 年跌入谷底。

加纳首任领导人夸梅·恩克鲁玛博士（Dr. Kwame Nkrumah）主要依靠国家资源来追求加纳的工业化。首先，恩克鲁玛时代占据统治地位的发展理论认为，国家在推动发展和社会变革方面发挥首要作用。该理论认为，由于前殖民地国家缺少本土民族资本主义力量，因此国家应当承担这一角色。由于快速工业化所需要的资源远远超过了民族资本家所拥有的资源，所以国家干预被看作快速工业化的关键。恩克鲁玛寻求把这一发展理论应用到加纳。

其次，恩克鲁玛推崇中央集权的经济体制，因为这与其"社会主义"和民族主义信念相吻合。正如坦桑尼亚总统朱利叶斯·尼雷尔（Julius Nyerere）和赞比亚总统肯尼斯·卡翁达（Kenneth Kaunda）一样，恩克鲁玛敌视资本主义。殖民统治的经历使他们在意识形态上对资本主义疑虑重重。非洲民族主义者常常指责国际资本支持帝国主义和奴隶制，将殖民主义剥削等同于资本主义。为了打破外国资本主义的统治地位，或者说驱逐"新殖民主义"，恩克鲁玛和其他非洲国家领导人在"社会主义"的旗帜下推行国有化和国家工业化（基利克 Killick，1978）。

最后，恩克鲁玛乐于见到准国家机构的扩张，因为它可以为城市群体提供就业机会，从而巩固恩克鲁玛的权力基础。这些城市群体——失业的学校毕业生、低收入工人和退伍士兵——构成了恩克鲁玛进行民族主义斗争的主力军，他们也是恩克鲁玛人民大会党的主要积极分子。他们期待自己的付出能够换来一份工作，可是当时的大型私营企业却没有任何快速扩张的迹象。而且，住房短缺、失业、消费品价格上涨和社会向上的流动性缺乏等议题是恩克鲁玛用以动员民众投入政治行动并进行反殖民斗争的有力武器，对于民众有着极强的吸引力（利思和洛夫奇 Leith and Lofchie，1993）。

19

从 1960 年开始，恩克鲁玛开始推行大规模的由国家主导的进口替代工业化工程。为了给各个经济部门的准国家机构人员提供高度的人为保护，他实行了一套限制进口的贸易体制。这套贸易体制由繁琐的关税、配额、外汇管制和买断禁令等构成。他让一些国有企业拥有垄断权，但是几乎所有国有企业都无法盈利，甚至还要依赖政府的补贴才能够生存。这一方面是因为糟糕的规划和可行性研究，另一方面则是因为长期的管理不善、过分的政治干预、人员冗杂和技术员工的缺乏（卡恩，1978）。

和国有企业的膨胀一样，行政部门也迅速扩张。由于国家将触角伸向各个领域，它很快成为加纳最大的雇主和社会向上流动的主要渠道。这也相应地增加了公共财政开支的压力。

对可可农民的过度征税成为了加纳财政应对国家机构膨胀的主要手段，而可可出口是加纳最重要的外汇来源。加纳可可营销局（Cocoa Marketing Board）全面垄断了可可的收购和销售，人为压低了可可的收购价格，并且从收购价格和世界市场价格之间的差价中获得巨额收入。到 1964 年，加纳的可可收购价格已经下跌到 1957 年独立前夕的一半。农民因此开始减少产量和投入（肯尼迪 Kennedy，1988）。而加纳政府却把大量的可可税收浪费在了失败的工业化项目上，这使得它在面对60年代中期商品市场的崩溃时已经没有外汇储备可供使用。面对日益增长的赤字，恩克鲁玛没有将货币贬值，而是选择维持固定汇率。与固定汇率相伴，他开始定量配给外汇并推行进口许可证制度，而进口许可证绝大部分都分配给了国有企业和其政治盟友。配给体制使得政府官员拥有了自由分配（外汇和进口商品）的权力，从而导致了大规模的腐败。面对愈发严重的经济问题，恩克鲁玛的政治镇压没有起到效果；相反，他在1966年2月的一次军事政变中被推翻。

新掌权的全国解放委员会（the National Liberation Council）比其前任在经济问题上更加现实。新政府寻求实现收支平衡并减轻通货膨胀的压力。它试图废除进口、物价和外汇方面的管制，但是在减少进口许可证方面没有取得多大成功。新政府裁剪公共部门雇员，并提高付给农民的可可收购价格。它还推行私有化计划，但是私有化计划引起的政治风暴使其半途而废（卡恩，1978）。

1969年接替全国解放委员会上任的加纳文官政府更加坚定地推行经济自由化和产业化的政策。科菲·布西亚博士（Dr. Kofi Busia）领导的进步党（Progress Party）政府试图废除进口管制并推行负责任的财政和金融政策。由于担心触犯工会联合会（Trade Union Congress）和其他城市群体的利益而引起连锁反应，政府的改革进展缓慢。尽管如此，布西亚政府还是在1971年实行了一些相当激进的自由化措施，例如：1）废除公共部门的住房和交通津贴；2）取消免费的大学教育，代之以无息贷款；3）对居民收入征收国家发展税；4）削减国

20

防开支；5）削减行政部门开支。这些措施激怒了城市群体：学生走上街头抗议政府取消免费教育，同时产业工人也开始出现骚动。布西亚对于这些抗议进行回应，废除了加纳工会联合会的垄断地位。随后，在1971年12月，政府紧缩财政预算，将塞地大规模贬值（杰弗里斯，1982）。尽管这些措施在经济上是合理的，但是却引起了民众的广泛不满，更是触犯了军方的既得利益。以阿昌庞上校为首的军官们敏锐地觉察到了这一机会，于1972年1月发动军事政变推翻了布西亚的文官政府。

新的军政权——救国委员会（National Redemption Council）把进步党的自由化政策看做是向"帝国主义"屈膝投降，拒绝继续其政策（救国委员会在1975年被重新命名为最高军事委员会 Supreme Military Council）。阿昌庞宣称，"我的目标是通过使用国家力量控制经济命脉而使得经济发展不仅仅只惠及少数拥有特权的加纳人"（《西非》，1972年6月23日，第781页）。同时，他片面地重估塞地币值，拒绝承认"坏"债——他认为不合理的受到欺骗而欠下的债务，并且单方面重新规划"好"债的归还时间表。阿昌庞恢复了学生和公共部门的补贴，并提高了最低工资水平。救国委员会还恢复了进口许可证和外汇的行政配给制度，扩大了物价控制的范围，重新确立了倾向城市而忽视农村的分配政策。

由于世界市场可可价格的上涨和国内农作物的丰收，加纳经济在1972年、1973年和1974年十分稳定。但是，从那以后，中央集权下的加纳经济开始出现严重衰落。由于可可的实际生产者价格低落，加纳的可可产量急速下跌，进而导致外汇的严重缺乏。1978年，加纳的邻国科特迪瓦和多哥的可可价

21

格分别比加纳国内高出六倍和四倍（杰弗里斯，1982）。这种差价使得可可走私猖獗。加纳的工农业和国内消费品都严重依赖进口，而外汇的缺乏则导致了进口商品的严重短缺；这种短缺又进一步导致了"kalabule"的出现——这个新词汇意指在商品短缺和过度监管下所产生的各种形式的商业性投机、贿赂、囤集居奇和走私等行为。1978年，当军政权通过印刷更多的纸币来应对财政缺口时，通货膨胀变得更加严重（吉玛·博阿迪和杰弗里斯，2000，第38页）。所有人的生活水平都严重下降。

农村的生产者受到的打击尤其严重。可可农在1952～1963年期间可以获得世界可可价格的40%～50%，1965年时他们可以获得的份额下跌到30%，而到了1975和1981年他们只能从中获得10%（伍兹Woods，2004，第231页）。而且，政府经常长时间拖欠可可农的款项，降低了自身的权威，使得大批农村民众与政府关系疏远（沙赞Chazan，1983；迈克尔Mikell，1989）。

进口许可证在分配过程中充斥着任人唯亲、徇私舞弊和贪污腐败等行为。随着时间的推移，只有政府内部人士及其亲友成为了进口许可证政策的受益者。他们大多通过进口商品或是转卖许可证而一夜暴富（奥库耶，1980）。在这个日益封闭的寻租体制和不断崩溃的经济中，盗贼统治着国家。阿昌庞政府成员的大规模腐败行为愈发明目张胆。

专业人员和学生联合起来发动了一场反对阿昌庞的运动。1978年7月5日，阿昌庞政府的其他成员把阿昌庞解职。但是，第二任最高军事委员会政府同样无所作为。在它试图把政权归还给文官政府的前夕，该政权在 1979 年 6 月 4 日被杰瑞·罗林斯(Jerry Rawlings)领导的武装力量革命委员会(Armed Forces Revolutionary Council) 推翻。武装力量革命委员会发起了一场反对腐败的运动。在其统治的三个月时间里，它处决了三位前任国家元首和五位高级军官，没收了一些私人公司及其财产，并且监督了计划中的多党选举和 1979 年 9 月加纳第三共和国的建立。人民国家党（People's National Party）政府认识到了经济的糟糕状况，但是却在行动上犹豫不决。人民国家党拒绝了国际货币基金组织（International Monetary Fund）提出的稳定经济的措施，尤其是其中的货币贬值。当时，加纳塞地是非洲被高估最多的货币（梅 May，1985）；而在 32 个欠发达国家的经济中，加纳经济是最为扭曲的一个（世界银行，1983）。1981 年 12 月 31 日，罗林斯发动第二次军事政变，建立了国家临时保卫委员会政权。

这里有必要对于前面的几点分析做进一步的展开。首先，尽管加纳的年轻知识分子普遍认为国家的经济衰落是因为它对于国际资本主义的"依赖"，但是这一观点在学理上是站不住脚的。如果追究经济衰落的责任，那么，加纳的相对孤立而非加纳的依赖性才是导致其经济灾难的原因。正如杰弗里所言，加纳之所以能够拒绝货币贬值的建议，而"仅仅通过大量印钞来弥补收入不足"，"恰恰是因为加纳不同于法郎区国家，它拥有独立的中央银行和自身的货币"（杰弗里斯，1989，第79～80页）。罗斯查尔德（Rothchild，1986）和吉玛—博阿迪（1986）同样发现，国际资本并不像其他人所说的那样是加纳经济衰落的罪魁祸首。实际上，20 世纪 80 年代前，加纳已经被外国资本主义所抛弃，因为加纳无论在战略上还是经济上都被边缘化，而加纳政府的政策又加剧了在加纳投资经商的困难。

其次，把加纳的贫穷归因于国际贸易条件或是国际贸易特征的观点也存在瑕疵。将加纳和科特迪瓦的经历进行对比有助于我们更好的了解这一情况。在人力资源和自然资源方面，加纳比其邻国科特迪瓦更具优势。两国有着相似的经济结构，也都作为商品出口国参与全球贸易。它们都在 70 年代面临石油价格的上涨——这经常被认为是加纳 70 年代经济危机的主要原因。然而，当加纳经济苦苦挣扎的时候，科特迪瓦却实现了"经济奇迹"——它在 1960 ~ 1979 年期间实现了年均 7% ~ 8% 的经济增长（吉玛·博阿迪和戴迪，1999）。这种显著的不同主要是因为国内政策，而不是外部因素。具体而言，由于科特迪瓦政府向可可农支付更高的实际价格，可可生产得以迅速扩张，而高产量也使得该国可以在 1976 ~ 1978 年世界可可价格达到创纪录新高之时获得高额受益。这些受益使得科特迪瓦可以轻松应对进口石油价格的增长。

罗伯特·贝茨（Robert Bates, 1981）对加纳的分析十分到位。但是，如吉玛·博阿迪和杰弗里斯所指出的，他的研究忽略了两个重要的问题。首先，最高军事委员会所推行的试图保护城市群体利益的政策到 1978 年反而导致了这些群体的极度贫穷。这一效果在政治上是不可接受的，同时也在经济上威胁了政权的生存。因此，贝茨关于中央集权和偏向城市的经济政策动机的解释的充分性面临着质疑。其次，与上一点相关联，根据贝茨的理论，人们很难解释 1983 年加纳的政策转向，

23

或者是当时相对较低的国内反抗。我将在第三章讨论这些问题。

加纳：国家与本土资本主义

加纳的本土民族资本主义企业是如何在这些政权下发展的？到 80 年代初期，加纳企业大部分都维持在较小规模，只有极少数发展成为中等或大型企业。这其中有三个原因。首先，国家的政策只为私营企业的发展运作留下了很小的活动范围。其次，长期的经济停滞和衰落阻碍了资本主义的发展。再次，加纳政府对于资本主义发展起到的更多是阻碍而非促进的作用。我将依次讨论这些观点。

尽管程度各不相同，但是独立后历届加纳政府所推行的政策都没有为资本积累留下多少空间。恩克鲁玛对于加纳资本家疑虑重重：他认为，鼓励资本家发展会阻碍加纳的社会主义进程（艾宁 Anin，1991）。因此，加纳的资本主义在其被接受的范围内不得不与社会主义相配合——这意味着它只能在那些国家难以参与的领域从事小规模的活动。但是，那些政府扶植的企业家通过获得进口许可证和政府合同成功获得了大量财富。

全国解放委员会和进步党政权更加倾向于资本主义。他们使加纳企业家可以更容易地获得贷款和进口许可证，并且把某些种类的企业留给他们经营。阿昌庞及其伙伴终止并逆转了其前任们的这一政策。阿昌庞等人使得加纳外汇极度缺乏并把少数的进口许可证给予他们的女友（也被称作"高尔夫女孩儿"，因为她们经常开着崭新的大众高尔夫轿车）。他们创造了极其不利于真正商业活动的环境。1983 年,加纳的国有企业已经超过 300 家,它们完全统治了加纳经济,使得私营企业无法发展壮大。国有企业获得了为数不多的可利用外汇中的大部分。

加纳的经济衰落阻碍了资本主义的扩张。本土私营制造业者长期以来都难以获得进口许可证,这让他们难以获得生产所需的关键进口商品。加纳的通货膨胀一直维持在较高水平,如 1960 ~ 1970 年期间平均通胀率为 7.6%,1970 ~ 1981 年平均通胀率为 36.4%。这使得资本家们更愿意规避风险,来从事短期的商业活动(克劳斯,2002,第 399 页)。1975 年后社会各个阶层的生活水平都急速下跌,这一情况削弱了多数人的购买能力。资本积累也因此受到影响。中央集权和配给政治催生了一种反资本主义的社会思潮:包括许多知识分子在内的社会群体都认为,资本主义是自私和反社会的。持这一观点的人认为,问题并不在于中央集权或者国家主义,而是在于分配系统中的腐败。当武装革命力量委员会在 1979 年 6 ~ 9 月惩处腐败的企业家时,许多企业家被牵连,而他们的行为大多是形势所迫。这一惩处行动使得那些有意愿从事合法生意的企业家们踟蹰不前。

罗林斯 1979 年 6 月初次掌权时推动了旨在惩处和清除"kalabule"(加纳俗语,指以不正当手段获得财富的行为)或者说清除腐败的运动。当他 1981 年 12 月 31 日重掌政权时,他的支持者们试图更进一步,建立一种更加激进的社会主义。此时,资本主义企业家们的发展前景显得比任何时候都更加黯淡。

第二章　国家临时保卫委员会
统治下的前十八个月

　　本章主要探究国家临时保卫委员会在其激进民众主义阶段或者其自称的"革命"阶段的政企关系。这一阶段开始于1981年12月31日政变夺权，大致持续到1983年后半段。尽管持续时间不长，但是在这一阶段里政府对于企业家们持有强烈的敌意。这种敌意对于企业家们有着持续的影响，直至多年之后仍然影响着企业家对于国家临时保卫委员会政权的认识。在这一阶段，军政权主要忙于"把权力给予人民"并对腐败行为宣战。它建立了一些新的机构，并赋予它们权力来实现军政权的目标。这些新机构的活动和政府激烈的反企业家论调一起，不仅对私有财产和个人财富的所有权进行污蔑，而且还严重威胁到了资本主义的企业家精神。与此同时，经济状况却继续恶化，而军政权内部也在经济政策问题上出现分裂。国家临时保卫委员会在政治上似乎已经分裂为难以调和的两派。它在经历了激烈的内部斗争和罗林斯个人统治的巩固之后才成功地改变了政策方向。

国家临时保卫委员会的背景

国家临时保卫委员会最初以激进的面目示人，宣称要动员加纳大众进行一场反对资产阶级和反对帝国主义的革命。要想正确理解国家临时保卫委员会政权的政策动机，我们需要简要回顾武装力量革命委员会在 1979 年 6~9 月间短暂掌权的情况。1975 年到 1978 年 7 月，最高军事委员会统治之下的加纳经济危机加深，行政管理失控，社会秩序混乱。在这种环境下，无论是贪污腐败还是投机倒把的行为都在规模和范围上达到了前所未有的程度（奥库耶，1980）。弗雷德·阿库福将军（General Fred Akuffo）和其他阿昌庞政府内的成员发动政变推翻阿昌庞，成立第二任最高军事委员会。但是，由于新政权和阿昌庞之间的密切关联，它并没有启动法律程序惩处舞弊牟利者。

在将政权归还给文官政府前，人们普遍认为第二任最高军事委员会将会给予其成员和其前任第一任最高军事委员会成员以全面的安全保障。就在这时，空军上尉杰瑞·约翰·罗林斯在 1979 年 5 月 15 日率领低级军官发动了一场不成功的军事政变，罗林斯本人被捕。在自己的审判中，罗林斯痛斥政府的无能和腐败，成为人民心目中的英雄。罗林斯被释放后再次发动政变，在 1979 年 6 月 4 日建立了新的军政府——武装力量革命委员会。武装力量革命委员会的主要目标是通过惩处前任军队领导人和高级军官的公然腐败行为来重建加纳军队的形象。在"打扫房屋"（house-cleaning）行动中，武装力量革命委员

26

会先后处决了三位前军政权国家元首——阿弗利法将军（A. A. Afrifa，1966～1969）、阿昌庞将军（I. K. Acheampong）和阿库福将军（F. K. Akuffo）以及五名高级军官。它希望借此来净化军队，并在公共生活中重新树立军队廉洁负责的形象。

我们在这里有必要叙述一下武装力量革命委员会对私营企业的态度，因为国家临时保卫委员会 1982～1983 年期间的政策大致上是对前者政策的延续。1979 年，罗林斯在讲话中对部分商人提出指责，称"加纳目前的经济和社会困境很大程度上是由这些商人造成的，他们躲在幕后通过欺骗性贸易和其他反社会行为愚弄整个国家"（《加纳时报》，1979 年 7 月 7 日）。与罗林斯的这一想法相对应，武装力量革命委员会虽然没有什么连贯的经济政策，但是却严格控制市场物价，并发动了一场反对 kalabule（腐败）的严酷运动。这场运动中最引人注目的措施是关闭阿克拉的马科拉市场（Makola Market）——武装力量革命委员会认为它是加纳的腐败堡垒。武装力量革命委员会成立特别法庭，以"反国家罪"的罪名审判许多知名企业家。"反国家罪"主要包括通过欺骗行为获取进口许可证、不正当的商业行为（尤其是逃避税收）和所谓的"投机倒把"。这些审判大多是草率和不透明的，被告方几乎没有任何机会为自己辩护。他们大都被判处 10～90 年的徒刑、巨额罚款和没收私人财产。在一个著名的案例中，塞乌（J. K. Siaw）在阿克拉所拥有的价值几百万美元的塔塔啤酒厂（Tata Brewery）被没收。大量加纳企业家流亡国外（奥库耶，1980）。

武装革命力量委员会意识到军政权的长时间统治会导致民众不满，于是它准备在 1979 年 9 月向民选政府移交权力。选举的胜利者——希拉·利曼博士（Dr. Hilla Limann）和他的人民国家党受到了罗林斯的公开警告，称他们只是"试用品"。罗林斯希望他们能够把经济恢复放在首位，并且继续进行反腐败斗争。但是，罗林斯的期望很快落空。利曼在处理经济问题上显示出了令人震惊的迟钝和无能（沙赞，1983；杰弗里斯，1989；1991）。同时，利曼政府高官的丑闻和贪腐指控也见诸报刊头条。罗林斯曾威胁，如果利曼政府不能反对腐败，那么他就会把它推翻；1981 年 12 月 31 日，罗林斯兑现了自己的威胁，发动政变推翻了利曼政府。

从事后的分析看，利曼政府的时运不济。用贝亚特（1993）的词汇来描述的话，1979 年 6 月 4 日政变的发起者开启了一场"社会下层"（social junior）的革命。例如，参与政变的军官或者武装力量革命委员会中的成员没有一个人拥有少校以上军衔。这一特征使得这次政变与以往的政变和老派的政治精英区别开来。1979 年政变催生了多个激进的左派政治组织并把加纳以往弱小的左派力量转变成为一股强大的政治势力。[1] 左派力量走上前台，成为利曼政府的主要批评者。除了对腐败和国家社会关系等一般议题进行批评，左派力量还寻求激进的改变（沙赞，1991）。罗林斯在加纳社会所享有的广泛

---

[1] 对于这些组织的详细讨论，请参见雷（1986）和泽博 Zeebo（1991）。在这些组织中，6 月 4 日运动和全国民主运动在 1982～1983 年期间十分具有影响。

233

欢迎和左派的政治力量一道，令利曼政府相形见绌。

1979 年 9 月～1981 年 12 月期间，这些激进组织意识到它们的未来命运和罗林斯紧密联系在一起，于是他们纷纷寻求加强和罗林斯的个人联系，并试图影响罗林斯的政治观念。而罗林斯则愿意和这些组织的领导人共处一室商谈未来，他也对新马克思主义的一些观点非常同情，尽管他并没有完全认可其可行性。罗林斯还和许多激进人物建立了良好的个人联系，其中最著名的有：加纳大学的法学讲师伏维·齐卡塔（Fui Tsikata）和卡素·齐卡塔（Tsatsu Tsikata）兄弟；他们的表亲科乔·齐卡塔（Kojo Tsikata）上尉；中士安洛贾·阿卡塔—波（Allolga Akata-Pore）；加纳全国学生联合会前副主席和六月四日运动秘书克里斯·阿提姆（Chris Atim），六月四日运动是一个以罗林斯 1979 年首次发动政变夺权的日期而命名的政治组织。这些激进人物及其运动的理论知识主要来源于"依附理论"学派。他们认为，加纳的不发达主要是因为外国资本家的剥削和国内买办资产阶级的共谋，因此想切断加纳和国际资本主义之间的联系。他们因此激烈反对同国际货币基金组织和世界银行的一切接触。他们对资产阶级的利润动机有着深深的不信任；他们支持社会主义并主张摧毁"有产阶级"的社会地位（杰弗里斯，1989，第 93 页）。

尽管罗林斯和这些激进人物保持联系，但是他从未完全变成依附理论的信徒。罗林斯在 1979 年实际上是一位道德改革家，他将加纳面临的困境归咎于政府领导人和他们的商人朋友对于权力的滥用。然而，新马克思主义者在 1979～1981 年期间已经把他们自身和罗林斯联系在了一起，因此他们寻求支配

28

新的国家临时保卫委员会政权。随着经济危机的加深，罗林斯和这些激进组织之间的意识形态分歧愈发明显并发展成为重大裂痕。

经济挑战

国家临时保卫委员会掌权时，加纳经济已经近乎崩溃。可可、矿产品和木材等加纳主要出口商品的出口量急速下降，而这三者总共占到加纳出口收入的90%。可可出口量从1964～1965年度的55.7万吨下降到1980～1981年度可怜的18.5万吨。矿产品产量也出现下滑：黄金产量从1962年的90万盎司下降到1981年的33.3095万盎司；钻石产量从六十年代的每年300万克拉下降到1982年的不足100万克拉；铝土产量从六十年代的每年超过30万吨下降到1982年的17.3万吨。木材出口额在1973年时高达1.3亿美元，但是到了1981年却只有2160万美元。80年代初期世界市场可可价格的下跌更是加剧了经济困难：1981年每吨可可的价格是590英镑，而1977年每吨可可的价格高达2900英镑（《非洲当代记录》*Africa Contemporary Record*，1981～1982，B425页）。这就极大地限制了加纳当地制造商进口关键机器、零部件和工业原材料的能力。加纳制造业指数从1977年的100%下降到1980年的69%和1981年的63.3%。由于加纳既无力进口国外商品，也无法在本土自主制造，这使得市场上的几乎所有商品都出现短缺。通货膨胀率高达三位数，食品生产下跌。1974～1982年期间，玉米产量下跌了54%，大米产量下跌了80%，木薯产量下跌

29

50%，甘薯产量下跌 55%（哈切夫，1989，第 94 页）。1975～1983 年加纳的实际最低工资下降了 86%。加纳人的每日热量摄取到 1983 年时下降到了每日最低要求的 65.4%，而在 70 年代时加纳人的平均日热量摄取还能够达到日最低要求的 92%。婴儿死亡率激增。许多交通基础设施状况恶化（卡拉奇，1990，第 274 页）。道路年久失修、零配件缺乏和不断上涨的油价共同加剧了食品短缺的情况，这种短缺在城市里尤其严重。总之，国家临时保卫委员会面临着严峻的经济挑战。

不利的外部因素让加纳经济雪上加霜。世界经济不景气使得加纳本身产量就不高的出口产品的价格下跌。由于加纳政府在国际上糟糕的信誉，它无法得到双边援助国的贷款。而且，加纳 1982～1984 年遭遇的严重旱灾进一步加剧了国内的食品短缺；森林大火又降低了可可和木材的产量。作为加纳主要的水电来源，沃尔特水电站的水位下降到了可供发电的最低水位之下。这使得加纳的生产设备使用率在 1983 年底下降到 20%～25%，严重影响了加纳的工业产量（托伊，1991）。1982 年末，尼日利亚驱逐了大约 100 万加纳人，这大约相当于加纳十分之一的人口。突然涌入的大量返乡难民，加上有关的交通费用和难民营的食宿开销，使得政府的财政开支达到了极限。

有关利比亚政府参与罗林斯政变的报道虽然未经证实，但是却引起了多数西非国家的警觉。利比亚迅速召回了其驻加纳外交官。科特迪瓦关闭了和加纳的陆地边界。多哥随后也关闭了边界。陆地边界的关闭基本切断了邻国消费品的输入，使得加纳的消费品短缺加剧。这也使得从事利润丰厚的跨国贸易的商人受到严重打击。然而，对加纳采取了最严厉惩罚措施的国家是尼日利亚。加纳当时拖欠尼日利亚石油进口款项 1.42 亿美元（《非洲研究公报》*Africa Research Bulletin*，1982 年 1 月，第 6313 页）。尼日利亚政府坚持要求加纳立即归还欠款，否则就立刻对加纳实施石油禁运。尼日利亚对利比亚在非洲日益增强的影响十分不满，它把利比亚在罗林斯政变中的可能的介入视为利比亚扩张的危险信号。

由于国家临时保卫委员会自身的意识形态取向，加之外部国家的敌意，新政权试图向利比亚和社会主义阵营寻求帮助。然而这些寻求帮助的努力却归于徒劳。利比亚的援助仅仅局限于石油信贷，但这却是远远不够的。苏联领导人则建议加纳寻求国际货币基金组织的帮助。这些国家拒绝帮助加纳并不令人吃惊。加纳需要大量的资本输入才能实现经济复苏，但是这些国家既无意愿也无能力提供资金（杰弗里斯，1991）。因此，寻求国际货币基金组织的援助似乎成为了重振经济的唯一途径。但是，国家临时保卫委员会内的新马克思主义者及其支持者对于和国际货币基金组织签订协议极度仇视。对他们而言，革命的目标正是要把加纳从帝国主义体制中解救出来，而国际货币基金组织正是这一体制的支柱。

罗林斯一开始站在激进左派一方，但是由于后者一直没能提出一个可行的经济恢复方案来替代国际货币基金组织的援助，罗林斯逐渐开始对左派持批评态度。同时，罗林斯愈发同意技术官僚的看法。技术官僚认为，鉴于加纳目前经济危机的严重程度和所需援助的规模，向国际货币基金组织求援是眼下唯一现实可行的选择。国家临时保卫委员会领导层内部意识形态的多样性使得政策共识的达成变得难以捉摸。最初，新马克

思主义者占据优势。尽管罗林斯是卓越的领袖，但是他的统治
地位却并不稳固。实际上，如下面所展示的，罗林斯的地位在
几个议题上都受到了挑战，而且一度出现试图取代罗林斯的
行动。

罗林斯本质上是一个道德改革家和为被压迫者而战的斗
士，而且他从根本上不受到任何教条式意识形态的约束。但是
尽管如此，我们必须强调的是，罗林斯还是持有和左派类似的
观点，比如厌恶资本主义，认为加纳人过去八年所经历的困难
部分源自政府官员和利欲熏心的腐败商人的勾结。尽管罗林斯
并不相信社会主义道路，但是他却想杀鸡儆猴，通过严惩腐败
商人来医治加纳社会的顽疾。1982 年，国家临时保卫委员会
采取的一些惩罚措施让商人们心惊胆战，利益受损。比如，政
府关闭了边界并且下令：50 塞地的纸币应当在几天内全部兑
换成新发行的纸币，而 50 塞地是当时加纳面额最高的纸币。
那些在国外从事跨界贸易的加纳商人无法在银行把他们的旧现
金纸币换成新纸币。甚至一些在加纳国内的商人也无法在如此
短的时间内全额兑换。然而是否能够兑换并不重要，因为那些
把 50 塞地交给银行的商人大部分也都没有得到政府支付的新
纸币。克劳斯（2002，第 402 页）指出，（政府的）这一行
动，是为了"剥夺商人手中所持有的大量现金"。而且，作为
政府追踪调查富商行动的一部分，国家临时保卫委员会收回了
所有商业贷款并且要求任何超过 1000 塞地的商业交易都要通
过支票进行。这些指令，尤其是银行可以在政府要求下透露账
户细节给当局的这条规定，不可避免地引发了商人们的不安。

"权力归于人民"（Power to the people）和"反腐战争"

(war against corruption) 的口号主要体现在民众主义准司法机构的创立上；政府创立这些机构就是为了迫害中产阶级并削弱他们的统治(汉森，1991)。保卫委员会(Defense Committees)、国家调查委员会(National Investigation Committee)、公民审查委员会 (Citizens' Vetting Committee) 和公共法庭 (Public Tribunals) 是政府实现这些目标的主要机构依托。这些机构十分具有阐述价值，因为它们对于许多企业家及其信心有着巨大的影响。

民众组织：保卫委员会

成立保卫委员会是罗林斯军政权"权力归于人民"这一理念的实践。它是"民众参与、政治教育、上下沟通和政治控制的工具"(Ray 雷，1986，第 68 页)。保卫委员会以广大普通民众为基础，无论在内在成员构成还是外部表现上都是真正的民众主义组织。它的目标是保卫普通民众的权利免受"压迫"群体损害，这些"压迫"群体包括房东、前任政治家、商人和酋长等。由于保卫委员会建立伊始就是为了把权力赋予工人、农民、渔民和士兵等"受压迫群体"，压迫群体的成员被禁止加入保卫委员会。而且，保卫委员会还在工作场所和社区中揭露并处置"腐败和反革命行为" (《加纳时报》，1982 年 1 月 30 日)。

保卫委员会得到了民众积极热情的响应，分支组织遍布加纳全国。这里必须强调的是，尽管军政权可能是真心想让民众参与到决策制定中来，它同时也寻求把保卫委员会作为动员民众的工具。"权力归于人民"的理念和行动动员了许多加纳民众尤其是年轻人来支持军政权，并使得军政权几乎没付出任何财政成本就把自身的影响力扩展到了全国。保卫委员会分为两种：一种是社区为基础的人民保卫委员会（People's Defense Committees）；另一种是工作场所为基础的工人保卫委员会（Worker's Defense Committees）。

人民保卫委员会

32　　短期而言，人民保卫委员会对罗林斯军政权极具价值。它向民众解释了"革命"的理想目标并且激起了民众对政府的支持。这种支持在1982 ~ 1983年军政权统治不稳固时显得尤为重要。人民保卫委员会进行广泛的监视，把一切可疑的活动向当局汇报。这些监视活动取得了成果。例如，人民保卫委员会逮捕了那些对军政权不满并参加1983年6月未遂政变的人，阻止了政变最终成功。人民保卫委员会的监视活动在报纸中被广泛报道，极大地震慑了潜在的反对者。

　　人民保卫委员会还承担起了推动本社区发展的职责。它们设立社区农场、建立学校和诊所、清理乡村道路和水井杂草、修复公共厕所、填平坑洼路面、清除污水并进行其他社区劳动。这些活动在三个方面十分重要。第一，由于加纳国家机器在基层的瓦解，它不能为基层民众提供这些基本服务，而人民保卫委员会正好弥补了这一空缺。第二，它们的热心服务使得军政权自力更生的呼吁获得了民众政治上和心理上的认可。第三，它们的支持使得军政权的形象更加积极正面，同时也使反对力量式微；这种支持让军政权相信它正把国家引向正确的道路。

然而，长期看来，人民保卫委员会成为了罗林斯军政权的一个主要政治负担。军政权恢复了利曼政府曾经放松了的物价控制，而这是它以"命令主义"方式应对经济危机的一部分。人民保卫委员会的积极分子们全力执行物价控制政策。商人们自然拒绝亏本买卖，因此不理会物价管控的命令而继续囤积货物。他们的这些"罪行"常常导致他们的货物被没收，他们个人被逮捕、审判和监禁，甚至被公开施以鞭刑。他们的资产则被没收。那些不遵守房租控制法令或是拒绝出租房屋的房东们的房屋被没收充公（《西非》，1982 年 7 月 5 日，第 1787页）。同样，那些无视官方规定的运输价格或者停驶自己车辆的车主们的交通工具也被没收充公。

与军政权高层的宣传相呼应，人民保卫委员会也把商人们丑化为贪婪和腐败的剥削者。它们反复谴责商人为"破坏者"，对后者进行搜捕、拘禁、恐吓和审讯，并公然侵犯商人们的合法私有财产权。实际上，人民保卫委员会很少区分公有和私有财产，并呼吁将私有企业及其财产全部国有化。在"真空制盐产品公司"（Vacuum Salt Products Limited）的案例中（详见第四章），人民保卫委员会自作主张"接管了"这一私有企业并把它变为"人民的资产"。这迫使许多企业家逃离加纳。

一些积极分子把人民的权力理解（或者误解）成通过欺诈偷盗等自私行为谋私利的机会。他们"接管"传统议事会，废黜酋长或者把酋长从宫殿中赶出，指控酋长腐败和滥用土地，并且要求国有化所有的"凳子土地"（stool land）（奥乌

33

苏，1996，第 330 页）。① 他们的恃强凌弱、过度狂热和贪污腐败激起了公众的强烈抗议和怨恨，后者把"罗林斯的民主"贬低为"暴民统治"。虽然巴弗尔·阿贾芒—杜（Baffour Agyemang-Duah，1987，第 620 页）的观点"人民/工人保卫委员会的恐怖统治令人想起中国在毛泽东文化大革命期间的红卫兵"有所夸张，但是即使是谄媚政府的国有的《每日写真报》（1982 年 2 月 17 日）也呼吁政府官员管理约束好这些人。

罗林斯最初十分倾向于这种"参与式民主"，但是他随后开始对他们的胡作非为表示不满，最后罗林斯对他们失去了信心。一些学者认为，罗林斯的这种转变是因为其在和国际金融机构的谈判中受到了世界银行的压力。但是实际上，罗林斯观点的变化要先于谈判之前。究其原因，第一，人民保卫委员会大体上处于激进左派的控制之下。罗林斯不仅反对他们的一些极端行动，而且怀疑左派试图在他的个人影响力之外发展人民保卫委员会作为另一个权力基础。第二，他意识到这些人无视法律的专横行为已经开始削弱新政府广泛的群众支持。在其五一劳动节的演说中，罗林斯谴责这样的行为并表示某些保卫委员会攫取"政治权力，做出轻率的决定并且在某些地区使它们自身变成了政治迫害委员会"（汉利，1991，第 39 页）。公众意见已经决定性的转变为反对保卫委员会，这种转变也给罗

---

① 凳子或者习俗土地是由传统国家的酋长（或一家之主）为其社区托管的土地。在南部加纳，凳子象征着酋长的权威。在北部加纳，酋长权威的标志是动物毛皮。根据阿卜杜来和恩德库瑞（Abdulai and Ndekugri，2007）的研究，加纳 90% 以上的土地都处在传统习惯机构的控制之下。

林斯军政权的反对者留下了攻击的弹药。但是尽管如此，罗林斯还是直到1984年才得以驾驭制约这些组织，因为之前他一直感觉缺乏政治上的安全感。但是，到那时，保卫委员会已经把所有商人都变成了军政权的反对者，而且，保卫委员会还让多数商人们确信：罗林斯本人实际上比其当下的表现更加敌视商业。

工人保卫委员会

工人保卫委员会主要有三个职能：（1）确保工人参与工作场所的决策制定；（2）帮助提高产量、生产力和效率；（3）保卫工人的利益不受武断不公的管理行为损害（《里贡观察家》Legon Observer，1982年4月，第6~9页）。政府官员认为这个组织是抑制管理人员对工人专横冷漠态度以及促进产业民主的关键。工人保卫委员会在各地纷纷建立，大城镇和城市中尤其多。

工人保卫委员会和人民保卫委员会一样，对军政权都有着既积极又消极的影响。它们承担起社区自主发展项目并且成为国家临时保卫委员会的先锋队。军政权有时会利用工人保卫委员会来镇压反政府抗议（《西非》，1983年5月16日，第1209页）。但是，它们却没能帮助提高生产力。这一方面是因为这些组织把大量时间花在参加政治集会、讨论工人革命、批评帝国主义和牟利动机上，另一方面则是因为外汇的极度短缺使得工厂难以进口原材料、零部件和机器。在其他时候，它还故意扰乱工厂和办公场所的生产。

工人保卫委员会试图通过斗争和对抗来促进工人的利益。

34

它对经理和企业家持敌视态度，指控他们剥削、腐败和无能。在部分案例中，经理被解职、毒打、锁在工厂外，或是被公共法庭以腐败的罪名传唤。在另一些案例中，无论是在公有还是私营企业，工人保卫委员会都废除了企业的管委会和理事会，代之以由工人主导的临时管理委员会（吉玛·博阿迪，1990）。而且，工人保卫委员会还把私人企业转变为公有资产（《西非》，1983年7月11日，第1634页）。这其中最有名的一个案例与加纳纺织印染公司（Ghana Textile Printing）有关。加纳纺织印染公司是加纳政府和联合非洲公司（United African Company）的合资企业。1982年11月，该公司以原材料短缺为由计划裁撤一部分工人，但是这引发了工人们的不满；工人们驱逐了公司的管理人员，占领了他们的住所和办公室。赶来的警察和抗议工人之间发生了冲突，导致一些工人受伤。事后，国家临时保卫委员会迅速将加纳纺织印染公司国有化，驱逐了公司的外籍经理并且设立了由工人组成的管理层和"爱国的"经理。而且，政府还下令调查这一事件，许诺严惩不当使用武力的警官（格雷厄姆，1989）。加纳纺织印染公司在1988年被归还给了其原先的主人，但是这样的暴力行动让商人们彻底失去了对军政权的信心。

　　公民审查委员会

　　公民审查委员会的任务是"调查那些生活方式和开销与其公开的收入大大不符的个人"。任何银行存款达到或超过5万塞地（按当时的官方汇率约合1.6万美元）的个人都可能受到调查，以发现其是否有偷逃拖欠税款的行为。调查员发现了大量的逃避个税、虚开发票、非法货币交易、欺诈银行贷款和违反关税规定的行为。两个案例可以说明逃税漏税的程度。调查员们发现，一个商人拥有14栋房屋，其中最后一栋是他在1982年1月以40万塞地的价格购买的。他还在1977～1982年2月期间购买了8辆汽车，其中最后一辆车的价值是30万塞地。他宣称自己的收入是26.6万塞地，但是这仅仅是估算出的他的实际收入480万塞地的7%。1982年7月，公民审查委员会命令他支付1200万塞地税款。截止1983年3月，这位商人已经支付了其中的一半（艾弗森，1983）。另一位商人在1981年12月赚取了59.5万塞地，但是他虚报了自己的收入。按照其月平均利润50万塞地计算，公民审查委员会向其征收390万塞地的惩罚性税收。由于他无力支付这些款项，他的银行存款、汽车、仓库和其他财产都被国家没收（艾弗森，1982）。由于这些审查，来自个体经营者的税收收入从1981年的1.28亿塞地上升到1982年的3.07亿塞地（哈切夫，1989）。

公民审查委员会发现了一些证据确凿的腐败行为，但是它的判决却没有什么公信力。这其中有两个原因。首先，它日益成为军政权打击私营部门尤其是其反对者的政治工具。国家临时保卫委员会前部长扎亚·伊博（Zaya Yeebo，1991）曾透露，罗林斯一方面急于审查一些人，但是却没有对他的密友奥贝德·阿萨莫（Obed Asamoah）和科菲·阿乌诺（Kofi Awoonor）进行审查。其次，公民审查委员会的调查员大多数都是军政权的坚定支持者。因此许多人把二者视为一体。

即便公民审查委员会没有因为党派之争而抱有政治偏见，

大多数商人仍然认为审判并不公平。这是因为，对于几乎所有在阿昌庞时代经商的人，公诉人都认定其有罪；而在那个时代，商人们别无选择，他们不得不在某种程度上介入到腐败和其他违法行为中。许多商人认为，由于他们的竞争者在违法行事，如果自己不做同样的事，那么就无法在竞争中生存。主要责任并不在于企业家本身，而是在于政府的规章制度和寄生的政府官员对于制度的滥用。然而，罗林斯直到1983年后期才逐渐转变观点，认为经济自由化是比惩罚行动更加有效的减少腐败的方式。

国家调查委员会

36　　　　第二个准司法机构——国家调查委员会是为了调查腐败，或者说"kalabule"。国家调查委员会被授权可以在嫌疑人被定罪之前就对他们进行监视。它有权力逮捕和拘禁嫌疑人并冻结他们的资产。而且，它还可以冻结任何存款数额高于五万塞地的银行账户并对账户持有者是否进行过违法活动展开调查。那些无法为自己的资产向国家调查委员会提供合理满意解释的人的钱款将被国家没收，他们自己则在公民调查委员会或是最终在公共法庭被起诉。如果被调查者涉嫌逃避税收，即使调查仍在进行中，国家调查委员会也可以冻结他们的银行账户（伊博，1991）。受到这些调查影响最大的是商人。实际上，商人们认为，这一法律就是专门针对他们而设计的。

　　　和公民审查委员会一样，国家调查委员会同样揭露了许多真正的犯罪行为并且为国家追回了数百万塞地。根据唐纳德·雷（Donald Ray，1986，第60页）的统计，仅仅在1981年政变后的不到两年的时间内，国家调查委员会就追讨回了 500 万塞地的款项。在国家临时保卫委员会和其盟友看来，追回的这些资金不仅是反腐败运动成功的标志，还是加纳商人罪行的证据。然而，许多商人辩解说他们是清白的，他们付钱给调查委员会只是为了防止进一步的骚扰和监禁。在这些商人中，一部分人向人权和行政公正委员会（Commission on Human Rights and Administrative Justice）请求复核他们当年被国家调查委员会起诉的案例，并成功翻案。布罗蒂加姆在其部分年度报告（1993～1994；1996；1997）的案例中指出，国家调查委员会在这些案件中的公正是受到质疑的。

国家调查委员会在商人群体中的形象同样非常负面。这主要有以下几个原因。第一，它事先认定一切富人都有可能涉嫌腐败，其有罪推定的逻辑受到强烈质疑。第二，提供证据的责任在国家调查委员会的案件中颠倒过来：嫌疑人不得不寻找证据证明自己合法取得了财富。第三，国家调查委员会主要依靠三种争议的方式获取信息：（1）嫌疑人的认罪，但这有时是凭借刑讯逼供获得的（伊博，1991）；（2）线人的供词；（3）通过行政命令强迫银行交出存款额超过五万塞地的用户的姓名。最后，由于国家调查委员会主要被军政权的"革命"骨干或是其他与军政权关系密切的人控制，公众对于国家调查委员保持中立的信心严重不足。

即使受到指控的商人最终被证明无罪，国家调查委员会的调查还是对商业活动造成了损害。对于所有银行存款超过五万塞地的个人进行的调查，阻滞了商业活动所迫切需要的资本的流动，严重影响了企业活动。咖啡出口企业老板安东尼·西科

37

帕（Anthony Sikpa）的经历是一个很好的例子。1981年，他从银行贷款100万塞地用来扩大企业规模。在1982年之后的超过三年时间里，他的银行账户一直被冻结以等待调查结果。他最终洗脱了罪名，但是却付出了昂贵的代价。首先，塞地币值在他接受调查期间一落千丈。1983年3月之后的18个月内，塞地贬值了18%，这使得贬值后的塞地仅仅相当于其贬值前票面价值的5.5%。这使得他和其他企业家陷入窘迫境地。另外，尽管西科帕被禁止使用贷款，但是他仍然需要支付有关的服务费用。这一花费不可避免地阻碍了他的生意。他说，对于他财政状况的调查是"没有必要的"；如果政府官员能够改变其"一切富人都涉嫌腐败"的教条观念，那么这些调查本是可以避免的（采访西科帕）。

这些调查的长期后果更具危害性，特别是其对于银行系统保密性的影响。在我所进行的采访中，商人和大部分加纳人都表示，由于"国家临时保卫委员会早期的调查对于银行保密原则的普遍破坏"，他们不再信任银行。对于这种为了调查而强迫银行职员交出富裕客户名单的做法，一位著名的企业家进行谴责并表示这种做法是"违背常识"和"目光短浅"的。他回忆起1982年那个不光彩的故事。当时，巴克莱银行一家支行的经理布雷先生（Mr. Blay）因为拒绝交出富裕用户的名单而在其员工面前被剥光衣服鞭笞了48次（采访Appiah-Menkah）。这类行为导致大量资本从加纳逃离。多年之后，加纳人仍然不愿意把钱存入银行，而后者则因为缺乏现金而叫苦不迭。这使得加纳银行行长向政府官员请求，希望政府尊重银行账户的保密协定和不可侵犯性（《西非》，1986年11月17

日，第 2431 页）。与这一情况相关联，加纳的国内储蓄率只占到国内生产总值的 8%，远远低于非洲 13% 的整体水平（利切 Leechor，1995，第 174 页）。

这一时期政府对于商人的骚扰造成了这样一种趋势，即"中等企业的消失"。只要罗林斯仍然掌权，许多加纳商人就会选择把他们的企业限制在较小规模；鲍迪奇（1999）发现，商人在这一时期的经历是他们做出这种选择的原因之一。我自己的研究也发现，许多加纳人对于把自己的小企业升级成中等规模企业十分谨慎，以防自己成为政府的目标。

公共法庭

公共法庭是罗林斯军政权的第三个也是最后一个准司法机构。鉴于公共法庭设立的初衷是提供"迅速、简洁和直接的公正"，它拥有一些新的权力。首先，公共法庭的审判过程"不受到任何技术规则的约束"，因为"这些约束在过去阻碍了公正的实现、使罪犯逃之夭夭"。第二，由于规避了法律技术细节，公共法庭中只有首席法官需要有律师资格。到 1984 年底，只有两个主要公共法庭的主席是律师，其余法庭的法官均由士兵或人民保卫委员会积极分子组成（克劳斯，1985）。第三，截止 1984 年，即使嫌犯被公共法庭判处死刑，他们也没有上诉的权利，除非直接向罗林斯本人申诉。国家临时保卫委员会把正规法院和公正的基本原则弃之不顾。公共法庭这个最令人生畏的军政权机构加剧了商人们的焦虑不安。

加纳律师协会基于两个原因领导了一场反对公共法庭的斗

争，尽管这最终被证明是徒劳的。首先，律师协会认为，公共法庭的人员构成和程序有违法律的基本原则。其次，它把公共法庭看做军政权企图取代现有司法系统的尝试。军政权拒绝向律师协会让步，因此后者的成员对公共法庭进行抵制。这使得政府官员、激进团体和官方媒体进一步贬低现存的法律制度并指责它的腐败和傲慢（罗斯查尔德和吉玛—博阿迪，1982）。在一个案例中，激进分子命令私人开业律师要么停止抵制行动，要么面临毁灭（《每日写真报》，1982 年 10 月 1 日）。在其他一些案例中，激进分子控制法庭，驱逐法官，设立他们自己的"人民法庭"来实现公正（阿提姆和加里巴 Atim and Gariba，1987）。1983 年 6 月，阿克拉—特马人民保卫委员会"解散"了司法委员会，"废除"了最高法官的职位并占领了最高法院大楼。

企业家和著名人物被公共法庭以"经济破坏"的罪名指控（详见第四章）。罪犯面临着严厉的刑罚：灾难性的罚款、企业和其他资产的没收和 5～60 年的徒刑。批评者们指责公共法庭不仅过于严厉，而且受到军政权的控制，根据军政权的意愿做出判决。一部分公共法庭主席的坦白使得这一观点具有了一定的可信性。在公共法庭 1988 年的年度会议上，一些公共法庭主席承认他们没有公正对待部分嫌犯。比如，他们向嫌犯提出对方不可能满足的不合理的保释条件；他们判刑过于严厉，对于只应当判处 1～2 年刑期的罪犯，他们却判处了 30～50 年的有期徒刑！他们的坦白带来了一个问题，那就是为什么公共法庭的判罚会如此严厉。对此，一位主席解释道：

"我们最初认为，作为公共法庭的主席，我们需要让人们感到恐惧，尤其是那些富人、聒噪的政客、花花公子和他们的女人。所以，我们怀着复仇的心态，误把他们当作了自己真正的敌人"（阿贾芒，1988，第210页）。

这种态度反映了当时普遍的复仇心态。正如一位商人所言，"公共法庭陷入了民众主义的漩涡之中而对其事事迎合"（采访维克多）。更重要的是，它反映了公共法庭和政府之间的密切联系。国家临时保卫委员会全权决定公共法庭的人员组成。一位公共法庭的前任主席说，"公共法庭充斥着革命公正的支持者"（秘密采访）。实际上，有些时候人们很难区分军政权中的支持者和公共法庭的职员。比如说，阿多·艾金斯（Addo Aikins）偏爱革命公正，他既是公共法庭的主席，同时还是热忱支持军政权的政治组织——六月四日运动（June Fourth Movement）的秘书长（兰普提 Lamptey，1984，第1065页）。

公共法庭把检察官和法官的职能糅合在一起，使得定罪十分容易。在我所采访的企业家中，很少有人质疑军政权的执法权力。他们主要抗议的是：（1）法庭在起诉时明显过于武断并且无视应有的司法程序；（2）案件通常具有"政治"性质，"政府可以用经济犯罪的名义起诉任何它不满的行为"（采访A. A. Owusu）；（3）"一旦受到法庭审判，被告就一定会被认定有罪"（采访萨福—阿杜）。

军政权的生存威胁，极左分子的失败和结构调整

到1982年年底，由于保卫委员会和准司法机构对于商人　　40

和其他所谓"革命的敌人"的攻击，罗林斯军政权面临着失去民众支持的危险。加纳民众陷入了深刻的分裂之中。激进组织、军队下层、失业者和左派知识分子欢欣鼓舞地庆祝他们获得的政治利益，但是企业家和富人却对军政权支持下的无政府状态和"仇恨运动"十分厌恶。他们被迫害的经历使得他们最初对军政权的恐惧转变为彻底持久的敌意。同时，由于财政收支危机进一步加重，加纳没有财力支付燃料、药品和零部件等关键的进口产品。企业生产经营活动的停滞引发了社会经济问题。军政权自身则出现内部分裂，并在几个关键议题上陷入僵局。没能成功地解决前任人民国家党政府遗留下来的经济问题固然威胁着军政权的信誉和安危，但如上所述，军政权之所以信誉受损而且统治陷入危机并非仅仅是因为经济问题。

国家临时保卫委员会面临着两难的选择。激进组织给军政权提供了重要的支持和社会服务。但是，它们也越发让政府领导人陷入尴尬，甚至还几度挑战军政权。虽然明确的指导方针和路线的缺乏可以为保卫委员会所制造的混乱提供部分解释；但是，越来越清楚的事实表明，军政权内部的派系在鼓励这些制造混乱的行为。当罗林斯和其他人试图规范保卫委员会时，这一派系进行了抵制。1982年2月，随着约束并规范保卫委员会的呼声日益高涨，军政权任命了以克里斯·阿提姆（Chris Atim）为首的委员会来监督保卫委员会的活动。但是，由于阿提姆等激进派人士和罗林斯在革命方向——尤其在是否向国际货币基金组织寻求帮助的问题上存在越来越大的分歧，阿提姆等人并没有对保卫委员会进行约束，反而试图把保卫委员会作为自己的民众支持基础。因此，1982年7月，罗林斯亲自牵头成立的委员会取代了阿提姆的团队（纽金特 Nugent，1996）。

这时，军政权内部出现了双重权力结构。这种趋势随着军政权内部派系对立的加强而愈发明显。国家的双重权力结构体现在国内法律和秩序的崩溃上：不仅革命机构愈发不受约束，连普通士兵也开始肆意妄为。有时，全副武装的士兵会"直接闯入法庭阻止那些他们认为不符合自己意愿的审判；在一个案例中，主审法官在枪口下被告知他必须改变已有的判决"（《非洲研究公报》，*African Research Bulletin*，1982 年 7 月，第 6528 页）。双重权力结构也体现在官方声明的自相矛盾上。1982 年 11 月，国家临时保卫委员会成员和国防部首席长官布里格迪尔·努诺—门萨（Brigadier Nunoo-Mensah）被迫宣布辞职；效忠对象不明是其辞职的诸多原因之一。国家临时保卫委员会做出的官方决定经常"被无视或是在下达时被曲解成多种版本"（《非洲研究公报》，1982 年 11 月，第 6658 页）。

在这种近乎无政府状态的背景下，三名法官和一名退役军官于 1982 年 6 月被绑架并杀害。中产阶级对此十分愤怒，不仅把谋杀看做是对现存法律制度的攻击，而且是"最近一系列针对法官、牧师和无辜平民的残害事件的一部分"（《非洲研究公报》，1982 年 7 月，6582 页）。罗林斯对谋杀表示谴责，并且下令彻查。最终，国家临时保卫委员会的成员阿玛特·奎（Amartey Kwei）和其他六人涉嫌谋杀，被审判并处决。但是，这一审判结果却引发了争议，因为许多人都认为，国家临时保卫委员会的另外两位成员科乔·齐卡塔（Kojo Tsikata）和阿卡塔—波（Akata-Pore）也参与了谋杀却未遭到起诉。许多人把奎看作是替罪羊，而罗林斯则被指责包庇和同谋。这起谋杀导致了国家临时保卫委员会的一名成员的辞职抗议，这进一步打击了它的声誉，并且激发了公众对它的敌意。这起案件凸显了军政权对生命的漠视。商人们尤其感到自身易受攻击和脆弱无助。"企业家成为了濒危物种……我没听说哪个企业家不在逃亡。我自己也离开了（加纳）"（采访阿皮亚一门卡）。当然，并不是所有人都真的离开了，但是他的观点很清楚：企业家们陆续逃离。

除了保卫委员会缺少纪律约束的行为，其封闭的成员资格也是导致军政权日益受到敌视的原因之一；因此，罗林斯派试图加紧对保卫委员会的控制，并且允许"所有的爱国者"，无论其社会阶级，都可以成为保卫委员会的成员。这一试图淡化阶级重要性的努力遭到了激进派别的抵制。激进派认为阶级斗争是"革命"的重要特征，而罗林斯的举动则是危险的投降行为，可能让"敌人"把革命绑架。因此，罗林斯的立场被指责为"背叛者"、"反革命者"（阿提姆和加里巴，1987）和"煽动家"（伊博，1991）。与更加"中产阶级"的罗林斯相比，阿提姆和加里巴自称是"农民的儿子"，他们把保卫委员会看作是真正工人阶级的组织并且希望它们能够保持下去。

由阿提姆（Atim）、阿卡塔—波和伊博（Yeebo）领导的新马克思主义者们反对罗林斯派还有其他原因。由于军政权内部关于"革命"方向的分歧愈发严重，一场威胁到罗林斯军政府主席地位的激烈的权力斗争随之而来。这些新马克思主义者们试图利用保卫委员会、六月四日运动（June Fourth Movement）和全国民主运动（National Democratic Movement）

42

来为自身进行政治动员，从而和罗林斯派分庭抗礼。1982年10月和11月的未遂政变为罗林斯派把新马克思主义者清除出军政权铺平了道路。1982年10月，罗林斯派开始和国际货币基金组织展开会谈，这使得国内经济政策的斗争趋于白热化。新马克思主义者们依靠一些激进组织来反对谈判，这使得国内的对抗和紧张进一步加剧（伊博，1991）。与国际货币基金组织持续进行的谈判导致了多起未遂政变。罗林斯军政权中三位最著名的极左派成员因为和政变有牵连而被流放。如此一来，罗林斯自身的地位变得更加安全和稳固，也得以改变政策的方向。

极左派的消亡是实用主义对教条主义的一次胜利。这给了罗林斯领导的实用主义者足够的空间来处理紧迫的（经济）问题。到1983年4月，国家临时保卫委员会接受了结构调整计划，或者叫做经济恢复计划（Economic Recovery Program）。这一重要变化改变了"革命"的方向，也是后殖民时代加纳经济政策的分水岭。我会在第三章详细讨论经济恢复计划。但是，在这里需要指出的是，尽管人们认为极左分子的清除会让商人们安心，然而情况却远非如此。这部分是因为商人们没有把罗林斯的观点和他的极左派同事们的观点区分开来。而且还因为，即使罗林斯被左派指责为背叛和投降，即使他接受了广泛的经济自由化改革，他仍然保持着民众主义的论调并且继续迫害企业家。相应地，商人们仍然认为罗林斯对他们怀有敌意。

结　论

　　私营部门在国家临时保卫委员会的革命阶段受到了灾难性的影响。政府没能区分合法和非法的财富积累，再加上它假定所有商人都涉嫌腐败，这两者一起削弱了私有财富的合法性。反资本主义情绪和态度达到了新的高度。加纳的企业家阶层受到了从未有过的公开攻击和污蔑。许多人在一夜之间失去了自己的工厂、企业、房屋、车辆、渔船和其他财产。其他人则支付了巨额的罚金。狂热而不受约束的民众组织所带来的人身攻击、暴力威胁和普遍的无政府状态令许多人感到脆弱无助。许多人逃离家园。准司法机构做出的争议性的判决和严厉的刑罚令商人和企业元气大伤，士气低落。军政权在采纳结构调整政策之后做出许多改变，但是关键的问题在于，这些改变是否足够以及是否能够打消商人们深深的疑虑和不安。

43

第三章　经济改革的成就和局限

经济自由化改革方案最终被罗林斯军政权采纳。在此之前，激进民众主义在如何复兴加纳经济的问题上争吵了 15 个月。从那以后，国家临时保卫委员会全力推行结构调整，而加纳所实施的结构调整计划也被认为是非洲最全面的调整计划之一。加纳在 1992～1993 年回归宪政统治，随后罗林斯赢得了 1992 年和 1996 年大选的胜利并一直统治到 2000 年。这使得经济改革进程得以延续，尽管宪政时期的改革已经不如军政权时期执行得那么严格。尽管在 17 年的市场化改革中有许多旨在促进私营部门发展和繁荣的措施，但是到 2000 年为止，私人投资仍然疲软，强大的国内资产阶级也没在加纳出现。世界银行的研究（世界银行，1995；阿姆斯特朗 Armstrong，1996）认为加纳的私人投资约占到国内生产总值的 8%。国际货币基金组织的研究（帕蒂略，1998）则估算私人投资只占国内生产总值的 4%。这一投资比率包括了国内投资和外国投资。显然，加纳刺激资本主义发展的战略是失败的，而这一结果自然不是指导改革的援助国和国际金融机构所希望的。

我们如何解释私营部门持续的疲软？这些经济政策是否被

误解而无法激发出应有的效果并达到预期的目标？这些政策是否执行不力？还是像世界银行所强调的那样，问题在于糟糕的治理以及政治和制度改革的缺失对经济自由化造成了消极的影响？我认为，这三方面的原因都十分重要，忽视任何一方面都是错误的。首先，一些关键的改革措施并不像设计中的那样有利于私营部门。其次，许多改革措施本身的推行既不连贯也不彻底，尤其是在 90 年代后期。第三，加纳政府在帮助企业家降低投资风险方面并不情愿。这对加纳的工业部门和出口多样化的努力造成的损害尤其严重。在接下来的章节中，我将讨论政府治理和制度失败等其他因素。

经济恢复计划和刺激措施

加纳的经济改革是为了扭转加纳经济多年来的衰落趋势。它一方面减少国家对经济的干预，另一方面鼓励生产性的经济活动。为了实现目标，政府实施激励措施刺激食品和工业原料的生产与出口；增加消费品的供应并改进分配系统；控制通货膨胀；修复基础设施以支持生产活动；重组经济机构。政府还将塞地贬值、取消补贴、废除物价控制、实现贸易自由化、提高支付给农产品出口者的价格、企业去国有化、裁减公共部门雇员以及努力增加税收。

经济恢复计划的核心是鼓励出口，进而改变宏观经济的扭曲状况，改善长期以来的外汇短缺。由于可可、矿产品和木材占到了加纳全部出口收入的大约 90%，刺激这些部门的产出成为了计划的重中之重。直到 20 世纪 70 年代中期，可可仍然占到加纳外汇总收入的 60%，是加纳经济的中流砥柱。1964
~1965 年度，加纳可可出口达到 55.7 万吨的巅峰，随后出口
量一直稳步下降，并在 70 年代末期急速下跌。1980 ~ 1981 年
度，可可出口仅仅有 18.5 万吨。1983 ~ 1984 年度，这一数据
进一步下跌到 15.9 万吨。

　　可可产量的下降在于一系列彼此相关又互相影响的因素。
如杰弗里所言（杰弗里斯，1993，第 21 页），其中最重要的 47
一个因素是"生产动机的消失——因为过度高估的币值和垄
断性质的可可局征收的过于繁重的税收"。这导致了可可生产
者价格的急剧下降：70 年代时，可可农卖给政府的可可的价
格仅仅是 60 年代实际价格的 75%，50 年代的三分之一。到了
1983 年，他们获得的收入只是世界市场价格的 20%（哈切夫，
2002）。为了扭转这一趋势并刺激出口，世界银行要求农民从
世界市场可可价格中获得的份额在 1988 ~ 1989 年度之前要达
到 55%（赫伯斯特 Herbst，1993，第 81 页）。货币贬值和可
可营销局规模的缩小使可可生产者价格得以出现周期性的增
长。阿夸富支票①（Akuafo Cheque）减少了旧系统的滥用，一
定程度上重建了生产者的信心。这些措施抑制了可可的走私，
鼓励农民恢复已有的农场并在新的土地上开垦种植。可可产量
从 1983 ~ 1984 年度最低点的 15.9 万吨翻了一番还多，上升到

---

① 　阿夸富支票（Akuafo Cheque）用来取代以前的现金或票据支付制度。直
　　到今天，部分可可收购职员仍然会拖延付款达到几个月时间，滥用资金，
　　或是用虚假支票付给农民。在新的系统之下，农民可以立刻收到阿夸富
　　支票，这些支票能够在任何银行兑换成现金。

2001～2002 年度的 32.1 万吨。

经济恢复计划开始之前，矿业部门已经持续衰落多年。黄金出口从 1962 年的 90 万盎司下降到 1981 年的 33.3095 万盎司；钻石产量从 60 年代的每年 300 万克拉下降到 1982 年的不足 100 万克拉；铝土产量从 60 年代的每年超过 30 万吨下降到 1982 年的 17.3 万吨。1986 年颁布的《矿产品和采矿法》给矿业带来了许多益处，刺激了采矿业的强劲复苏，矿业生产迅速超过了之前的水平。阿散蒂金矿公司和其他矿业公司恢复并扩大了现有的金矿，并且开始投资新矿。本土小规模采矿的合法化减少了走私。加纳黄金出口稳步上升，并在 1994 年超过可可成为获取外汇最多的部门。钻石、铝土和锰矿石的产量和收入也开始恢复（吉玛·博阿迪，1995a；1995b；哈切夫，2002）。

木材出口在 80 年代初同样跌入低谷。木材出口额在 1973 年时高达 1.3 亿美元，但是到了 1981 年却只有 2160 万美元。类似于可可和矿业部门的刺激措施，政府同样实施了刺激木材出口的措施。其中十分重要的措施是通过世界银行援助而提供的软贷款。这使得一些木材公司多年以来第一次可以进口新的设备和零部件（本茨—伊丘 Bentsi-Enchill，1989）。此外，原木出口商被允许保留他们出口收入的 5%，而成品木材出口商则可以保留出口收入的 20%。如果有外国贷款在木材合同中，那么收入的保留比率甚至可以更高（艾耶梅德 Anyemedu，1991）。这些激励措施使得木材公司能够进口重要的设备和原材料，实现企业扩张。因此，木材出口从 1983 年的的 10.3 万立方米上升到 1988 年的 53.8 万立方米（吉玛·博阿迪，

1995a)。但是，在 1983～1988 年期间，原木出口的增长要快于木板和胶合板等高附加值产品的增长，因而失去了从木材出口获取更多收入的机会。1996 年，为了弥补这一损失，原木出口被禁止，从而迫使木材公司或者选择加工木材，或者干脆退出这个行业。

针对加纳出口过于依赖少数产品、结构单一的特点，经济恢复计划试图通过促进除了可可、原木和矿产品之外的非传统出口来实现出口的多样化。新的出口制度免除了多种出口税，废除了出口许可证，使得出口程序更加简化。同时恢复计划还实行免税进口机器和所得税减少等激励出口的措施（利切，1995）。这些激励措施很快收到了成效。1986～1992 年，出口者的数量从 373 个增长到 3188 个，出口产品种类从 99 种增加到 164 种，出口收入从 2376 万美元增长到 6840 万美元，出口目的地也从 28 个扩展到 67 个（加纳出口促进委员会，1996，第 93 页）。我稍后将详细讨论这一改革成果的意义。

汇率改革是经济恢复计划的另一个重要方面。1983 年 4 月经济恢复计划开始时，塞地汇率被高估了 2240%（赫伯斯特，1993，第 40 页）。长期以来，这种过分高估的汇率减少了出口者的收入，却使得那些可以获得行政补贴性外汇的进口者发了一笔横财。为了扭转这一情况，国家临时保卫委员会在 1983 年 4 月开启了经济恢复计划的关键内容——激进的汇率改革。它连续稳定地把塞地贬值，缩小官方汇率和自由市场汇率之间的差距。

尽管汇率改革在经济上是合理的，但是它却有着一定的政治风险。汇率改革导致进口商品价格和生活成本在短期内双双上涨。这威胁着罗林斯和其政权关键支持者——工人和学生的关系，而他们本来就已经对"革命"的方向十分不安。因此，国家临时保卫委员会在 1986 年 9 月建立了由加纳银行运行、由市场主导的汇率体制，试图把货币贬值去政治化。同时，1988 年年初，私人外汇机构的合法化为实行塞地汇率浮动铺平了道路。这主要有三个好处。首先，私人外汇机构吸收了多数的平行市场（黑市）。第二，私人外汇机构、银行和剩余的平行市场之间的竞争导致了塞地币值的进一步下降。第三，商人和企业有了获得外汇的途径。随后，进口许可证的废除减少了政府官员的腐败，为商业活动提供了便利。塞地的贬值并没有像一些人害怕的那样对商品价格产生爆炸性影响，这部分是因为加纳多数民众购买商品的平行市场（黑市）的商品价格早就已经那么高了。那些受到贬值冲击的主要是进口投机商人。

与各种刺激经济的措施相对应，改革的另一方面是严厉的财政紧缩措施，以削减政府开支、降低财政赤字。政府通过取消消费品补贴和向教育医疗收费来减少开支，但是减少在水电和电话方面的补贴却意味着使用者经济负担的增加。为了进一步降低政府运行成本，公共部门进行了精简：3 万名公务员在 1987～1990 年期间被裁撤，而可可局——先前的可可营销局在 1983～1992 年期间裁撤了 30% 的职员。应当承认的是，这些遭到裁撤的工作并非都是"真实的"。严密的监督把数以万计的"影子"工人从公共开支账单中移除。

出售国有企业可以大大地减少公共财政的负担，但是这项改革的执行却十分曲折。事实上，这是国家临时保卫委员会最不情愿执行也是实施得最为缓慢的一项改革措施。我将在第六章讨论国有企业出售计划和其对加纳资本主义的影响。这里，我将概述为何国有企业的出售直到1994年才真正开始。首先，许多技术问题需要解决，比如对国有企业的价值评估。其次，部分是受到前几次国有企业私有化经历的影响，公共舆论普遍对于私有化持敌视态度（吉玛·博阿迪，1991a）。第三，包括罗林斯在内的政府高级官员对于以盈利为动机的资本主义持怀疑态度。他们更喜欢通过公司计划、年度绩效合同和企业问责来改善国有企业的经营，而不是将它们私有化。第四，那些最有能力购买国有企业的本土私营业者绝大多数都是国家临时保卫委员会政府的政治反对者。政府官员们认为，让这些企业家购得国有企业会让反对派得到更好的财政支持。

　　难以否认的是，加纳在这一时期错失了一个良机。冷战结束前的几年时间里，如果政府能够通过迅速的私有化表明其促进资本主义发展的决心，更多的外国投资者会被吸引到加纳来。加纳接下来的经济轨迹可能就会有明显的不同。但是，加纳政府没能显著改善国有企业的经营状况，当它打算真正实行私有化之时，西方投资者已经把东欧作为了更加理想的投资地点。

　　由于税收网络的拓宽、守法纳税的改善和不懈的征税努力，税收的增加成为了国家临时保卫委员会无可置疑的成就之一。政府收入占国内生产总值的比例从1983年的不到6%上升到1986年的14%（利切，1995），并在90年代继续上升。实际上，如世界银行所指出的（1992b，第20～21页），加纳的税收收入远超预期，是改革中最成功的一个方面。它帮助缓

50

解了财政失衡的状况。它还使得政府可以增加在医疗和教育方面的投入，并且把各项服务延伸到许多农村地区。加纳的经验表明，通常所认为的结构调整会导致社会福利减少的观点是错误的。

到 90 年代中期，改革措施包括了大规模的货币汇率贬值、所有进口数量限制的废除、关税降低到相对统一的 10% ～ 25%、公司税下降到 35%、资本收益税下降到 5%、物价控制和补贴的取消、国有企业的关停和私有化、激励投资的外国投资法案的修订以及对于出口商和投资基础设施的特别奖励措施。根据世界银行的评估，到 1994 年，加纳在自由贸易和低关税保护方面是非洲最为发达的国家。

宏观经济的成就十分可观。国内生产总值首次实现了多年的连续增长，1984～1990 年的年均增速达到 5%。实际国内生产总值 1984 年增长 8.6%，1985～1988 年则年均增长 5.3%。此外，国内投资占国内生产总值的比例从 1982～1983 年的可怜的 4% 上升到 1990 年的 12.5%（吉玛·博阿迪，1995a，第 310 页），尽管这主要来源于政府投资。国内和外国的私人投资水平仍然较低。通货膨胀率逐年波动但整体稳定，并在 1991～1992 年下降到 15%。而且，政府财政赤字消失，到 1987 年还出现了小额的财政盈余（罗斯查尔德，1991，第 9～10 页）；1990 年，加纳还清了所有对外欠款（卡普图尔等编 Kapur，1991，第 3 页）。出口收入从 1984 年的 5.66 亿美元上升到 1985 年的 6.32 亿美元，1986 年的 7.49 亿美元，1987 年的 8.2 亿美元，1989 年的 8.43 亿美元和 1990 年的 9 亿美元（吉玛·博阿迪，1995b）。与此同时，援助金额占国内生产总

51

值的比例从 1983 年的不到 1% 跃升到 1990 年的约 10%。但是，必须指出的是，人均消费、实际工资和医疗教育等重要社会服务的水平仍然没有达到 1975 年以前的水平（克劳斯，1991）。

经济的恢复使得急需的社会经济基础设施的修复成为可能，政府也得以向国民提供一些过去无法提供的基本商品和服务。铁路、公路和港口等基础设施都得到了一定的修复、改善、升级和扩建。国家电网覆盖了加纳北部。电话通讯设施改善；新的信号接收器使得无线电和电视网络的覆盖范围扩大。而且，公共设施供应商得到了新的设备和交通工具（吉玛·博阿迪，1995）。

基础设施的改善便利了生产活动，促进了产品和服务的流动。在采访中，即使是最坚定的反罗林斯军政权的企业家也承认，这些进步对于商业有着积极的作用；不过其中一些企业家还说，鉴于军政权所得到的外部援助的规模，它本可以做得更好。*Ghana aye ketewa*（特维语"加纳变小了"）这句当时的流行语意味着人们可以用少得多的时间来旅游。一位企业家在布朗阿哈福省（Brong-Ahafo）首府苏尼亚尼（Sunyani）接受采访时回忆说："在过去，你无法确定一卡车货物是否能从阿克拉顺利到达这里；现在，由于道路状况的改善和零部件不再缺乏，这种不确定性已经成为历史了。"他十分欢迎电话通讯设施的提升，尤其是手机的到来。"我给我的司机们配备手机。如果他们遇到了困难，通常一个电话就可以解决问题，既省时又省钱。"港口的升级扩建方便了进出口活动并且降低了交易成本。电力供应扩展到加纳北部，使得那里的商业活动随之增加。布朗阿哈福省木材产业的繁荣（详见第七章）很大程度上要归因于该地区得以使用水电。到 90 年代初，加纳已然成为非洲市场化改革的排头兵，获得了广泛的赞誉。人们普遍猜测，加纳已经为经济起飞做好了准备。

全国民主大会党时代的经济减速

但是，由于经济管控不力所导致的宏观经济不稳定，上面提到的各项经济成就进入 90 年代之后没能延续下来。1992年，政府开支飞涨了将近45%，导致了占国内生产总值4.8%的财政赤字。这就扭转了 1987 年以来财政出现盈余的趋势。货币供应量增长了 50%；经常性项目赤字增加到国内生产总值的 9%；塞地急剧贬值；通货膨胀率高企。所有这些都发生在外部资金流入和政府收入双双减少的大背景下。1993 年，由于政府收入出现了 5.6% 的增加，财政赤字下降到国内生产总值的 2.5%。但是货币供应量仍然增加了近 30%。政府在1994 和 1995 年实现了财政盈余，但这主要是来自一次性出售国有企业的收入。如果把这些额外收入排除在常规收入之外，那么"盈余就变成了赤字"。例如，1994 年占国内生产总值的2.2% 的财政盈余就变成了 1.1% 的财政赤字（世界银行，1995）。1996 年，迅速增加的财政赤字抵消了前几年积累下的盈余。此后，政府实行了紧缩的金融财政政策并逐渐取得成果。1998 年，塞地的币值稳定下来，仅仅贬值了 4%，而1997 年塞地贬值了23%；货币供应量的增长率 90 年代以来首次下降到18% 以下，通胀率也下降了约 16%（哈切夫，2002，

52

第 217 页）。

但是，这并不是经济转好的信号。政府的财政赤字仍然维持在一个可观的规模。1999 年中期至 2000 年末，加纳的外贸条件严重恶化，导致经济的迅速崩溃。这是因为进口石油价格的迅速增长和黄金与可可的价格急剧下跌，而这两种商品占到了加纳全部外汇收入的60%以上。可可价格在 2000 年跌落到三十年来的最低点。这导致了塞地的大规模贬值、通胀率的高企和利率的飙升（世界银行，2001）。显然，1999～2000 年度对于加纳来说是个不幸的年份，经济灾难也凸显了加纳经济成就的脆弱。这次外汇危机主要源于全球商品价格的周期性波动和加纳过分依赖黄金和可可的脆弱经济结构。很明显，加纳的经济结构并没有出现什么变化。而且，加纳不仅没有实现工业化，反而出现了去工业化的情况。

政府采取了多项措施来应对外汇危机，其中三项措施值得一提。第一，单笔外汇购买量或是每日外汇购买量被限制在最高 2000 美元，而且购买者需要提供身份证明。第二，出口者不再被允许以硬通货的形式保留他们的一部分收入。第三，政府对未经授权的货币交易者展开专项打击，后者在多年的沉寂之后再度出现。这些措施不仅唤起了人们对"艰难困苦的过去"的回忆，而且还与此前实行的几项关键的改革措施背道而驰。因此，罗林斯时代结束之时，（此前取得的）经济成就已经消失殆尽。2001 年新爱国党（New Patriotic Party）上台执政时，加纳加入了重债穷国计划以免除自身债务，而仅仅在几年前，加纳还是成功的典型。加入重债穷国计划惹恼了政治反对派和部分公众，但是他们的批评并没能提供现实的替代方

53

案，只是在发泄丧失民族自豪感的沮丧情绪。

是什么原因导致了80年代和90年代经济表现的显著不同？这通常有以下几种解释。首先，政府方面认为，民主令政府束手束脚，不能高效有力地执行经济政策。罗林斯总统十分恼怒于"宪政无政府状态"。他认为，"宪法程序的复杂拖累了政府对人民所关注的问题的回应"（霍莱克 Holecek，1993，第173～174页）。财政部长夸梅·派普拉认为，民主削弱了"政府执行一些世行所要求的关键调整措施的能力"（《非洲商业》，1997年6～7月，第38页）。官方观点和一部分学者的观点相符合：在推行不受欢迎却又十分必要的经济措施上，独裁政权可以比民主政府做得更好。

必须承认的是，民主化是90年代初加纳经济糟糕表现的一个原因。毕竟，经济的波动和选举周期相一致。1992年，由于选举的缘故，公务员工资大幅增加，基础设施项目大量开工；这对当年政府财政赤字的飞涨有着重要的影响。在另一个选举年份1996年，政府开支再次飙升。民主宪法还使得1995年反对征收增值税的示威成为可能，而正是这一示威使得增值税计划夭折。如果增值税的征收推行顺利，那么它有可能帮助稳定经济。同样地，由于日益上升的政治敏感度，石油价格在1996年的增长过于温和，只有19%。这一增长率"甚至都不足以补足汇率贬值的那部分"（海外发展研究所，1996，第5页）。

然而，民主化并不是经济减速的全部原因。一些人认为，经济衰落源起于1990年——早在第四共和国开始前就出现了改革不坚定的征兆。"不结盟运动部长级会议、1990年在利比里亚的维和行动以及稍后的地方政府选举的各项直接和间接开支都没有列入预算花销之中"（海外发展研究所，1996，第3页）。更尖锐的观点指出，"近期糟糕的经济表现与当前的政治情况没有多少关联，反而是与军政权最后几年中对财政控制的日益松懈有关"（海外发展研究所，1996，第5页）。政府与1992年选举相关的开支并不是导致货币供应量大幅增加和相关经济并发症的全部原因，而只是其中的一个因素。

而且，宏观经济的糟糕表现的一个主要原因是财政政策的松弛。这种松弛源自政府内部权力关系的变化——尽管这种变化和民主政治的开始有着间接的联系。一个最好的例证就是国有石油进口机构——加纳国家石油公司（Ghana National Petroleum Corporation）所蒙受的巨额损失。1994年，政府取消了加纳国家石油公司所欠下的1.247亿美元债务，从而导致了货币供应量高达46%的增长和通胀率的升高（世界银行，1995）。1995年，财政部长奎西·博奇韦（Kwesi Botchwey）呼吁采取行动减少这种损失，但却归于徒劳；这加速了他的辞职（《非洲秘闻》，1995年4月23日）。博奇韦愤而辞职的根本原因在于他失去了对政府开支和经济议题的控制。加纳国家石油公司的负责人卡素·齐卡塔（Tsatsu Tsikata）在这件事上可以施加的影响力超过了罗林斯。为了减少财政支出，博奇韦不得不与罗林斯的多位部长和亲密顾问展开斗争，令自己四面受敌（伊博—阿法利 Yeboah-Afari，1995，第1278页）。这反映了政府内部日益增多的派系斗争以及对金融财政问题关注度的下降。实际上，博奇韦的离职象征着传奇性经济团队的解体，导致了财政政策越来越缺乏约束。

最后，如上所述，外界的资金输入对于加纳经济恢复至关重要。实际上，已经有学者把加纳的经济发展称作"援助驱动式的"（阿姆斯特朗，1996）。20世纪90年代期间，外部资金这一关键性资源迅速减少。在政府开支日益增多之时，外部资金的减少无疑使得加纳经济雪上加霜。

本国资本的回应

政府在实施一系列经济改革的激励措施后十分期待它们能够带来私营企业在数量上的增长和规模上的扩大。但是实际情况却是，加纳的资本主义只实现了非常有限的扩张。这一点得到广泛承认。然而获得本土投资的精确数据十分困难。可利用的数据很少对本地和外国投资进行区分。而且，有关私营部门的数据在整体上十分匮乏、可靠性低并且不规律。正如世界银行（世界银行，2001，第5页）所言，"由于报告的缺乏，加之现有的数据大多把国有企业的投资也包括在内，所以很难确定私人投资的实际水平"。实际上，在已有企业的数量上，加纳投资促进中心（Ghana Investment Promotion Centre）没能为世界银行的研究提供任何具体的数据。世行的研究只是简要指出，尽管加纳投资促进中心批准了大量的项目申请，但是"实际投资的项目可能非常少"。（世界银行，1993a，第61页）。

尽管如此，还是有清楚的迹象表明，加纳资本家们对于新增投资的贡献微乎其微。艾瑞特（第1211页）在1994年写道：

55

　　在政府所制定的目标中，私人投资占国内生产总值的比例应该在 80 年代的后半段达到每年 15% 的水平。但是，私人投资仅仅从 1983 年的 2.9% 增长到 1985 年的 5.4%，随后在 1986 年又下降到 2.4%。1987～1990 年期间，私人投资比例从 5.5% 增长到 5.8%，但是这其中包括了采金业的外国直接投资，而这部分外部投资占到了增长率的一半以上。

世界银行近期的研究（世界银行，2001，第 5 页）宣称，加纳私人投资在 1999 年已经占到了国内生产总值的 13%，但是一年的数据并不能说明问题。另一项估算显示，私人投资占国内生产总值的比率从 1983 年的 4% 增长到了 1990 年的 9%，但随后就在这一水平上徘徊不前。1980 年，总投资仅仅占到国内生产总值的 6%，创造了新低；而私人投资占国内生产总值的比率在 90 年代可能并不比 1980 年高出多少。而且，尽管经济出现了一些结构性变化，但是在某些方面却可以被认为是退步的。服务业始终是最活跃的经济部门。尽管工业部门在国内生产总值中所占的比例从 1983 年的 11.6% 上升到 1987 年的 14%，但是这一比例随后就在这一水平上停滞不前并一直持续到 1998 年（相比之下，70 年代时这一比例曾经达到 20%）。这一明显的停滞还隐藏了工业部门内部的变化，即采矿业的份额增长而制造业的比例下降。正如劳（1995 年，2025 页）所指出的，制造业增加值之所以能够在 1983～1989 年迅速增长，是因为制造业得以获得进口商品，而且制造业此前多年一直被过剩的生产能力所困扰。但是，当这一过剩的生产能力耗尽之

56

时，由于保护性关税迅速降低，加纳制造业不得不面对激烈的国际竞争。这就导致工业增长的迅速放缓。制造业增加值的增长率从 1984 年的 12.9% 下降到 1989 年的 5.6%，再下降到 1990 年的只有 1.1%。到 1996 年，制造业仅仅占到国内生产总值的 4.8%，比 1993 年的 7% 又有所下降。就像私人企业基金会主席所说，加纳正日益变为"一个由购物者和商店主所组成但是却基本没有制造业和工业活动的国家"。富有活力的民族工业资本家阶层依旧不见踪影。

近期从加纳投资促进中心获得的数据更能够对私营部门的投资情况进行说明。1995～1999 年期间，投资促进中心总共登记了 1100 个投资项目。这其中包括了 1997 年之后采矿业和加纳免税区管委会（Ghana Free Zone Board）名下的投资项目。外国投资总额为 3.85 亿美元，而国内投资则为 1.92 亿美元。从五年的时间段看来，外国投资和国内投资的数额都很少（世界银行，2001，第 5 页）。

改革带来的挑战

为什么私营部门只对经济自由化改革做出了这么有限的回应？我的核心观点是，尽管关键性的改革措施是为了激励私营部门发展，但是同时也给企业家们带来了严峻的挑战，限制了他们做出回应的能力。我们以货币贬值这项旨在促进出口并限制进口的重要改革措施为例。尽管贬值对经济恢复至关重要，它同时也给企业带来了三个主要问题。首先，改革伊始，银行不愿意向那些需要购买美元的公司提供大额的塞地借贷。这部

57

分是因为在塞地大幅贬值的背景下对抵押品进行价值重估十分困难，而且要承担风险。其次，为了限制进口产品的数量和价值，加纳银行要求那些竞购外汇的企业家们留下与他们竞购的外汇相等值的塞地作为保证金。显然，很少有哪个企业能够承受这一代价——即自己迫切需要的资本要被以这种方式冻结。第三，那些已经借到外汇的企业在归还贷款时面临着严重的问题，因为"塞地的贬值幅度远远超过企业所能赚取的利润"（克劳斯，2002，第407页）。塞地的疲软损害了所有的企业，尽管出口者和商人的损失要远比制造业、建筑业和服务业企业的损失小。企业对于疲软不稳的塞地的抱怨贯穿了整个罗林斯时代。

塞地汇率从1991年开始自由浮动之后，货币崩溃的最糟糕案例发生在1999～2000年。1999年初，塞地汇率为2400塞地兑换1美元。到了年末，塞地汇率跌至3500塞地兑换1美元。2000年中期，汇率进一步下跌至6000塞地兑换1美元；而到了年末，汇率又下降至7000塞地兑换1美元。进口商抱怨道，货币贬值的速度抹去了他们的利润，销蚀着他们的资本。工业设备和其他输入品的成本飙升。在采访中，一些商人说，由于当时塞地不稳定，他们就暂停了商业活动。他们还指责工人们不断要求上调工资而导致的塞地通胀压力。即使是塞地贬值的明显受益者出口商也希望有一个更加稳定的塞地，因为贬值所激发的通货膨胀并没能"刺激出口"（海湾发展演技所，1996）。而且，企业家还认为，汇率不稳使得他们难以做出规划，也使投资承担巨大风险。

高利率和信贷缺乏这些问题也给本土企业制造了很大的困

难。政府官员把高利率看作是抑制过度需求和通胀的重要手段。在罗林斯时代，加纳的银行利率大部分时间都维持在30%以上，90年代后期更是达到过51%。不出意料，政府得到了大多数的银行贷款。十分讽刺的是，尽管世界银行强调私营部门驱动经济增长，但它却设置了严格的最高信贷额度。这一做法的影响在加纳尤其严重。克劳斯引用世界银行的研究称："1986～1993年期间，加纳的私营部门信贷占国内生产总值的平均比例是4.9%，肯尼亚19.6%，赞比亚13.7%，津巴布韦13.5%，印度尼西亚37.2%，马来西亚69.7%，泰国55.1%（克劳斯，2002，第409页）。1995～1999年期间，加纳的私营部门信贷上升到9.2%，但是这一数字仍然远低于除中国外的低收入国家26.1%的平均水平，中等收入国家40.7%的水平以及高收入国家118.8%的水平（世界银行，2001，第7页）。"

宏观经济的不稳定导致了高额的政府支出和财政赤字，这些问题在90年代出现了恶化。为了应对赤字，政府越来越依赖高利率短期国债等形式的国内借贷。在罗林斯时代的大部分时间里，尤其是90年代期间，政府短期国债的利率超过30%，1997年10月的国债利率更是达到了45%。银行对于国债安全性的偏爱意味着信贷的严重短缺。调查显示，资金不足成为限制投资的主要因素（艾瑞特，1994；巴—努阿科，2003）。政策分析中心和社会经济数据研究所对这一问题进行了持续的关注（政策分析中心，1998，1999，2000；社会经济数据研究所，1998，1999，2000）。加纳贷款的偿还周期通常较短，这又使问题进一步复杂。当加纳人面对严峻的国际竞争的时候，可偿还贷款的缺乏让他们处于劣势。加纳工业协会（Association of Ghana Industries）和私人企业基金会（Private Enterprises Foundation）等私企团体要求获得更多贷款，但是均无功而返。私人企业基金会估算，由于利率在 2000 年达到 45% ~ 50%，投资需要产生"超过 80% 的回报率才能促进本地信贷的使用"（私人企业基金会，2000，第 5 页）。我们不难发现为什么加纳的服务业一片繁荣，为什么商人中有很大一部分人从银行之外获取资金进行活动（帕蒂略，2000）。一项调查发现，"无论经营规模大小，超过 78% 的企业家用他们自己的积蓄（而不是银行贷款）来建立公司"（巴—努阿科，2003）。这些问题对企业活动的限制十分明显。

35% 的公司税使得企业面临的问题更加复杂。非传统产品出口商和旅馆老板只需要各自缴纳 8% 和 25% 的税款（海外经济合作基金会 Overseas Economic Cooperation Fund，1999），但是绝大多数企业都需要缴纳 35% 的公司税。尽管税率已经从超过 40% 有所降低，但是 35% 的税率依然很高，尤其是考虑到银行的高利率。

另一项重要的改革措施——经济自由化产生了混合的结果。对于饱受货物短缺困扰的加纳商人而言，贸易自由化是一项受到欢迎的改革。它使得商人们生意兴隆，货物供应稳定而充足。对于本地制造业者而言，贸易自由化最初也十分有益。前改革时代的进口许可证制度的废除便利了原材料和设备的进口，促进了 1983 ~ 1987 年制造业的增长（阿姆斯特朗，1996）。但是，从长期看，贸易自由化带来了低廉进口制成品的过度竞争，对加纳制造业者造成了毁灭性的打击。我将在稍

59

后详细讨论这一问题。

糟糕的政策执行

另一个限制私营部门发展的原因是政策执行力的下降。尽管加纳的改革计划覆盖广泛，但是政策措施却没能得到彻底的执行。比如，政府对于私有化并不情愿。有时，政策执行不力会促使国际金融机构暂停发放贷款和援助给加纳当局。对于企业家来说，政策延误使他们难以确定中长期改革计划的持续性（艾瑞特，1994；利切，1995）。研究显示，对于那些充满不确定性的地区，善于规避风险的投资者们倾向于持观望态度（罗迪克 Rodrik，1989，1991；帕蒂略，1998）。艾瑞特在一篇极富洞见的文章中问道，"为什么加纳私营部门的投资不如预期？"他注意到，政策的不连贯常常会导致不同的政策彼此互相削弱；政府官员经常修改政策，再加上难以令人满意的政策执行机构和宏观经济的不稳定，这些因素共同导致了不确定性。他还注意到一种观点，即政府推行改革并非是出于对改革的坚定信念，而"只是为了满足援助国的援助条件。因此，在缺乏援助的情况下，政府就会反转政策"（艾瑞特，1994，第1219页）。因此，贸易和服务等有着高回报的快速短期投资比制造业等回报较慢的长期投资更加具有吸引力。

令人不满意的政策执行机构还引起了其他问题。如前面所阐述的，90年代的财政和金融目标常常未能实现。在宏观经济不稳和财政赤字的背景下，塞地汇率不稳，通胀率剧烈波动，利率持续升高。这些因素彼此互相加强，最终抵消了经济

60

激励措施的正面效果，阻止了资本家们做出有力的回应。在这个问题上还需要指出的是，私人投资在经历过几年的波动之后一般会急速下跌。以1992年为例，私人投资"迅速下跌"到了国内生产总值的4.3%，而此前这一数据已经连续增长达到了十年来的新高8.1%（世界银行，1995，第7～8页）。在1996年和2000年这样宏观经济不稳定的年份，同样的情况又一次出现。

工业部门

制造业对于经济增长和变革至关重要，是经济持续增长的关键。因此，制造业部门值得我们进行仔细研究（霍金斯Hawkins，1986；吉青Kitching，1989；蒂尔Teal，1999；里德尔Riddell，1993）。

积极发展工业对于提高收入、改善就业、出口多样化、扩大市场、避免对少数商品的依赖等都十分必要。一个国家需要工业的扩张，因为如此一来就可以用国内产品替代进口……一个原始、低生产力和低收入的经济体要想转变成富有活力和多样化的经济，那么制造业就是经济结构变革中的关键因素，这对几乎所有国家都是如此（劳和斯图尔特，1996，第179页）。

加纳领导人意识到了一个稳固的工业基础的重要性，并且声称要利用本土资本来实现这一目标。罗林斯用他一贯的反帝国主义论调宣称：

> 我们不应该把希望寄托在外国投资者身上，而是必须要鼓励加纳有能力的工业家为祖国打造强大的工业基础……未能促进工业生产是我们当下外汇储备压力巨大的原因……由于本土的工业产量不足，我们不得不任由强大的工业和贸易公司摆布（《西非》，1982 年 1 月 11 日，第 73 页）。

相似的言论不仅反复出现在罗林斯的演讲中，而且还出现在其他重要政府成员的讲话中，比如财政部长博奇韦（《西非》1986 年 1 月 13 日，第 68～69 页）。他们清楚地意识到依赖单一出口产品的危险和发展出口导向型制造业的重要性。实际上，加纳的长期成功取决于加纳出口制造业的能力，而这种制造能力也可以刺激国家取得持续性经济增长。对于像加纳这样小国的经济来说，这一点尤为重要。

市场化改革伊始，加纳私营制造业规模小而且实力弱。由于高昂的费用开支和国家垄断的建立，加纳制造业基本上由国有企业和外国资本统治。少数本土制造业者在高关税、限制性配额和外汇体制的重压之下生存了下来；外汇体制允许少数的本土资本家廉价获取硬通货。在这种环境下，本土制造业没有太大现代化的压力，许多企业的效率相对低下；或者说它们的经营规模不足以使他们可以成功地和外国进口商品相抗衡。由于缺少充足的外汇、零部件和关键的进口原料，大部分制造业企业都没有满负荷生产。只有用合适的政策刺激它们，才能使

61

得这些襁褓中的工业取得经济上的成功。

制造业产量在改革计划实行的初期出现了可观的增长。1984～1988 年，制造业年均增长率为 12.6% 。所有的制造业部门都实现了增长，尽管部门之间有所差异。钢铁产品和木材产品表现良好而纺织皮革制品表现不佳（海外经济合作基金会，1999，第三章）。制造业产量的增长主要是因为贸易自由化，后者使得制造业能够获得它们迫切需要的进口设备和原材料。

但是，从长期看，制造业产量的增长逐渐趋于平缓。1989～1996 年，制造业的年均增长只有 2.7% 。到 1996 年，几乎所有的制造业部门的产量都超过 1977 年的生产水平。唯一的例外是纺织皮革部门，它只恢复到了 1977 年产量的不到 60% 。1996 年，制造业的整体产出已经上升到了 1977 年的 115%（海外经济合作基金会，1999）。由于能源短缺，制造业产出在随后的 1997 年和 1998 年出现了下滑；不过部门之间也还是存在差异。2000 年，制造业产量跌至改革后的最低点，当年只有极小的 0.5% 的增长，而且这一增长还是塞地严重贬值的结果；塞地的贬值导致了进口原材料和信贷成本的增加（《经济学人智库》Economist Intelligence Unit，2001，第 31 页）。制造业部门的表现是加纳改革中最令人失望的部分。

这是什么原因导致的呢？贸易自由化经常被指责为导致工业部门在改革中缺乏活力的原因。里德尔（Riddell，1993）、劳（1995；1996）和斯图尔特（1996）等人认为，改革开放了本地市场，招致了激烈的国际竞争，因而伤害了非洲本就弱小的工业基础。根本原因在于世界银行的观点，即新生工业不

62

应当受到保护。国家对经济中部分部门的干预被（世行）认为是扭曲市场的行为。因此，包括工业在内的所有经济部门要么在平等的基础上竞争，要么就灭亡。这一立场和促进非洲的工业化与长期发展相违背，是新自由主义政策措施中最脆弱的方面，因而遭到了广泛的批评。

加纳的案例为批评提供了依据。短期内迅速的贸易自由化使得加纳的制造业者不得不面对激烈的竞争，但是他们大多毫无准备，因而受到沉重打击。尽管加纳制造业者们大体上支持改革，但是他们却反对进口商品"倾泻而入"，涌进国内市场。制造企业多次请求政府进行保护性干预。1988年，加纳雇主协会（Ghana Employers Association）副主席要求政府对部分进口商品实施配额限制，以拯救"濒临毁灭的本土企业"（艾弗森，1988，第1012页）。到1992年，1200家当地企业——其中多数是服装、皮革、金属和制药公司——已经破产（《西非》，1992年9月14日，第1572页）。1995～1999年，每年都有超过470家公司破产（政策分析中心，2000，第29页）。反复的货币贬值、信贷最高额度限制和高利率进一步加剧了制造商的困难，因为它们造成了进口商品更加便宜而本地生产成本上升。难以获得贷款，再加上本地制造业产品飞涨的成本，这使得本地制成品越来越缺乏竞争力。

限制贸易自由化的请愿大多无功而返。财政部长和经济沙皇博奇韦驳回了这些请愿。他坚持说："仅仅因为这家公司由加纳人拥有就对它进行保护是不明智的。"对于襁褓中的工业企业需要国家保护这一观点，博奇韦进行了明确的驳斥："一些襁褓中的企业永远也不会长大成熟。它们将永远都只是长着

大牙齿的婴儿"（可波尔 Kpor，1989，第 63 页）。贸易和工业
部长也否定了保护本土企业免受进口冲击的做法，因为"这
将和政府反通胀的立场相冲突，进而导致进口商品成本和生活
成本的上升"（议会辩论，1993 年 7 月 14 日）。

63

要求政府干预的呼声和政府对此的拒绝反映了一个更大的
争论。这里将对这一争论进行简评，随后在第九章进行详细论
述。这一争论与世行和新自由主义经济学的观点是否正确有
关：世界银行要求国家退出经济生活，新古典主义经济学坚信
市场的自我调节能力。比较政治经济学家用东亚的证据攻击这
一观点。他们认为，东亚国家迅速而持续的经济增长"奇
迹"，不仅仅是因为它们承认了市场的地位，更重要的是因为
政府时常出面干预市场以保护新生的工业。这就挑战了新自由
主义经济学最根本的一条原则。一位市场自我调节能力的批评
家就此说道，当她说"价格弄错了"的时候她实际的意思是
"正确地把价格搞错"（阿姆斯登，1989）。

统治着世界银行的"自由主义者"与"发展型国家学派"
之间仍然存在着观点的分歧，尽管双方有着一定的共识。这个
共识是：成功的经济变革既需要合适的经济政策，也需要支持
性的制度和政治框架。一方面，自由主义者认为，必要的制度
支持所发挥的作用微乎其微，十分局限，如通过独立司法促进
合同的执行。他们还反对政府的干预，比如一切出口补贴和进
口替代补贴。另一方面，发展型国家学派则坚持为政府的直接
干预和增强"新生工业"的激励措施而辩护。他们认为，后
起的工业化经济体需要国家的积极干预来对市场力量进行调
节。该学派的代表人物包括罗伯特·韦德（Robert Wade，

1988，1990）和艾丽斯·阿姆斯登（Alice Amsden，1985，1989，1994）。阿姆斯登对世界银行（1993b）有关东亚奇迹的报告进行了清楚明晰又富有说服力的批评，她尖锐地问道："为什么不让全世界都来用东亚模式发展？"陷入发展泥潭的非洲可能是她心目中最应该使用这种模式的。

试图在非洲模仿东亚模式的最明显的一个问题就是，东亚发展战略的成功依赖其高水平的行政管理能力和一批真心献身于服务国家的"发展精英"。这是一个有着高度风险的战略。政府需要擅长于"圈定赢家"，需要有决心规训而不是放任那些从政府帮助中获益的公司；只有实现这两点，这一战略才有可能成功。非洲国家在过去或是在现在是否拥有这样的献身精神和有效执行这一战略的行政能力仍然是一个疑问。

仅仅就加纳所提供的证据来看，想完全解决这一争论是不可能的。不考虑行政能力的可能性问题，我们可以认为，罗林斯时代的政治环境对于资本主义的发展并不足够有益，这也是下面几章将要论述的。国家没能为财产权和合同提供"最低程度的"制度保护。

我们还可以进一步提出一个观点，即加纳恢复计划的重要缺陷并不在于没能提供补贴，而是在于自由化的速度。在市场自由化方面，加纳比任何其他非洲国家都要走得更快更远，并没有分阶段进行。以尼日利亚为例，该国经济自由化进展缓慢，甚至在关税方面还出现了部分去自由化的情况（哈马来，1993）。而如世界银行所言，加纳在"实现低关税保护和自由贸易"（劳，1995，第2025页）方面是整个非洲走得最远的。加纳的制造商基本没有时间去适应这种变化。世界银行稍后承认，"对于一些行业来说，（加纳）向贸易自由化的转变可能过于突然"（世界银行，1993a，第49页）。加纳贸易自由化的设计和排序一度在政府内部引起争论。1990年，罗林斯的得力副手奥彭（P. V. Obeng）提到这个问题时说，当一些行业毫无准备之时，"部分经济活动的过度自由化"是一个错误（《西非》，1990年3月5日，第359~360页）。

这可能是1994年拥有100亿塞地（约合1000万美元）的商业扶助基金（Business Assistance Fund）成立的一个原因，该基金旨在帮助那些处境艰难的企业。那时，许多公司已经倒闭。基金的数额也远远不够。而且，人们广泛认为，资金大部分给予了那些没能偿还贷款的军政权的同盟者们。基金的创立并不能被看做政策方向的改变。实际上，在1995年，博奇韦反驳了过度自由化的观点，他说："国内的制造业是如此地依赖进口，但却不能在进口的基础上创造增加值；所以，保护本土产业的唯一方式就是禁止进口。我们不能迎合这种情绪。如果我们升高关税，那么由此所造成的经济成本要远远高于贸易自由化所带来的成本"（《非洲报告》*Africa Report*，1995年3~4月，第40页）。

贸易自由化引发的争议仍在继续。2000年，作为主要商业游说团体的私人企业基金会表达了其对于加纳经济环境日益恶化和"过度自由化"的担忧。他们说，"对于商人团体而言，经济自由化的进展过快过远……过度自由化的贸易体制允许所有种类商品的进口，这是造成外汇压力的原因之一"（Private Enterprise Foundation，2000，第1页）。

兰金（Rankin，2002）及其同伴也对贸易自由化对加纳制造业的影响进行了研究。他们的研究显示，除了金属、机械和化学品制造部门，所有其他制造业部门的产量都在 90 年代后期出现了萎缩。这一部门之所以能够一枝独秀，是因为其发展起点和初始产量非常低（海外经济合作基金会，1999）。兰金等人把这归因于各个部门贸易方向的不同。金属、机械和化学品部门"主要是非贸易性的，因此他们没有受到贸易自由化和进口产品竞争的威胁。而且，这一部门主要面向国内，受益于国内其他部门的经济增长，并且成功避开了进口竞争"。相比之下，那些参与国际贸易的部门则不得不面对由经济和贸易改革而带来的日益激烈的进口产品的竞争。"尽管改革看起来在 90 年代初期让企业受益，但是这些红利到了 90 年代后半段基本就消耗殆尽了"（兰金等编，2002，第 37 页）。

详细探讨纺织服装业的发展十分有益，因为纺织业是许多发展中国家的商品进入国际出口市场的跳板。1998 年，加纳纺织业的生产水平是 1977 年的 55.9%（《经济学人智库》，2001，第 48 页）。为什么这样一个素来有着"经济腾飞"之名的行业在加纳的表现如此糟糕？门萨博士（Dr. A. H. O. Mensah）的研究提供了许多真知灼见。门萨先生是一个经验丰富的企业主管人员，曾是一度兴旺的佳鹏纺织厂（Juapong Textiles）董事会的主席。根据他的记录，加纳在 1979 年时曾有 138 家大中型服装制造企业，而到了 1987 年却仅剩下 22 家。到 1995 年，有 50 家新的中型服装企业建立。他发现，服装行业"从以前的大型企业变成了现在的小型和家庭企业"（门萨，1998）。1995～1999 年的服装业出口收入分别为：170 万美元，30 万美元，60 万美元，520 万美元和 270 万美元

（世界银行，2001，第 34 页）。纺织业的表现十分糟糕。门萨对于传统的肯特布料（Kente Cloth）的表现尤其失望，因为他认为"这种布料十分具有加纳特色，本应在出口市场上占有绝对的比较优势。市场上有着欧洲人、韩国人和科特迪瓦人仿制的肯特印花布，但是这些仿制布料完全无法和加纳的肯特布相提并论"（门萨，1998，第 7 页）。联合国工业发展组织（United Nations Industrial Development Organization）1996 年的报告显示了加纳纺织行业的衰落。这份报告估算，加纳纺织服装业部门的就业人数从 1975 年的 25000 人下降到了 1995 年的 7000 人（政策分析中心，2000，第 29 页）。

门萨指出了纺织业部门面临的 17 个问题。这其中很多都是存在已久的老问题。糟糕的基础设施和原材料供给的不稳定等一些问题在改革中得到了改善。新出现的关键性问题是不稳定的塞地以及贸易自由化的影响。前者使得工业设备和原材料的成本大大升高，许多公司因此而缺少足够的资金来购置关键设备和原料。世界银行的一项研究显示，1990 年加纳机器设备的平均年龄是 13 年（Oversea Economic Cooperation Fund，1999，第 19 页）。那些有财力购买关键设备和原料的公司却很难把增高的生产成本传递给消费者。这是因为，消费者如今有了许多其他的商品可供选择，比如大量涌入的欧洲和北美二手服装和东南亚地区廉价的进口服装。由于这些二手的进口服装大多数是外界的捐赠，经营这些二手服装的商人只需要负担运输和装卸费用。这就使得二手服装比质量低却价格更高的本地纺织服装更有竞争力。诚然，二手服装已经在加纳存在了很长时间，自由化了的贸易和外汇使得这些进口服装的数量激增。

门萨估计，二手服装占有了加纳 65% 的国内市场（门萨，1998，第 10 页）。这意味着加纳本土的纺织服装业不仅没能实现出口，反而还丢失了国内市场。他因此得出结论：纺织部门已经沦为"濒危"行业。

我对阿克拉几家纺织和服装制造商的采访进一步说明了这种情况。许多公司仍然使用着 60 年代和 70 年代从中国购买的已经过时的机器。这些机器的零部件只能从制造者那里获取，而这一过程需要消耗数月的时间。这就不可避免地阻碍了生产。老旧机器所能提供的产品种类和系列十分有限，因而在和进口产品的对比中处于劣势。制造商们意识到了更换机器的必要性，但是经济环境让他们很难筹集到更换机器的资金。许多人难以获得银行贷款。实际上，纺织和服装企业认为无法获得贷款是对企业生产最大的制约因素（巴—努阿科，2003）。此外，他们还经常提到高利率和市场不稳定等因素。值得注意的是，相比于其他制造业部门，纺织和服装制造商认为产品需求量低是更大的生产制约因素（巴—努阿科，2003）。而且，服装业是所有部门中最不倾向于出口的（索德鲍姆和蒂尔，2000）。

进出口关税的激进自由化政策摧毁了本地产业的同时却没有催生新的更具出口导向的行业。诚然，加纳之前只出口很少量的制成品。但这正应当是出口导向的改革应该改变的。在出口市场取得进步的一个行业是木材加工业（索德鲍姆和蒂尔，2000）。蒂尔（1999）在一篇文章中试图解释为什么毛里求斯能够出口制成品而加纳却不能。他首先注意到，毛里求斯企业的效率是加纳企业的四倍。其次，加纳的工资水平相对于生产力而言较高，使得加纳制造企业在出口市场不具有竞争力。第三，由于出口企业必须要能够承担市场营销和开拓国外市场的成本，它们需要雇佣至少 100 名员工。很少有加纳企业能够满足这一要求。第四，木材加工业之所以能够取得相对的成功，是因为这一行业是资本密集型，而非劳动密集型。木材加工业的成功和传统观点相反，后者认为加纳的比较优势在于劳动密集型部门。

然而，木材行业的未来却十分黯淡。加纳几十年来都没能执行和木材有关的法律法规，因而导致了森林面积的严重减少（奥乌苏，1998）。为了防止木材行业完全崩溃，最近有两个主要措施付诸实施：1995 年开始的对原木出口的禁止，1997年时通过的《木材资源管理法》（*Timber Resources Management Act*）。后者是两个措施中更为重要的一个。这一方案包括了《木材利用合同》（*Timber Utilization Contract*），合同要求所有承包商必须在他们的区块内重新种植树木。但是，由于执行难度大，这两个措施都收效甚微，而非法原木出口也依然猖獗。世界银行的报告显示，一些获得合同的承包商缺乏有效利用木材资源的能力，或者干脆将合同转卖获利（世界银行，2001）。而且，承包商很少遵守再造林的规定。木材承包商和执法部门之间的勾结更是让木材部门的未来暗淡无光。

缺少明确的工业政策

加纳制造业的糟糕表现不得不让我们疑问：工业化究竟在　68
经济改革占有怎样的地位？十分有趣的是，尽管政府认可工业化在经济改革中的核心地位，但是直到改革开始之后的第十年——1992年，一份正式的官方工业发展战略文件才诞生。《工业政策声明：工业重建战略》（*Industrial Policy Statement：A Strategy for Industrial Regeneration*）这一文件认为应当给予食品等以农业为基础的产业、林业，以土地为基础的产业、工程业、能源业和化学制品产业以特别的关注。但是，这一文件的显著特征却是，它缺乏刺激这些优先领域发展的具体细节。更没有明确的战略来说服企业家投入工业生产。它也没有为工业家提供任何特别的政策，比如优惠贷款或较低的公司税。令人感到奇怪的是，木薯出口商有资格得到低税率，但是厨房用具的出口商却享受不到。与进出口贸易相比，高利率、宏观经济所导致的不确定性和工业投资回报相对较慢等情况使得工业部门缺乏吸引力。事实上，根据一位贸易和工业部官员的说法，这一文件用处不大，"从未真正得到关注和实施"（采访）。

《2000年的加纳及其未来》（*Ghana 2000 and Beyond*）这一文件也值得一提，因为它提到了鼓励工业化的必要性。该文件在1993年由世界银行和加纳政府官员联合出版。文件认为，加纳需要进一步努力把经济年增长率翻一番达到约8%～10%，而不能仅仅满足于之前达到的5%的平均水平。它也重申了前一份文件的观点，即加纳经济的希望和未来在于出口导向的私营部门的增长，并把采矿、农产品出口、农产品加工、轻工业和有关服务业列为有巨大发展潜力和值得特别关注的领域。但是，文件中所表达的精神没有落实到行动中，政府仍然缺乏有效的激励措施来鼓励企业家在这些领域进行投资。令人感到奇怪的是，文件中反复提及"二战"后实现经济飞速发展的亚洲国家的经验。而亚洲国家得到广泛认可的成功很大程度上归功于国家对潜在增长领域的甄别和优先发展，同时向这些领域提供优惠贷款和其他激励措施以鼓励领域内的投资。

最后，《加纳远景 2020》这一政策性文件是罗林斯政权最全面的一份发展计划，值得讨论。这份文件于 1995 年出版，它主要是为加纳的宏观发展进行战略规划，即到 2020 年把加纳从一个欠发达国家转变为一个中等收入国家。像上面引用过的其他文件一样，《加纳远景 2020》也承认健全的工业基础对于加速经济增长的必要性。它还重申要重点关注农产品加工和轻工业，认为这些产业有潜力使加纳脱离贫困，实现加纳到 2020 年成为中等收入国家的远景。但是，和其他文件一样，它同样也没有提出这些目标如何得到具体的落实。而且，文件也没有说明如何给现在或者可能出现的制造业者提供激励措施。因此，服务业继续吸引着绝大部分的投资。

总的来说，政府没有把工业作为发展的优先领域。政府对于各个行业和领域的重视程度大体上可以通过国家财政预算对各领域的投入来进行判断。1998 年，贸易和工业部门的预算在全部的经常性预算支出中仅仅占 0.38%，在发展性预算中各占 25%。这一数额远远低于经常性预算和发展预算教育支出的 33% 和 6.17%、医疗卫生支出的 8.52% 和 15.87%、矿产能源支出的 0.5% 和 18.3%、道路运输支出的 1.17% 和 13.14%、国防支出的 5.93% 和 2.59% 和地方政府与农业发展支出的 1.20% 和 7.86%（海外经济合作基金会，1999，第48 页）。

非传统出口 （Nontraditional Exports）

加纳政府领导层认为，强有力而又多样化的出口是加纳各项改革的基础。因此，政府所推行的出口改革计划免除了各种出口税费、废除了出口许可证并简化了出口的程序。而且，政府还出台了一系列鼓励出口的刺激措施，如免除机器进口税和减少收入税。此外，出口商被允许保留一部分外汇收入。为了促进出口，政府重组了 1969 年建立却已经名存实亡的加纳出口促进委员会。出口促进委员会的口号是"出口加纳，出口更多"（"Export Ghana，Export More"）。它采取了许多措施来促进非传统产品的出口。这些措施收到了效果：出口商和出口产品的数量以及出口总量都迅速增加。1993 年，出口收入增加到 1.244 亿美元；1994 年为 1.756 亿美元；1995 年 2.204 亿美元；1996 年为 2.738 亿美元；1997 年为 3.349 亿美元；1998 年为 4.032 亿美元；1999 年则为 4.032 亿美元（世界银行，2001，第 9 页）。这使得非传统产品的出口成为仅次于黄金和可可的第三大外汇来源。非传统出口部门显示了更多发展的希望。

尽管加纳的非传统产品出口取得了大踏步的增长，但是其在国内生产总值中所占的比例仍然少于 10%。2000 年的外汇危机显示，尽管加纳的出口多样化取得了一定进展，但是它仍然严重依赖黄金和可可；出口多样化只取得了部分成功。非传统出口部门主要由未加工或者半加工的资源型产品构成，它们和黄金与可可一样都容易受到外部市场的影响而产生较大的波动。而且，非传统产品的出口所取得的进步或许并不像数据所反映的那样令人印象深刻。这是因为，非传统产品的种类在1995 年被重新划分，包括木板和胶合板在内的一些产品被划入了非传统出口产品，而这些产品之前是"传统"产品的一部分。这个所谓的"成功"可能还是和加纳先前的出口产品——如木材产业有着非常紧密的联系。

为什么加纳的非传统出口只取得了有限的成功？一部分原因在于出口商没有得到相应机构的支持。对于负责促进出口的国家机构——加纳出口促进委员会的考察将有助于我们理解这一原因。加纳出口促进委员会是"促进出口发展的全国性机构……它由训练有素的专门工作人员组成，它是非传统出口产品部门的权威"（加纳出口促进委员会）。在其宣传手册中，出口促进委员会称它将为出口商提供一系列重要的服务，包括发展国民出口意识、帮助出口商进入国际市场、挖掘具有出口潜力的产品，锁定合适的出口市场并提供有关出口营销的建议。

因此，加纳出口促进委员会本应该像亚洲新兴国家的类似国家机构一样扮演起支持出口的角色（埃文斯，1997；韦德，1990）。这种支持的必要性是显而易见的。世界银行的一份研究宣称，"如果政府和企业不携手合作，那么没有哪个国家能够在出口发展中获得成功"（世界银行，2001，第6 页）。进入出口市场需要付出很大的固定成本，比如海外市场的市场调研和海外市场供应网络的建立。如果想在竞争激烈的出口市场上立足，这些方面至关重要。在加纳，占统治地位的小型出口企业无力负担这些成本，因此国家的支持就显得十分重要。然

71 　而，国家的这种支持在现实中却很不充分。加纳出口促进委员会受制于资金和人员的匮乏，无法提供像样的支持。① 可以查阅到的 1993~1997 年加纳出口促进委员会的资金数据显示，该委员所要求得到的资金与被批准划拨的资金以及和实际发放的资金在数额上有着巨大差距。1993 年，出口促进委员会要求财政划拨 12 亿塞地的资金，但是政府只批准给予 3.97 亿塞地，最终发放到位的资金却只有 2.09 亿塞地。1994 年，出口促进委员会申请 11 亿塞地，政府批准了 6.37 亿塞地，最终实际发放只有 4.49 亿塞地。1995 年，委员会申请了 33 亿塞地，政府批准了 6.16 亿塞地，最终实际发放 3.7 亿塞地。1996 年，委员会申请了 20 亿塞地，政府批准了 7.16 亿塞地，最终实际发放 6.43 亿塞地。1997 年，委员会申请了 15 亿塞地，政府批准了 9.94 亿塞地，最终实际发放 5.12 亿塞地（海外经济合作基金会，1999，第 48 页）。2000 年 10 月，当我在出口促进委员会进行采访时，当年的资金仍然没有发放到位。用该委员会一位官员的话说，委员会处于"严重的资金短缺之中"。整个委员会只有两台可供使用的电脑，凭借这些装备很难获得并提供信息。另一位官员说，"委员会中的有能力的职员纷纷离开。多数人只把这里作为迈向更好位置的跳板。委员会中的元老对于这一状况非常沮丧。"

　　相比之下，在亚洲国家类似的机构中，员工更愿意在机构内留任。他们所拥有的资金使得他们能够对企业面临的共同问

---

① 我将在第八章探讨限制加纳出口促进委员会对出口商进行支持的其他方面。

题采取切实的措施。例如，泰国对外贸易委员会拥有最新的信息资料库进行市场调查并且为企业进行其他有关的服务；有了泰国对外贸易委员会的帮助，泰国企业就不至于一无所知地闯入自己毫不熟悉的外国市场（韦德，1990）。

而且，亚洲国家为工业企业提供如出口补贴和软贷款等激励性措施，但是这样的计划措施在加纳基本上不存在。加纳出口促进委员会的文件显示：

> （我们）没有特定的计划对出口部门进行选择性的财政资助。（我们）缺乏生产营销方面的信贷措施，加之银行利率高涨，贷款的程序繁琐而且还有附加条件。贷款贴现措施也不发达。政府发放的软贷款并没有以优惠的利率给予出口商。出口信用担保（Export Credit Guarantee）、出口再融资和出口保险计划（Export Refinancing and Export Insurance Schemes）并没有到位。出口商们对于如何进行出口融资并不了解，在获得融资或者金融资助方面困难重重。许多金融机构也没有能力帮助出口商，因为他们不了解出口部门的情况……所以，这就使得金融机构对于出口部门经营者所面临的困难毫无知觉（加纳出口促进委员会，1996，第94页）。

加纳出口促进委员会还提到了阻碍非传统出口部门"实现其潜力"的"多重问题"。它指出，出口商普遍缺乏出口管理方面的技能、知识和技术。"企业层面的规划、生产和营销系统也大多低效无力"（加纳出口促进委员会，1996a，第94

72

页）。这一点并不令人感到意外，因为97%的出口商都是收入少于20万美元的小规模经营者。出口商里收入最高的1%的那部分人的收入在130～460万美元之间（加纳出口促进委员会，1996，第92页）。正如下面出口商数量的波动所显示的，出口商中的大部分似乎都无法在全球竞争中生存下来。1992年，加纳有3188个出口商。到了1995～1996年度，出口商总数为2802人。1997～1998年度，出口商的数量攀升至3278人，但是随后就在1998～1999年度回落到2760人。到1999～2000年度，这一人数进一步下降至1315人（加纳出口促进委员会，1995～1996，1997～1998，1998～1999，1999～2000）。尽管出口促进委员会意识到了建立出口培训学校的必要性，但是资金的缺乏限制了该委员会的行动。直到2000年，政府才提议建立出口发展和投资基金。

结　论

总之，我们需要回到本章最初所提出的问题，即"这些经济政策是否被误解而无法激发出想要的效应并达到预期的目标？还是说政策执行不力？"事实上，这两方面的原因都存在。在研究的这一阶段，我们最好暂时不对东亚发展战略的可行性进行评价。但是有一点十分清楚，那就是尽管加纳的市场化改革激励措施旨在推动私营部门的出口导向型增长，但是这些改革计划在制定和执行的过程中都有着严重的缺陷。关键性的改革措施——持续的货币贬值、高利率和极为有限的信贷途径——令本土企业家遭遇了严重的挑战。此外，除了要面对这些挑战，由于加纳向国际竞争敞开了大门，本地企业很难在竞争中适应并且生存下来。宏观经济的不稳定和政策执行的延误不力，尤其是在 90 年代中期，加剧了业已存在的问题并且减弱了商人利用改革激励措施和把握机会的能力。实际上，改革所产生的问题侵蚀了改革激励措施所带来的正面效果。就算我们不考虑韩国模式中的政府补贴，加纳政府也本应当在促进出口方面更好地协调各方并提供帮助。更为重要的是，国家临时保卫委员会、全国民主大会党政府和重要行业部门之间的政治关系都非常令人忧虑。我将在接下来几章讨论这个问题。

73

第四章　政府与企业间关系的紧张
（1983～1991）

　　国家临时保卫委员会（Provisional National Defence
Council）在掌权初期是一个新马克思主义者占据统治地位的
政府，倾向于推行一场左派革命。然而，危机四伏的经济使得
罗林斯意识到采取正统的稳定化和结构化调整计划的必要性。
到1983年4月改革计划开始时，企业家们已经经历了政府长
达十五个月的惩罚措施和持续骚扰。国家临时保卫委员会政策
的重大转变能否相应地带来政企关系的变化？这一问题非常重
要，因为市场化改革要想促进并增加私营企业的投资，政府和
企业之间的彼此合作是一个重要条件。国家临时保卫委员会如
何处理这一重要问题？市场化改革的实行是否增加了企业家在
经济政策领域中的发言权？

　　本章将探讨经济改革开始后至1990～1991年期间的政府
与企业关系。我认为，尽管市场化改革全面开始，但是政府与
企业间的关系并没有出现根本性的改善。这主要有以下几个相
互作用的原因。第一，尽管政府采取措施控制住了1982～
1983年的过激政策行动并且扩大了自身的统治基础，但是它

并没有采取有效的措施来安抚企业家团体。同时，政府仍旧保持着自己的反资本主义宣传论调，并且很少为企业提供像样的支持。而且，私营部门在经济政策的制定过程中被边缘化，没有机会参与塑造经济政策。更为重要的是，政府对著名企业家的骚扰仍在继续。因此，加纳资本家仍然对国家临时保卫委员会抱持恐惧和不信任的态度；相比于投资，他们更想隐藏自己的财富。

76

本章的目标之一就是阐述国家临时保卫委员会是如何在进行广泛的市场化改革的同时却仍然继续对企业家进行某种程度的骚扰的。我将通过几个具体的案例来阐述我的主要观点。这些案例都强调了国家临时保卫委员会和企业家之间的敌对关系。这一点之所以重要，并不仅仅是因为有关它的研究较少而有关政府与企业间缺乏沟通的研究较多。作者承认，政府和企业之间沟通交流的失败是国家临时保卫委员会统治时期商人待遇不佳的原因之一，而且这种沟通和商议的缺乏也损害了政企关系。但是更为重要的是，政府对于企业家们的持续骚扰对于政企关系的损害更大。由于一系列复杂的原因，国家临时保卫委员会仍然继续对企业家们进行调查、强行关闭工厂并且把一些著名加纳企业家的厂房和资金充公。充分熟悉并了解政府的这些专制武断的行动可以帮助我们理解为什么援助国在80年代末要求政府改善自身的统治。熟悉这些骚扰企业家的行动还可以帮助我们理解为什么这些行动象征着政府和企业间的关系。

经济改革、政治变化和有限的和解

加纳市场化改革的开始使得国家临时保卫委员会内部出现了一些重要变化，尤其是在其统治方式和政治侧重上。与国家临时保卫委员会前十五个月统治下的无政府状态相比，政府在经济调整开始后的这段时期无论在工作场所还是在整个社会层面都更加注重纪律和秩序。这部分是因为世界银行和国际货币基金组织的压力。经济调整计划开始实施之后，世界银行十分关注企业家们对于政府的恐惧，因此向政府领导人施压要求减弱人们的恐惧。世界银行认为，"为了能够迅速地得到私营部门对改革的回应，这么做是必须的"（世界银行，1984，第51页）。

这是十分合理的建议。经济恢复是加纳的当务之急，而这无法在混乱的环境下实现。而且，罗林斯也深切感受到保卫委员会的过分自治已经威胁到他自己的权威。这些由极左派分子所控制的保卫委员会已经日益变成独立于罗林斯个人影响力之外的替代性权力基础，而且被动员以阻碍经济调整。面对这一政治威胁，罗林斯及时控制住保卫委员会扩张的势头，把他们重新命名为革命保卫委员会（Committees for the Defence of Revolution）并且让他们主要承担经济方面的任务。与此同时，国家临时保卫委员会内部的极端马克思主义分子在权力斗争中失败并被清除出权力核心。

此时还发生了其他的重要变化。国家调查委员会和公民审查委员会的活动规模逐渐减小。后者被重新命名为收入专员办公室（Office of Revenue Commissioners），而且其结构也有重大调整。收入专员办公室自身设有上诉机构，来重新审查人们对于该办公室的所做的决定及其程序的抱怨和不满。国有企业中的临时管理委员会被解散，由专职的经理人员重新掌管企业，这被视为安抚企业的一个重要信号。政府还对外国资本发出了相似的示好的信号。比如，政府在1988年把加纳纺织印染公司（Ghana Textile Printing）去国有化并归还给私人经营。

作为恢复常态的诸多努力的一部分，政府还采取了其他的安抚措施。其中一项就是任命德高望重的首席法官阿祖·克拉布（Azu Crabbe）领导调查小组调查1982年针对三名法官和一位退伍军官的谋杀案。另一项措施就是吸纳部分知名人士进入国家临时保卫委员会并任命其中一些人为部长。其中比较有名的是加纳高等法院前任法官安南（Justice D. F. Annan），几个著名的酋长和一位著名的律师和前政治家詹杜阿（F. A. Jantuah）。而且，在1984年，国家临时保卫委员会还在反对派的大本营阿散蒂地区成立了一个由酋长、专业人员和企业家等重要力量组成的地区咨询委员会来向政府提供建议（克劳斯，1987）。

然而，这一系列示好的举动并没能显著改变中产阶级的态度。例如，大部分律师都不把国家临时保卫委员会副主席安南法官作为他们的代表。从我对一部分律师们的访谈来看，安南可能被他们视为叛徒；酋长也对此持相同的看法。① 尽管这些举动减轻了国家临时保卫委员会所受到的来自中产阶级的批评，但是却没能赢得后者的信任。政府和中产阶级之间完全的和解可以说已经绝无可能，尤其是在国家临时保卫委员会的统治变得更加独裁的时候——它变得更加独裁的部分原因是它同时遭遇了来自左派和右派反对者的颠覆活动。

与私营部门的关系

改革派政权热衷于同企业家合作是市场化改革的一个重要前提。只有政权乐于和企业家合作，后者才愿意充当促进经济增长的改革急先锋的角色。但是，在加纳，政府和企业之间的合作十分缺乏，政企关系也趋于紧张。第一，国家临时保卫委员会在安抚企业方面的作为甚少。第二，尽管政府的反企业宣传论调有所降低，但是却并没有停止。第三，企业家们不仅无法在政府内部表达自己的利益诉求，而且还被排除在政策讨论之外，缺少重要的信息。出于政治原因针对商人的调查和审判也在继续。最后，国家临时保卫委员会和资本家之间缺少利益的交集。

政府中企业界代表的缺乏十分引人注意，因为经济恢复计划的成功不仅仅依靠当下的经济激励措施，而且很大程度上要

---

① 2001 年，阿散蒂酋长表达了这一看法：他指责一些酋长因为参与到国家临时保卫委员会、全国民主大会党政府中辱没了酋长制度。阿基姆酋长也表达了相似的看法。

依靠企业界的信心。世界银行强调，消除不确定性在引起私营部门的积极回应方面可以发挥关键作用，这一点十分正确。如果企业界可以在政府中直接发声，那么这对于安抚企业家们具有很好的效果。但是政府领导人依然保持其反企业家的论调。这使得人们怀疑政府究竟在多大程度上从最初的新马克思主义派转变成为了改革派。改革开始八年之后，国家临时保卫委员会的高级官员伊博·塔维亚（Ebo Tawiah）仍然声称政府认为财富是不受欢迎的。即使是观点相对自由的财政和经济计划部长奎西·博奇韦也说，"奢侈性消费"剥夺了"绝大多数加纳人所拥有的那部分国家资源"（坦格里，1992，第104～105页）。这样的讲话和声明增加了人们对国家临时保卫委员会的疑虑，怀疑其在本质上仍然还是反对企业的。

政府领导人为什么始终保持这种论调呢？其根本原因在于他们仍然认为腐败在企业家团体中十分普遍。罗林斯坚持把企业家称作"骗子"和"小偷"。在1990年2月政府和企业界的"第一次对话"中，塔维亚在其开幕致辞中谴责企业的不正当行为，并声称这些行为"动摇了国家临时保卫委员会对商人企业家团体的信心"。他怀疑商人们是否"有自己的道德准则"（坦格里，1992）。鉴于木材行业近期所发生的丑闻和一些企业家臭名昭著的犯罪行为，塔维亚的指责和担心看起来不无道理（本茨—伊丘，1989；《西非》，1989年1月23日，第123页）。尽管如此，塔维亚在这样一场被如此期待的会议中发表如此激烈的演讲却是没什么帮助的。博奇韦也大力抨击"投机倒把"、"腐败的商业文化"和"以权谋私"（坦格里，1992，第104页）。政府官员的这种威吓继续使双方的关系紧张。在一次访谈中，加纳工业协会的官员回忆这次会议时称它是"令人失望的……政府官员对于建设性对话毫无兴趣……他们只对说教感兴趣"。另一位参加过这次会议的人指出，"会议给政府提供了一个机会，它能够安抚并使企业界确信（政府）改变了政策方向。（但是）政府没能把握好这次机会，这次会议纯属浪费时间"（采访加纳商会官员）。因此，本有可能成为政府与企业之间关系新纪元的时代却变成了灾难性的。

必须指出的是，这些对腐败商人的指责都忽略了一点：政府政策和官僚主义严重阻碍了企业家们在商业活动中获取利润；除非商人们在某种程度上参与到"腐败"中来，否则他们就无法生存。那么，在政府官员和官僚们把腐败变成做生意不可或缺一部分的70年代，企业家们如果不做出一些腐败行为，他们怎么能够生存下来？而且，政府领导人把批评腐败的火力集中于企业家，却忽视了政府官员的同谋。之前提到的木材业的丑闻显示，政府官员才是腐败行为中的重要角色。

国家临时保卫委员会对于企业家的压迫在80年代中期进一步增强，这加剧了许多商人心中业已存在的恐惧。诚然，左派和右派都体会到了政府日益增强的镇压。左派分子失去了先前的政治影响，而政府对民众政治参与的放弃也令他们的幻想破灭。补贴的取消，严厉紧缩措施的实行和生活成本的升高激怒了左派。当工会分子、左派领导人和学生运动积极分子质疑改革，进行示威并要求选举时，他们遭到了政府的逮捕和拘禁。大学经常被关闭。有消息称一部分企业家参与了几次军事政变，这加剧了企业家团体和政府的紧张关系（雷，1986；

博阿亨，1997）。政府的镇压措施，包括对一些颠覆分子的秘密处决，让反对派心惊胆战，让批评者沉默不语。到80年代末，所谓的"沉默文化"在加纳兴起。

政府与企业间的协商

国家临时保卫委员会怎样与私营部门团体进行协商？后者对于军政权经济政策的制定有着怎样的影响？政府与企业之间的协商十分重要，此中原因有二。首先，政企协商可以安抚企业家团体，让他们相信自己是政府的重要伙伴。其次，协商可以让商人获取有关信息，根据政府的期许来制定相应的经营计划。学界普遍认为，政企协商有利于商业活动的进行，有助于建立"增长的联盟"，而这种协商也是亚洲国家经济成功的重要原因之一（约翰逊，1987；韦德，1990；埃文斯，1992、1995）。因此，国际金融组织在加纳动用了十分可观的资金和时间来鼓励类似的协商。

在讨论政企协商之前，我们有必要先把集体行动理论的两个主要假设放在加纳的语境之下进行分析。首先，集体行动理论家假设，政府承认行动主义的合法性并且会对压力做出积极回应。这可能在相对多元或者更为自由的政体中是符合实际情况的，分析家们大多从这些类型的社会中举例也绝非巧合。但是即使在这一类型的社会中，由于"国家传统"的差别，国家对于利益团体压力的反应也有着显著的差异（戴森，1980）。在加纳和大多数非洲国家，政府在历史上就更加倾向于镇压而非容忍来自利益团体的压力，或者至少寻求限制这些

80

团体的自治。

　　和第一点相关，集体行动理论的第二个主要假设与利益团体所具有的实现目标的能力有关。集体行动理论家们假定，如果利益团体有熟练灵活的领导来协调集体行动，如果利益团体拥有资源，如果利益团体组织良好并且握有政治筹码，那么他们就可以影响政府政策的制定和实施。毫无疑问，政府官员在进行利益分配时会把这些决定因素考虑在内。尽管这些都是利益团体成功的重要决定因素，但是它们的功效被夸大了。在发达资本主义国家，政府领导人通常会对利益团体的压力做出回应。不过即使是在这些国家，利益团体的政治模式更多地取决于特定政府的理念框架和历史经验，而非市民社会的情况（戴森，1980，第57页）。加纳的经验显示，在不同政权的统治之下，企业界的影响也会相应不同。这种不同更多的来自政府领导人的态度，而非商人团体的组织能力。而且，值得一提的是，在加纳和其他发展中国家，常见的"搭便车"的问题是商业利益团体有效发挥作用的主要障碍之一。"搭便车"问题又进一步被高度个人化的任人唯亲的政企关系所激化。

罗林斯时代之前的企业游说

81

　　为了更好地在历史的语境之下讨论国家临时保卫委员会和企业之间的协商，我们有必要对加纳的政企关系进行一个简要的历史回顾。加纳本土商人向政府游说施压要求利好政策的行动从20世纪20年代就已经开始，并且在第二次世界大战之后增多。商人（企业家）团体要求：（1）从某些经济领域驱逐黎巴嫩人和印度人，为本土商业开辟空间；（2）航运配额和进口许可证应该更加公平地分配给本土商人；（3）本土商人应该有资格获得木材特许权；（4）本土商人应该可以更容易地获得信贷。但是，殖民官员倾向于维持现状：欧洲商人优先，其次是印度和黎巴嫩商人，最后才是加纳商人（康，1988）。

加纳的经济民族主义在第二次世界大战之后达到顶峰，而这是民族主义政党得以形成的一个重要因素（拉思伯恩，1973）。1950年，一个当地加纳人占多数的立法议会成立，这使得本土企业的期望值陡升。1953年成立的完全由本土企业组成的黄金海岸商会（Gold Coast Chamber of Commerce）继续呼吁政府给予本土企业家某些特权，但是恩克鲁玛却宣布在商业领域实行"肤色平等政策"（乔纳，1985）。

加纳的独立使得本土企业家们对于未来更加乐观。恩克鲁玛最初承诺资助本土企业家，但是这种资助却十分有限（埃森克，1971b，1975）。1960年之后，恩克鲁玛转向社会主义的意识形态，抛弃了他此前做出的资助承诺。到1964年，他公然宣称，"如果我们鼓励加纳个体资本主义的增长，那么这就会阻碍我们向社会主义迈进"。他认为，政府应该承担起保护公民免受资本主义"贪婪"侵蚀的责任。他反对私有化的一个理由是，"私有化为了一小撮人贪婪的私利而背叛了人民的信任……为了私人盈利而进行的生产活动剥夺了多数民众所应该享有的货物和服务"（艾宁，1991，第59页）。恩克鲁玛既不和企业进行协商以征求企业意见，也不考虑企业的利益。他剥夺了（人们的）许多政治权利和自由，阻止了企业进行积极的政治游说活动。

恩克鲁玛在1966年2月的军事政变中被推翻。继任的全国解放委员会政权（National Liberation Council）宣誓支持加纳企业。实际上，复兴本土企业正是全国解放委员会推翻恩克鲁玛统治的主要理由之一。①几乎一夜之间，一些相对活跃的商业团体就组建形成。这些团体包括加纳商人协会（Association of Ghanaian Businessmen）、保卫加纳企业运动（Crusade for the Protection of Ghanaian Enterprises）和加纳本土制造商协会（Indigenous Ghana Manufacturers' Association）（该组织从多国企业组成的加纳制造商协会中分离出来）。一个敏锐的观察家写道，"加纳商人开始更好地组织起来……他们召开会议并且向媒体发表声明"（康，1980，第23页）。加纳企业在这时开始积极行动，对政府进行游说。

　　加纳企业的游说活动主要集中在三个议题上：获取进口许可证，获得银行信贷以及为加纳人保留那些只需少量资本却无需专门知识的经济活动。最后这个要求是一个在感情上十分敏感的议题。印度人和黎巴嫩人长期以来统治着加纳的商业，遭到了深深的忌恨。这是因为：（1）印度人和黎巴嫩人是加纳本土商人最直接的竞争对手；（2）人们相信，在政府的帮助下，加纳人可以在那些印度和黎巴嫩人商人长期统治的商业领域分得一杯羹。当时《里贡观察家》上的讨论反映了人们对于印度商人和黎巴嫩商人的忌恨。一位十分有名的加纳商人奎都（K. K. Quaidoo）呼吁政府立法，把印度人和黎巴嫩人从某些经济领域中驱逐。他写道，"过不了多久，这些商业吸血鬼

---

① 作为象征，苏联和中国的技术援助人员、他们的部分外交官员和整个东德官方代表团都在政变的发生后的一周之内被驱逐（埃森克，1975）。

们就会把自己也变成加纳共和国的工业吸血鬼。我们必须不惜一切代价阻止他们"（奎都，1967，第16页）。

全国解放委员会采取了一些十分重要的措施来帮助加纳企业。1965年12月到1968年底期间，银行借给国有机构的信贷减少了33%，但是借给私营部门的信贷却增长了31%。而且，恩克鲁玛政府此前在1966年计划把进口的70%都分配给国有企业，而全国解放委员会则计划在1970年把进口的61%分配给私营企业。到1970年8月，公共工程部门97%的合同都承包给了加纳人。而且，新的进口许可证分配计划更加偏向本土加纳商人。与恩克鲁玛统治时期形成鲜明对比，政府经常与商人协商并且任命商人在政府内的公共委员会任职；政府还任命商人领导黑星航线公司（Black Star Line）和国有黄金开采公司等主要的国有企业（埃森克，1975）。全国解放委员会还试图推动私有化计划，但是遭到了公众尤其是知识界的反对，因此不得不中途放弃。在放弃私有化计划之前，全国解放委员会已经把一些主要的小型企业出售给私人（弗里彭·安萨，1991）。

更加有重要意义的举措是其经济加纳化的政策。全国解放委员会在1968年通过了《加纳企业法》（*Ghanaian Enterprises Decree*）来实现经济加纳化的目标。这一法案规定以下五类企业必须由加纳人经营：（1）年收入达到或者少于50万塞地的零售企业；（2）年收入达到或者少于100万塞地的批发企业；（3）所有类型的出租车；（4）所有海外制造商的代表机构；（5）所有雇佣30人及以下或者资产为10万塞地或更少的小型采集、加工和制造企业以及交通运输企业。以上领域内所有

83

外国人拥有的企业都必须在 2～5 年内转交给加纳人（埃森克，1971b）。但是《加纳企业法》没能完全实现其目标。这是因为，即使在国家的帮助之下，本土企业家也难以筹措到足够的资本。第二，许多企业家缺乏关键技术。第三，这些问题加强了人们心中长久以来的一种信念，即国家能够更好地促进经济增长。因此，国家仍然是经济的最主要投资者。对于本书的研究目的而言，《加纳企业法》之所以重要并不是因为它实现了其所要实现的目标，而是因为它很好地体现了加纳企业团体日益增长的影响。例如，它把加纳制造商协会从一个"晚餐俱乐部"变成了一个正式的利益集团（埃森克，1975，第49页）。但是，企业团体游说活动的影响不应该被夸大。全国解放委员会关注这些在恩克鲁玛时代被忽视或是被牺牲的利益团体，更多的是因为它可以从它们那里获得政治支持，而不是因为这些组织的游说。

科菲·布西亚（Kofi Busia）的进步党（Progress Party）赢得了 1969 年的大选，对于加纳企业的利益诉求有着更加积极的回应。进步党掌权几周之后就颁布了《外国人安全法令》（*Aliens Compliance Order*），这是该政权一系列帮助本土企业措施中的第一个。这项法令规定，所有没有居留许可证的外国人都必须在两周之内获得居留许可证，否则就必须离开加纳。该法令最终导致 15 万外国人被驱逐出境，这其中就包括成百上千的商人和工匠。人们广泛认为，政府签署这项法令是为了加纳企业的利益，而这项法令的主要打击目标则是西非邻国的侨民，尤其是尼日利亚人。后者在小规模和中等规模的商业竞争中是令人可怕的对手（皮尔，1971）。政府推行特别贷款计划来资助中小企业，该计划旨在保障当地企业获得银行的商业贷款和国家资助的企业培训机会（埃森克，1975；康，1980）。当时的加纳商人可以接触到政府领导人，甚至是首相。1971年，政府还首次任命一位企业家——已故的阿彭腾（S. C. Appenteng）在国家投资银行的董事会任职（乔纳，1985）。这是企业界影响日益增加的另一个证据。

或许，进步党政府在商业方面所采取的最重要的举措是《加纳商业促进法》。它加速了全国解放委员会此前设定的经济加纳化的步伐，并且扩大了加纳化的范围。全国解放委员会设定了一个五年的时间表，让外国人逐渐退出某些经济领域。进步党政府把时间表上所有的日期都提前，甚至只给有的经济部门的外国资金留出一个月的时间退出加纳。而且，为加纳人所保留的经济领域进一步扩大（埃森克，1975）。总之，以密切的政企联系为基础，进步党时期被证明是本土私营企业发展的黄金时代。但是，这更多的是源自该政权自身的意识形态倾向，而不是企业利益团体的压力。

阿昌庞上校1972年的政变改变了企业利益团体的命运。尽管他向中央集权的经济体制的回归和对经济的广泛控制缩小了私营经济的范围，但是他的上台并不像想象中的那样对于企业利益造成了毁灭性的打击。他的民众主义、社会主义论调十分激烈，但是实践中却相对温和。他不仅仅寻求进一步改善《加纳商业促进法》，而且还在1975年对小型企业进行本土化（乔纳，1985）。而且，阿昌庞还经常会见企业界领袖并出席一些私营企业活动的开幕仪式。实际上，他和他其他一些高级军官都与一些顶尖的企业家之间有着极为密切的联系，因而让

84

那些期待他推行更激进政策的人失望。

阿昌庞政权失误的宏观经济政策，比如坚持维持过度高估的塞地币值和进口许可证的管理不善，对于企业造成了致命的伤害。久而久之，这导致了"承包商"阶层——政府官员、他们的妻子和女朋友——的猖獗。他们可以轻易获得令人垂涎的进口许可证，并随后把许可证转卖出去获取巨额利润（奥库耶，1980）。由于官员们更关心巩固个人的政治主仆联系和充实个人腰包而不是企业的整体利益，政企关系变得越来越个人化。这就损害了企业团体的团结，减弱了其凝聚力。当企业团体向中央银行或者政府官员甚至阿昌庞本人递交备忘录或者派遣代表团时，这些行动对于政府政策和实践的影响微乎其微。比如，到1976年，加纳制造商协会（Ghana Manufacturers' Association）就承受着巨大的压力。一份呈送给阿昌庞的备忘录写道，"协会本身的生存受到了可疑而不公平的许可证分配制度的威胁"。"我们的一些成员认为，加纳企业是这一许可证制度的牺牲品。因为这一制度偏向一些外籍公司，因为它们（这些外籍公司）可以更加成功地给负责分配许可证的官员以好处（班诺，1984）。一些不满的成员从加纳制造商协会中退出。值得注意的是，尽管政府官员以保护公众利益为理由为进口许可证制度辩护，但是实际上这一制度更多的是为极少数的私人利益服务的，而且这些人大多是政府官员的亲友。同样重要的是，这些获益者大多数都不是真正经验丰富的商人，而是投机倒把者，后者把他们绝大部分的利润都打入海外银行账户中。

在阿库福政府（Akuffo，1978～1979）和利曼政府（Limann，1979～1981）时代，企业团体的影响力依然微弱。

但是在这两个政权之下，政府的敌意并不是导致企业团体影响力式微的原因，日益加深的经济危机才是他们丧失话语权的主要因素。在外汇、许可证和合同都极度短缺的情况下，与政府官员的个人关系要远比企业团体的成员身份更加有价值。

国家临时保卫委员会和企业团体间的关系

在国家临时保卫委员会和企业界关系已经十分紧张的背景下，市场化改革能否促进双方领导层之间的协商？企业界团体又能否影响政府的政策制定？证据显示，至少在1988年以前，国家临时保卫委员会拒绝通过政策委员会、协商或者任何其他常规的交流来把企业界纳入经济政策制定的过程中来。其中的部分原因在于，政府在一开始除了稳定经济之外并没有一个清楚的经济政策。国家临时保卫委员会只是在经历了严重的内部分裂冲突之后才主要出于现实原因采纳了市场化改革计划。私营部门的代表并没有在市场化改革这一决策中有任何影响。政府领导人也很少考虑到改革的长期方向。他们只是把注意力集中在增加可可、矿产品和木材的出口上面，而在这其中只有木材出口有一定规模的本土资本的参与。政府领导层也很少考虑本土资本在长期改革中所应扮演的角色。这种情况一直持续到80年代末期，当时政府的这种发展战略的缺点迫使他们重新考虑这一问题。正如财政部长奎西·博奇韦经常说的，改革是一个不断学习的过程。

此外，罗林斯军政权内部似乎有着一种共识，即经济政策的制定应该只局限在博奇韦所领导的经济团队之内。这个小规模的技术官僚团队享有罗林斯的信任，垄断着有关信息并且可

86 以避免协商和问责以加速决策。而且，企业界和其它各界对于经济政策知道的越少，政策所遭遇的台面上的反对也就会越少。经济政策制定的过程十分缺乏协商，以至于军政权内部的官员将这一过程戏称为"指挥和命令"。

但是，这些解释的效力有限。博奇韦个人可能更加倾向于和企业领导人进行协商。一个更重要的因素是，罗林斯出于两个原因而希望把企业家孤立。首先，他仍然把自己看做是加纳普通民众利益的捍卫者，或者说是穷人利益的捍卫者；他试图采用相关的政治策略来获得他们的政治支持。罗林斯通过打击"腐败的"的资本主义者获得了大量的政治资本；因此，如果他反过来向企业界献殷勤，那么这对于罗林斯来说在政治上是极为不明智的，尤其是在罗林斯实施紧缩措施让支持者勒紧裤腰带支持经济改革的时候。他需要定期向穷人表达自己的政治立场，这使得他必须持续地谴责企业界。

第二，在罗林斯眼中，经济自由化带来的好处是增加农民的收入并且减少腐败的发生几率；但是，他和其他加纳人一样——实际上和许多殖民官员一样——总把贪婪与缺乏公共精神和城市资本主义联系在一起，因而对后者持敌视态度。罗林斯更加偏爱没有大型资本主义企业的经济发展，尽管他的这一偏爱看起来缺乏逻辑，而且他也没有一个明确的对于这一发展路径的替代方案。据说，罗林斯曾经把卡斯特罗作为自己力图模仿的模范领导人；但是当罗林斯真正和卡斯特罗会面之后，后者的傲慢让罗林斯的幻想破灭。①

---

① 我十分感谢理查德·杰弗里斯提供的这一信息。

1982～1988 年期间，政府领导人所抱持的这一态度对于政企关系的影响十分明显。在这一时期，商人基本上不可能见到如财政部长之类的重要政府官员。企业界领袖也经常抱怨他们的意见被忽视，他们自己也是从媒体上才得知政府的一些重要政策决定。商人和政府官员之间很少会面，而且少数的会面也是在国际货币基金组织和世界银行的要求下进行的。这里我们有必要通过政府和加纳两个历史最久的商业协会——加纳工业协会（Association of Ghana Industries）和加纳全国商会（Ghana National Chamber of Commerce）——之间的关系来对这一点进行进一步阐述。

必须承认的是，加纳工业协会和加纳全国商会在国家临时保卫委员会刚刚掌权之时是影响力相对较弱的组织。这主要是因为阿昌庞时代任人唯亲的政企关系极大地削弱了这两个组织此前所短暂享有的影响力。尽管如此，这两个组织仍然要比加纳其他的商业协会有着更好的组织基础和财政基础，也仍然具有一定的政治影响力。它们在二十多年的时间里是其成员和政府官员联系的主要纽带。这使得它们能够促成历届政府和企业界人士之间的交流和对话。而且，它们还在获取进口许可证和外汇分配等方面的谈判中扮演着极其重要的角色。对于企业家而言，成为这两个组织或者其中一个组织的成员是一种"必须"；许多企业家同时加入了这两个组织。

国家临时保卫委员会统治的开始导致了加纳工业协会和加纳全国商会影响力和威望的进一步下降。政府在 80 年代的大部分时间都始终和这些协会保持一定距离。这部分是因为政府认为加纳工业协会和加纳全国商会的领导人——阿彭腾、阿皮

87

亚·门卡（Appiah Menkah）、门萨（B. A. Mensah）和其他人贪污腐败。稍后会提到，所有这些人物和政府的关系都十分紧张。而且，国家临时保卫委员会的领导人把这些协会看做是主要政治反对派的工具。加纳工业协会的一位官员把该组织和国家临时保卫委员会最初的关系描述为"动荡的"，因为"该协会的一些重要成员恰好都站在了政府的反对者一边。无论正确与否，加纳工业协会都被认定为反对派的政治机构。正因为如此，政府不会把该协会的意见和关切纳入自己的考虑范围之内。"根据这位官员所说，加纳工业协会和国家临时保卫委员会的关系在1981年政变之后很快就趋于紧张；据说当时政府曾试图把阿皮亚·门卡从该协会主席的位置上赶下来，但是没有成功。

作者的访谈记录显示，在80年代的大部分时间里，这两个协会和政府官员主要通过国际金融组织进行交流。哈特（Hart，1996）认为，由于这些会面大多在加纳投资促进中心进行——该中心是负责促进外国投资的国家机构——所以这些会面主要还是为了吸引外国商人。重要的政府官员和商界领袖之间的交流仍然很少（坦格里，1992）。而且，在商界领袖看来，这些为数不多的交流并没有取得什么建设性的成果。

政府对商业协会持敌视态度的一个必然结果就是，商业协会无法为其普通成员和协会官员提供切实的回报。正如集体行动理论家所经常指出的，提高自身地位和发展与握有实权的官员的关系（比如政治家和官僚）等特殊的回报是激励未来的领导者或者"政治企业家"投身到商业协会中的重要因素（弗勒利希等，1971，1978）。如果成员无法得到这样切实的回报，那么组织集体行动的兴趣也就随之降低。在加纳，商人们对于调查、审判和企业充公没收的恐惧阻碍了商业协会等团体的积极活动。而且，国家在80年代对于商人的侦查定罪外加国家对于信息的严格控制成功地给私营部门打上了腐败贪婪的负面烙印，使公众舆论对私营企业及其团体不利。商界领袖在这一时期名誉扫地（有些是有争议的），忧虑不安，通常都会低调行事。

协商机构的引入

但是，从1988年2月开始，政府开始采取措施与企业界协商。这并不是通过已经存在的商业协会，而是通过建立一个新的协商机构——这是将要叙述的三个协商机构中的第一个。国际金融机构是这一做法的主要推动者，因为它们发现国家临时保卫委员会绝不可能通过已有的商业协会与企业界进行协商。新成立的协商机构的不同之处在于，它们是没有任何历史包袱的全新机构，因而国家临时保卫委员会可以对它们的人员组成施加影响。可以预料的是，它们不会被罗林斯所鄙视的"保守派"企业界领导人所把持。以下三个原因导致了这一政策转变。第一，私营部门对于改革的回应十分有限，而且犹豫不决。政府未能与企业界进行协商被认为是造成这一问题的一个主要原因。第二，经济增长开始停滞。至少在国际金融机构看来，这一点和政府未能把私营部门纳入决策过程有着联系。第三，协商的缺乏让企业界对于改革的方向缺乏信心，不能说服他们改革是不可逆的。定期的协商被认为是向企业界释放出的一个重要信号，即改革将一直进行下去。

应世界银行和双边援助国的要求，第一个协商机构——私营部门咨询委员会（Private Sector Consultative Committee）在1988年2月建立；旧的商业协会在这个新机构中没有任何影响。私营部门咨询委员会的会议依旧暴露出了国家临时保卫委员会官员和企业界领袖之间持续存在的彼此之间的不信任。双方的代表都指责对方缺乏诚意（哈特，1996）。私营部门咨询委员会没能建立起定期的正式会晤机制。该委员会在一年之内就宣告解散。

89　　三年后，政府又一次试图建立起定期的协商会晤机制。私营部门顾问小组（Private Sector Advisory Group）同样是世界银行意愿的产物，因为国家临时保卫委员会仍然不愿意和旧有的商业协会进行协商，而罗林斯也仍然认为这些商业协会代表着过去腐败的商业系统。① 世行官员越来越关切私营部门缓慢的发展扩张步伐以及其与国家临时保卫委员会之间的持续紧张关系。政府也越来越担心实际私人投资额和目标期待的私人投资额之间的巨大差距。尽管如此，国家临时保卫委员会只是在

---

① 私营部门顾问小组中总共有六个人来自私营部门，其中只有阿皮亚·门卡（A. Appiah Menkah）属于旧的商业协会。在剩下的五个人里，亚姆森（I. E. Yamson）和理查德森（J. K. Richardson）分别是联合利华加纳公司（Unilever Ghana）和先锋烟草加纳公司（Pioneer Tobacco Ghana）的主席。阿兰·奇瑞马腾（Alan Kyeremateng）和克鲁德森（P. K. Kludjeson）分别是 EMPRETEC 和克鲁德森国际（Kludjeson International）的经理。第六位成员恩库穆撒（W. E. Inkumsah）是老一代的资本家，有着非同寻常的清廉形象。

世界银行官员把与企业界协商作为持续援助的条件之后才同意开始协商（哈切夫，2002）。世行的压力，再加上经济沙皇博奇韦领导私营部门顾问小组这一事实，使得后者的成功显得颇有希望。然而，这一尝试也在一年之内失败，主要因为商人们对于政府的失望：政府虽然和商人进行协商，但是商人的意见基本上都被忽视了。

商业协会因此完全不能够影响政府的政策。加纳商人边缘化程度的一个主要标志就是：他们几乎被完全从（国有）资产剥离的进程中排除。商人和企业在加纳的资产剥离执行委员会（Divestiture Implementation Committee）中没有任何代表，而劳工却在这一委员会上有着"极强的影响"（吉玛·博阿迪，1991a）。当然，劳工是反对资产剥离的。

总之，国家临时保卫委员会在获取商人们的信心和信任方面无所作为。第一，商人们被排除在新的统治联盟之外。第二，政府领导层仍然指责商人们的腐败和剥削。第三，官员们回避与商人的协商。鉴于国家临时保卫委员会所采取的刺激经济的措施的正面作用，以上几点本不应该阻止商人们进行投资。为了完全理解商人对改革的冷淡回应以及政企关系的持续紧张对立，我们需要考虑政府对于私人财产权和个人安全的持续威胁。

对企业家的持续骚扰

令人吃惊的是，现有文献中有关政府对商人们持续骚扰的研究十分缺乏。学者们更加关注政企间协商的缺乏，而较少关注审判、企业关闭和没收的细节。例如，哈切夫（2002）只是简要提到了萨福—阿杜的审判和国际烟草公司的没收。实际上，这些案例只是在一个简要的脚注中被哈切夫提及（第177页）。阿彭腾也只是在脚注中出现，被作者称为"加纳的主要商人之一和真空制盐产品公司的拥有者"（第177页）。和哈切夫一样，赫伯斯特（1993）也把大部分注意力都放在国家临时保卫委员会未能和企业界协商这方面，却很少提到政府对企业家的骚扰。或许这并不足为奇，因为他的观点十分明确——加纳企业家十分腐败，理应遭遇失败的命运（第54，136页）。尽管坦格里（坦格里，1999）1992年文章的修订版对于这一问题更加留意，但是他仅仅用一段文字来叙述政府对企业家连续不断的骚扰，很难反映这一问题的重要性。

学界更关注政企之间协商的缺乏，而不是政府对企业家的骚扰，这实际上是本末倒置。毕竟，未能与企业家进行协商并不是国家临时保卫委员会在企业家心中的主要形象。国家临时保卫委员会在企业家心头挥之不去的印象是企业家所经历的政府骚扰以及他们对于这种骚扰的恐惧。而且，人们普遍都很容易接受这种观点，即加纳企业家无可救药的腐败是政府对他们进行惩罚的真正原因（赫伯斯特）。诚然，企业家们在历史上有着不同程度的偷税逃税和其他形式的腐败行为，但是他们是为了能够得到必要的原料和资金不得已而为之。然而，正如接下来的案例研究显示，（企业家们的）罪行缺少确凿的证据。他们认为，国家临时保卫委员会之所以迫害成功的加纳资本家是因为它怀有其他的动机。在某些案例中，政府当局的行动部分是出于真正的对腐败的怀疑，而其他动机也有着重要的作用。在其他案例中，政府行动的主要动机十分清楚，即被调查的企业家是政府的政治反对者。因此，人们不应该仅仅从表面看待国家临时保卫委员会所宣称的企业家的腐败。

以下案例研究的资料主要来源于三个方面：（1）与企业家们面对面的访谈；（2）报纸上的报道；（3）一些学术刊物上的有关研究。这些资料显示了清楚辨别或是剥离出政府主要动机的难度、商人们所要持续面对的高风险以及政府许多武断独裁的行为。

阿皮亚—门卡（A. Appiah Menkah）的案例

阿皮亚—门卡在 1969~1972 年期间担任布西亚政府的贸易和工业部副部长。他曾在 60 年代初期建立了阿皮诺油棕榈种植园（Apino Oil Palm Plantation）和阿散蒂榨油厂（Ashanti Oil Mills）来对棕榈果实进行加工处理。1974 年，他建立了阿皮亚—门卡集团公司，该公司总共雇佣了 267 名员工以及 570 名代理商（采访阿皮亚—门卡）。当加纳在 70 年代和 80 年代经历消费品短缺之时，阿皮诺肥皂在几乎所有加纳家庭和寄宿学校学生的生活中都是不可或缺的。他曾经长期担任加纳工业协会的主席并且过去一直是加纳最成功的肥皂制造商。

国家临时保卫委员会在 1983 年初多次拘留阿皮亚—门卡。第一次拘禁持续了三个星期，而且军政权没有给出任何拘禁理由。第二次拘禁持续了三个月时间，他被指控参与了 1983 年 6 月的未遂政变（《非洲秘闻》，August 3，1983）。在经历了对其是否参与未遂政变的审讯和调查之后，阿皮亚—门卡被无罪释放（采访 Appiah-Menkah）。但是，他随后却被指控索要

91

了子虚乌有的赔偿金；这项指控的依据是 1984 年的新法令，其效力可以追溯至 1974 年。作为一名律师，阿皮亚—门卡在 1977 年的一次索赔中替委托人获得了 140 万塞地的赔偿（《西非》1985 年 9 月 30 日，第 2062 页）。起诉方最初宣称阿皮亚—门卡与他人合谋造成了国家的财政损失，但是起诉方在审判开始之时提交申请要求撤回控诉。但是，公共法庭主席拒绝了控方的撤诉申请；这使得阿皮亚—门卡的辩护律师认为公共法庭主席在这一案件中有利益牵涉（《每日写真报》[DG]，January 24，1986）。在我对阿皮亚—门卡的采访中，他始终认为控诉方是因为意识到了针对他的案件证据薄弱而最终放弃了审判。他进一步认为，他遭到控诉的真正原因在于他在政治上反对国家临时保卫委员会；他举例说，政府曾经在 1982 年试图把他从加纳工业协会主席的位子上拉下马。

阿皮亚—门卡在 1985 年被认定有罪，被判处了 18 个月的监禁和 60 万塞地的罚款。除了被要求归还 140 万塞地的赔偿金，他还被命令再支付 800 万塞地的对国家的补偿金，否则就要在监狱里多服刑十年（WA，September 30，1985，第 2062 页）。辩方律师进行上诉并且申请保释，但是判定其有罪的公共法庭主席以"判决尚未分类"为由拒绝了保释申请。完成审判分类和准备上诉文件总共用了三个月的时间。之后阿皮亚—门卡的保释要求仍然遭到拒绝（DGJanuary 24，1986）。而且，他的上诉从未得到回应，因为军政权根本就"没有相应的上诉委员会来处理上诉"（采访 Appiah-Menkah）。

工业化学品有限公司（Industrial Chemicals Limited）的关闭和对夸梅·萨福—阿杜（Kwame Safo-Adu）的审判

夸梅·萨福—阿杜医生曾经在伦敦的国王学院医学部学习并接受医学训练并且赢得了1956年的林奇利药学奖。他先是在国王学院医学部和尼日利亚的伊巴丹大学讲授药理学，随后他于1966年在库玛西开设了一家私人诊所。他曾经担任1969～1972年进步党政府的农业部长并且还在第三共和国的国务委员会任职（萨福—阿杜，1985）。1974年，他在库玛西附近建立了一家名叫"工业化学品公司"（Industrial Chemicals Limited）的制药工厂，主要生产维生素和抗疟药物。建厂资金主要来自世界银行70万美元的贷款，通过国家投资银行支付。他仅用了贷款还款期的一半时间就把贷款全额还清，并且又获得了额外的20万美元贷款。此后他又在第二笔贷款到期之前全额还清。1986年，他贷款130万美元购买机器设备以实现企业扩张（采访萨福·阿杜）。

国家临时保卫委员会拒绝给予萨福—阿杜进口许可证，也不允许他使用贷款。他随即向联合国教科文组织工业法庭申诉要求赔偿，后者在15个月之后做出了对他有利的判决。到那时，由于塞地的反复贬值，此前的130万美元贷款已经膨胀到相当于300万美元的价值。尽管如此，他仍然预订并且准时签收了机器设备。1988年2月26日，他离开阿克拉前往伦敦安排原材料供给等事宜。当晚，四个全副武装的士兵扮作劫匪闯入萨福—阿杜在阿克拉的住所。他们袭击了他的女儿，但是他十一岁的孙子成功逃脱并且拦下一辆出租车呼救。而这辆出租

92

车的司机恰好是萨福—阿杜的一位下班的警察邻居。这位司机通过无线电呼救，随后值班的巡逻警察迅速赶到。警察和所谓的"劫匪"之间进行了一场枪战，两名"劫匪"被击毙。另一个"劫匪"受伤逃跑后不治身亡。由于愤怒的士兵威胁对警察进行复仇，国家临时保卫委员会没有让警察、军方参与1988 年的独立庆典（采访萨福·阿杜）。

扩建后的工业化学品有限公司工厂在 1989 年 10 月 1 日正式启用。据报道，两天之后罗林斯亲自率领 300 名士兵在工厂周围设置警戒线，毒打所有他们看到的人并且下令对该公司进行调查（WA，November 20，1989，第 1948 页）。公民审查委员会从 1990 年 1 月起对萨福—阿杜进行了六个月的调查，随后把他逮捕并设立法庭对他进行审判。萨福—阿杜总共面临十项经济破坏的指控，其中包括把贷款用于扩建厂房之外的其他目的以及逃避税款。每项指控都要求在定罪之后立即由行刑队对他执行死刑判决（WA，1990 年 11 月 5 日，第 2795 页）。

控诉方声称，萨福—阿杜把他的一部分贷款用于进口洗发水。但是，这一指控很明显是微不足道的。在 130 万美元的贷款总额中，萨福—阿杜仅仅使用了其中很少的 2522.09 美元用于进口洗发水（WA，November 5，1990，第 2795 页）。而且，他的律师还辩护道，贷款的条件中并没有对贷款如何使用进行限制。在逃税方面，萨福—阿杜称他向法庭了出示了充足的文件资料证明自己实际上多付了税款，而不是相反。1991 年 10 月，针对他的十项指控都无法成立，他也被宣告无罪释放（WA，November 4，1991，第 2795 页）。国家临时保卫委员会随即宣布它将针对无罪判决进行上诉，但是最终不了了之。但是，尽管萨福—阿杜被无罪释放，工业化学品公司仍然继续被关闭了超过两年时间；国家投资银行仍旧关闭了他的账户并把他的剩余贷款归还给了世界银行，还坚持要求他在六个月之内归还已经使用的部分（采访萨福·阿杜）。

这一案件还对其他涉案的个人有影响。由于同意给予萨福—阿杜贷款，国家投资银行的高级经理安德鲁斯·翁图米（Andrews Wontumi）被指控协助教唆犯罪。而且，由于翁图米不像他的同事那样愿意在这一案件上提供不利于萨福—阿杜的证词，他丢掉了自己的工作。由于批准了工业化学品公司的经营许可证，卫生部药品管理局的执行主管弗兰克·布鲁斯（Frank Bruce）也被指控协助教唆犯罪（*WA*，November 5，1990，第 2795 页）。萨福—阿杜的特别助理和律师夸梅那·巴特尔斯（Kwamena Bartels）也面临着同样的指控。最后，宣判萨福—阿杜无罪的公共法庭主席博阿奇·丹凯（Boakye Danquah）不久就逃到英国寻求政治避难。在英国广播公司的一次访谈中，博阿奇·丹凯称国家临时保卫委员会的最高层官员向他施压要求判处萨福—阿杜有罪并且随后对他进行死亡威胁（盖恩·阿蓬腾，1992；《非洲观察家》*African Observer*，1997 年 11 月 6 日）。

卡斯特纳空气处理公司（Kastena Air Processing）的关闭

另一起十分著名的案件涉及已故的夸梅·阿散蒂少校（Major Kwame Asante）。他曾经是阿昌庞政权的部长。和萨福—阿杜一样，阿散蒂在国家临时保卫委员会掌权之前，通过国家投资银行获得了世界银行的贷款并在库玛西附近建立了一家工厂。他的卡斯特纳空气处理公司主要生产医院用的氧气及家庭和商业用途的高压气瓶。他的工厂在 1989 年 11 月 3 日被大约两百多名士兵包围并封锁，而这和萨福—阿杜的工厂被强行关闭是在同一天。和萨福—阿杜一样，阿散蒂也面临着如何获得贷款工具的调查。他随后也遭到起诉。不幸的是，阿散蒂案件的细节十分缺乏。但是，通过和阿散蒂的朋友以及政坛内部人士的访谈，我们可以大致梳理出事件后来的发展脉络。一辆军用卡车在阿克拉—库玛西公路上和阿散蒂的汽车相撞。几分钟后，一架军方直升机赶到事故现场把受伤士兵空运回营就医，但是却没有帮助同样受伤的阿散蒂。他随后因伤死亡。因此，阿散蒂在他的家乡阿散蒂省成了人们心目中的烈士——受到国家临时保卫委员会迫害致死的烈士。

对真空制盐产品公司的调查和没收

已故的阿彭腾可以称得上是加纳最具活力的企业家。他从一个可可收购职员白手起家，最终建立起了一个覆盖了贸易、金融、商务、制造和加工的商业帝国。作为加纳的"盐王"，他在 1970 年从帕纳吉欧托比留斯家族（the Panagiotopulus）的希腊三兄弟手中收购了帕氏兄弟制盐公司。这一收购的背景是布西亚政府颁布加纳商业促进法，该法案规定部分种类的外资企业必须向加纳人出售一部分股份或者把企业完全出售给加纳人。阿彭腾的第二家制盐企业——真空制盐产品公司位于大阿克拉省阿达（Ada）的桑高泻湖（Songor Lagoon）地区。这家企业是我们主要讨论的。他在 1971 年和政府签订了一项长达

99 年的租约，负责建设相关设施，从而把海水引入泻湖以提炼盐。真空制盐产品公司的股份在 1975 年被出售（采访利昂·阿彭腾）。

阿彭腾（1993）认为，国家临时保卫委员会的干预妨碍了真空制盐产品公司实现其全部生产潜力，进而阻碍了他利用制盐公司的收入来建立化学品工业的最终目标。但是，通过对他的儿子利昂（Leon）——帕氏兄弟制盐公司的经理的采访，我发现真空制盐产品公司所面临的困境早在国家临时保卫委员会掌权以前就已经存在。真空制盐产品公司在 1974 年开始采盐活动之后很快就和当地居民发生了冲突。当地的纳提先生（Mr. W. G. Nartey）声称真空制盐产品公司的部分特许权属于自己，并且建立了星光化学品有限公司（Star Chemicals Company Limited）开采盐矿。当地其他居民也抱怨真空制盐产品公司的采盐活动剥夺了他们从泻湖中获取盐的权利（阿梅特，1999）。为了阻止冲突进一步升级，阿昌庞政府把泻湖的特许经营权分割成三部分后给予冲突的三方：（1）真空制盐产品公司；（2）星光化学品有限公司；（3）阿达传统委员会（Ada Traditional Council）（DG，February 5，1986）。

然而，冲突在新因素的诱导之下于 1979 年再次爆发。两个当地的政客——阿米托·威廉姆斯（Ameto Williams）和科菲·巴察（Kofi Batsa）利用当地人对真空制盐产品公司的不满情绪参与 1979 年的议会选举。他们宣称，如果能够当选，他们就会驱逐阿彭腾这个阿肯族的"外人"（汉利，1991，第74 页）并且重新建立起阿达族人对于真空制盐产品公司的控制（阿梅特，1999）。因此，这次冲突带有明显的种族色彩。

95

随后，一次试图接管真空制盐产品公司的行动被法庭的禁令所阻止。法庭的这道禁令直到国家临时保卫委员会掌权时仍然有效。所以，真空制盐产品公司在国家临时保卫委员会时代之前就遭遇到了许多困难。

但是，阿彭腾（1993）的说法也有道理。他认为，1981年军事政变后，由于国家临时保卫委员会的行动和态度，真空制盐产品公司面临着从未有过的险恶局面。阿达（Ada）地区的保卫委员会在1982年9月"没收"了真空制盐产品公司，而且还鼓励当地民众自由采盐。这导致了当地人和公司的冲突以及公司生产活动的中断。和之前的政权不同，民众主义的国家临时保卫委员会政权对当地人的这一行为持默许态度；它甚至还签署命令允许当地民众进入真空制盐产品公司进行盐矿开采（DG，February 3，1986）。在政府某种程度的鼓励之下，保卫委员会、阿达传统委员会和阿达采盐工人合作协会纷纷提高调门，要求驱逐真空制盐产品公司。

国家临时保卫委员会命令1986~1987年度的阿米撒调查团对真空制盐产品公司在潟湖的权利、它和当地人的关系以及它的税务记录进行调查。伏维·齐卡塔（Fui Tsikata）和乔·瑞恩道夫（Joe Reindorf）都和国家临时保卫委员会有着密切的联系，他们两个人分别是阿达采盐工人合作协会和阿达传统委员会的代表。他们两人试图证明真空制盐产品公司所拥有的特许权没有什么令人信服的依据，而且还坚持声称阿彭腾是通过欺骗手段才获得潟湖的租约的。他们指责称，阿彭腾对外宣称他使用了"科学的真空蒸发制盐方法"，但实际上他只是利用阳光进行自然蒸发。齐卡塔认为，真空制盐产品公司"只

是把海水抽入结晶锅内等待海水自然蒸发"，它的抽水管道没
有任何实际作用，只是使其整个制盐流程显得更加先进。反复
盘问真空制盐产品公司执行董事的瑞恩道夫则说："我认为你
在这一点上和我意见一致——一个声称自己使用了更先进的制
盐方式的公司能够比一个仅仅在泻湖旁边等待太阳光蒸发出盐
的公司更好地取悦政府"（*DG*，February 20，1986）。他们二
人的观点十分清楚：如果真空制盐产品公司没有使用更为先进
科学的方式制盐，那么它的特许权就失去了合法性。

　　这两位代表还试图证明真空制盐产品公司的活动对于当地
居民的福利造成了损害。针对该公司的指控既涉及不负责任的
行为，也牵涉到触犯法律的犯罪活动。他们声称，真空制盐产 96
品公司所挖掘的沟渠妨碍了当地人的采盐活动，损害或者摧毁
了独木舟、渔网和其他财产，严重威胁到当地人的生计。他们
进一步指出，沟渠的挖掘引起了洪涝灾害，威胁到了当地村民
的生命安全（*DG*，January 17，1986）。瑞恩道夫指控真空制
盐产品公司使用"伪科学"操作来谋取在泻湖的专营特权以及
"反社会、反基督和破坏当地和睦"（*DG*，February 21，1986）。
在听取了他们的指控之后，国家临时保卫委员会下令填塞真空
制盐产品公司挖掘的海水引导沟渠（*DG*，January 27，1986）。
因此，该公司就不能够再通过引导海水进入泻湖采盐了。

　　齐卡塔指控真空制盐产品公司涉嫌犯罪活动。他声称，当
地警察使用该公司的车辆逮捕偷盐的嫌犯，并且仅凭该公司的
一面之词就对这些偷盐犯进行拘留（DG，n. d.）。[1] 阿彭腾家

---

[1]　这一期《每日写真报》的日期不慎在复印的过程中丢失。

族被指控强迫偷盐嫌犯咀嚼原盐并严重损害了他们的身体健康。阿彭腾家族还被指责牵涉到传闻中的一起致命枪击事件之中。据传在1985年5月，一位妇女在试图偷盐时遭到警察的致命枪击，而警察则是为了保护阿彭腾家族和公司在泻湖地区的利益。负责调查这则传闻的警署副署长报告称没有人被杀。但是，罗林斯本人亲自飞赴阿达地区进行调查，把一位遭受枪伤致死的妇女的尸体带回阿克拉（DG，April 25，1986）。政府控制的媒体对于这一案件的调查进行了广泛的报道并且极力贬损阿彭腾家族。

而且，阿达人和两位代表还试图证明真空制盐产品公司既没有正确地申报纳税，也没有支付足够的特许权使用费（DG，February 13，1986）。但是，十分重要的是，真空制盐产品公司此前从未遇到过有关税务的指控。实际上，该公司也从来没有触犯过有关法律。政府官员也没有把针对该公司税务方面的调查公之于众。官员们的这种沉默大概是因为他们没有发现什么确凿的证据能够证明公司在税务方面触犯了法律。

从1988年开始，颇具传奇色彩的真空制盐产品公司每况愈下。政府宣布收回凳子领地的控制权。国家临时保卫委员会迅速宣布真空制盐产品公司此前获得的租约作废，并用一个新的只有30年的租约取而代之。但是，新租约实际上毫无用处，因为政府禁止公司导引海水进入写湖区，这也就等于中止了公司的采盐活动（采访Leon）。1989年，国家临时保卫委员会禁止阿彭腾家族入主真空制盐产品公司。它还命令国家调查委员会对该公司的一些财政问题进行调查，但都无果而终，没有做出任何起诉。真空制盐产品公司此后由国家临时保卫委员会所任命的管理团队进行经营。新的公司管理层接受古巴技术团队的建议，推行"宏大计划"来发展桑高地区的采盐业。古巴人推荐公私合营的经营方式，这样可以使桑高地区的所有特许权获得者都参与进来（阿彭腾，1993）。国家临时保卫委员会在1992年8月宣布真空制盐产品公司得到的新租约作废，并将该公司置于加纳国家石油公司的控制之下。后者由罗林斯最亲密的助手卡素·齐卡塔（Tsatsu Tsikata）领导。1993年，真空制盐产品公司向海牙的国际仲裁中心起诉政府。但是，在加纳政府对希腊股票持有人进行补偿之后，这一案件就变成了加纳的"内部事务"（采访Leon），因此国际仲裁中心无法受理这一案件。事实上，真空制盐产品公司已经被政府没收。

97

值得一提的是，国家临时保卫委员会在处理冲突时在表面上把自己塑造成了阿达人利益的坚定捍卫者。政府在1989年禁止阿彭腾家族进入真空制盐产品公司，其官方公告称："阿彭腾先生和其家人持续损害着盐矿地区居民的利益，这种做法和政府最初恢复该公司租约的初衷大相径庭"（WA, November 13, 1989, 第1908页）。但是，事件随后的发展却表明，政府之前所展示的关怀当地人的态度只是装腔作势。阿达当地居民在采访中称，加纳国家石油公司仍然继续使用真空制盐产品公司此前遭到诟病的采盐方式。而且，当地人依然被禁止从真空制盐产品公司此前的特许采盐份额中分得一杯羹。愤怒的当地居民和安全部队发生了冲突，他们向政府要求得到数十亿塞地的使用费，并且要求政府对使用泻湖地区进行补偿（《政治家》，2000年11月5日）。

加纳国际烟草有限公司 (International Tobacco Ghana Ltd) 的没收

门萨 (B. A. Mensah) 先生在 1974 年建立了加纳国际烟草有限公司。到 80 年代末,加纳国际烟草公司雇佣了 1200 名员工,还创造出了数以千计相关的就业机会和经济机会。加纳国际烟草公司在 80 年代末遭遇资金流动性问题,无法向加纳海关 (Customs, Excise and Preventive Services) 偿还 7. 511 亿塞地的消费税。加纳的消费税是一种特别的税收:从事销售的公司代表加纳海关从他们的消费者那儿收集税款,然后在 21 天之内把这笔税款归还加纳海关。加上它要偿还的 2. 169 亿塞地的利息,加纳国际烟草公司的债务总额已经高达 9. 68 亿塞地 (*WA*, August 27, 1990, 第 2372 页)。需要强调的是,该公司的情况并非逃税,而只是欠税 (《非洲秘闻》, April 5, 1991)。门萨把其公司所遭遇的资金流动性问题归咎于塞地的大规模贬值,请求政府能够给他时间让他归还所欠税款。但是,政府方面却认为加纳国际烟草公司侵占了国家的收入。

1989 年 7 月,国家临时保卫委员会禁止门萨家族进入加纳国际烟草公司。随后,加纳海关查封了该公司的全部资产,直到所有欠税被还清为止。门萨邀请总部设在伦敦的乐富门国际有限公司 (Rothmans International) 购买股份,从而使得他能够偿还债务。但是,就在交易即将达成之际,国家临时保卫委员会出面阻挠谈判,并且直接安排乐富门国际有限公司和国家社保信托基金 (Social Security and National Insurance Trust) 接管加纳国际烟草公司。(《非洲秘闻》, 1991 年 4 月 5 日) 指

98

出，门萨当时已经与乐富门国际有限公司和国家社保信托基金达成了协议，但是加纳国际烟草公司在重组的新公司即将成立的同一天被政府没收。

1990 年 7 月，门萨起诉乐富门国际有限公司和国家社保信托基金，要求对方就非法占有加纳国际烟草公司赔偿 320 亿塞地（约合 1 亿美元）。但是，就在判决结果出炉的前一天，门萨遭到逮捕并以经济破坏罪被起诉。同时，乐富门国际有限公司和国家社保信托基金"占有加纳国际烟草公司财产的行为却得到了保障，他们可以不受后者所采取的法律行动的影响"（《非洲秘闻》，1991 年 4 月 5 日）。因此，门萨向联合国教科文组织工业法庭提出自己的赔偿要求。他很快就因为"试图污蔑政府"的罪名遭到逮捕和起诉。门萨（采访）坚持认为，某些加纳企业所欠的税款远比他多，尤其是其中一家私人博彩公司（Asare Pay All）。

整体的影响

强行关闭、调查、审判和没收企业是军政所采取的主要行动。国家临时保卫委员会以反腐败为由为自己上述的一系列行动正名。可这种解释的缺陷在于，尽管政府进行了长时间的调查，但是所谓的腐败指控通常站不住脚。阿彭腾从未被起诉过；针对门萨的指控基本上是因为门萨提出了赔偿诉求，而这些针对门萨的指控也主要是为了通过恐吓使其沉默。这些指控大多没有什么依据，因此他并没有受到审判。所以，我们可以认为，国家临时保卫委员会对企业家们采取这些行动有着其他方面的动机，比如报复知名的政治反对派、下决心惩罚前政权下发达的企业家和为个人谋取私利等。

　　为了更好地理解政府对于企业家的持续骚扰，我们可以参考科菲·阿乌诺（Kofi Awoonor，1984）的著作。阿乌诺是国家临时保卫委员会内部一个有影响的人物。阿乌诺对于"腐败"企业家的愤怒显而易见。他声称，阿昌庞和企业家共同拥有科物思汽车公司和加纳国际烟草公司，而这是这些公司能够成功的原因。阿乌诺还宣称，另一位企业家欧姆卡·林德赛（Ahomka Lindsay）利用了他和阿昌庞的关系才取得成功。当这些公司后来被政府没收时，一些人认为，阿乌诺对于公司所有者赤裸裸的敌意反映了国家临时保卫委员会和罗林斯本人的想法。值得一提的是，在政府查封加纳国际烟草公司的几个月前，所谓的这家公司和阿昌庞之间的联系被广泛报道和宣传。批评者把这种联系看作是查封的动因之一（福德沃，1998）。罗林斯确实曾努力和阿乌诺保持距离，但那是在阿乌诺的书引发巨大争议之后。

　　无论政府持续骚扰企业家是因为何种原因，一个无可争议的事实是：军政权拥有广泛的独断专行的权力，就像以上这些案例中所反映的那样。"调查员似乎没有任何明确的调查命令，他们可以一直进行调查，直到他们发现调查对象的错误，即便他们的调查和最初的指控毫无关系也没有关系"（福德沃，1998，第190页）。企业家在面对这些调查和指控时无不战战兢兢如履薄冰。在采访中，许多企业家仍然记得他们那时所经历的恐惧。

　　因此，许多加纳企业家对国家临时保卫委员会所持的厌恶态度并不令人吃惊。许多人希望国家临时保卫委员会被推翻，一些企业家资助旨在推翻军政权的政变。虽然我们难以得到一个精确的数字，但是在国家临时保卫委员会统治时期加纳企业家的大量外逃导致了国内资本以前所未有的水平大量流出加纳。由于财产权得不到保障，那些留在加纳的企业家也不愿意冒险进行投资。再加上对于加纳中长期改革前景的不确定，规避风险的投资者们纷纷裹足不前。在加纳，反资本主义论调的持续高涨和对企业家的持续迫害使得这种不确定性进一步加剧。许多人都持这样一种观点，即政府的改革只是为了满足援助国的援助条件，并不是因为对改革的坚定信念。其他企业家不愿意进行投资则是因为他们把投资当做对令人厌恶的军政权的无言支持。因此，正如世界银行所言（世界银行，1993a），在经历了十年的改革之后，外国和国内私人投资仍然处于令人失望的低水平。

结　论

总之，国家临时保卫委员会采纳并实施正统的经济改革措施并不意味着政府与企业间的关系出现了任何重要的转变。改革的实行也没有改变国家临时保卫委员会的宣传论调，它继续抹黑利润动机并把财富等同于腐败。国家临时保卫委员会垄断了经济政策的制定，并且向外界明确表示企业界的积极游说活动是不受欢迎的。这迫使企业界寻求通过国际金融机构来对政策制定施加影响，但是这种努力收效甚微。强制性关闭和没收工厂以及针对企业家的调查和审判等行动加强了商人们的这一

100

看法，即国家临时保卫委员会的领导层是敌视财富的社会主义者。政府的这些行动所产生的影响远远超出了给涉案的特定企业家带来的困难，因为这些人都是加纳久负盛名经验丰富的企业家。他们的遭遇成为了企业家所面临的风险的标志。商人们在整个国家临时保卫委员会统治期间都始终战战兢兢，唯恐自己就成为政府下一个要骚扰的目标。在这种环境下，他们倾向于隐藏自己的财富，而不是投资。由于这些原因，再加上前几章提到过的经济政策的局限，加纳企业没能实现扩张。

第五章　民主时代的政府与企业关系

到 20 世纪 80 年代末，援助国得出了这样一个结论，即它们在非洲所资助的市场化改革必须要辅以与之相符合的良好的政府治理才能获得成功。人们也日益认识到，腐败、缺乏问责机制和不民主的非洲政府所掌握的广泛的独断专行的权力阻碍了经济改革的进行。世界银行在其 1989 年著名的报告中称，"非洲发展问题的关键是政府治理的危机"（世界银行，第 60 页）。双边援助国开始把民主化作为他们继续对非洲国家进行援助的条件。它们希望可以藉此制约并削弱政府的独断专权，进而调和政府与企业家及其他利益团体之间的关系，使得市场化改革更加有效。

对民主的要求可以称得上是市场化改革的一个分水岭，因为在此之前，援助国更加关注非洲国家政府对于改革的投入和坚定程度，而不是政权的类型。确实，包括国际金融机构在内的援助方普遍持这一观点，即强有力的独裁政权可以不受社会力量的影响，因此可以更有效地执行严酷但必要的改革措施。在罗林斯统治下的加纳，独裁统治对于经济改革十分有用，因此，援助国对加纳持矛盾态度。一方面，美国批评罗林斯抛弃政党政治，威胁要停止对加纳的援助（《经济学人智库》，1990，第16页）。另一方面，援助国又认为，"推翻罗林斯政权会导致经济政策的动荡，而一个民主选举出的领导人会更加倾向于迎合民众主义的情感和意见"（《西非》，1992年11月16日，第1954页）。

许多研究非洲的学者对于民主和更有效的经济改革之间的联系持怀疑态度（杰弗里斯，1993；卡拉奇，1994a，1994b；贝宁和赫伯斯特，1996）。非洲的新世袭统治者们试图通过政治赞助和寻租来巩固自己的权力。援助国摧毁这一十分重要的政治工具，其意图十分合理但却过于理想化。从历史上来看，在非洲，国家一直是资源和收益的主要来源，因此也是积累和向上流动性的来源。统治者们倾向于替他们自己和其忠实的拥护者垄断经济机会（康，1988；布恩 Boone，1990）。在世袭统治下，统治者们阻塞或者限制了（财富）积累的渠道（韦伯，1978）。因此，援助国试图摧毁这些重要的权力工具以促进富有活力的资本主义的努力前途并不明朗。贝茨（1981）详细论述了政治考量在非洲是如何凌驾于经济理性之上的，否则我们又如何解释津巴布韦持续的悲剧呢？

尽管民主和有效的经济改革之间的联系受到了各种怀疑，但是这一观点在理论上似乎是可行的。但是，关键的问题在于我们如何界定"与民主相符的治理"。如果不对它进行具体明确的定义，那么它就等于是无意义的同义重复。如果良好的治理意味着多党民主，那么它与经济发展或者说与成功的经济自由化之间的联系就很难在历史上找到支持的依据。在加纳，这种联系十分脆弱，或者说至少十分模糊。事实上，正如本章接下来将要展示的，从民主化进程的一开始，民主化就承担着阻止政府对企业界中可疑的反对派支持者进行骚扰的任务。

援助国推动民主化的压力和加纳的国内因素一起导致了1991 年前后民主进程的起步。1992 年 11～12 月，加纳举行全国民主选举；随后在 1993 年 1 月 7 日，加纳第四共和国建立。罗林斯和他的全国民主大会党（National Democratic Congress）成为了选举的胜利者。加纳的民主过渡进程受到了反对派政党的尖锐批评，反对派认为全国民主大会党在民主进程中获得了不公平的优势。他们质疑总统大选的结果并且抵制了随后举行的议会选举。因此，第四共和国是在一个政治氛围高度紧张的环境下诞生的。这对于政府与企业间的关系有着严重的影响。尽管困难重重，第二次总统大选还是在 1996 年 12 月成功举行。罗林斯和全国民主大会党再次赢得了大选并且组建了第四共和国宪法下的第二任政府。

本章主要探讨民主化在 1991～2000 年期间对于加纳政府与企业间关系的影响。（外界）促进民主的理由是它可以抑制独裁权力并且促进改革。乍看之下，这一观点在加纳似乎显得十分正确：国家临时保卫委员会无视财产权的种种作为很大程度上是因为其无需对任何人或机构负责，可以恣意妄为。但是，这种对民主正面效果的期待究竟在多大程度上为事实所证明呢？证据显示，至少在短期内，民主化没有对加纳政企关系产生明确的正面影响。事实上，民主化反而从另一个维度加深了政企关系的敌对，这种敌对在 1992 年大选期间加剧，并且持续到 1993 年。

随着时间的推移，政企关系的敌对程度有所降低，但是这

103

更多的是因为"制度"因素——一个相对独立的最高法庭，
更强的反对力量，批判性的私人媒体和更加警觉的市民社会
——而不是因为政府本身态度的改变。实际上，罗林斯对于加
纳企业界一部分人的厌恶从未改变过；所以，即使他承认与企
业界协商的必要性，他也只是十分敷衍地把协商付诸实践。他
还试图通过建立新的他认为在政治上更能够接受的商业协会来
绕开那些老牌的商业协会。而且，尽管罗林斯对于由小企业家
组成的商业团体态度较好，但是他并没有把这种友善态度延伸
到"大企业"身上。

民主化进程中的国内因素

外部援助国对于民主的主张和加纳国内民主化力量的崛起
在时机上十分契合。后者从 1982 年开始就要求回归文官统治，
但是这种努力收效甚微，其中主要有四个原因。第一，加纳律
师协会、基督教委员会（Christian Council）和公认职业机构
协会（Association of Recognised Professional Bodies）等最具力
量的支持民主的团体大多处于混乱状态，无法点燃人们的民主
精神；这种精神在 1978 年推翻阿昌庞的运动中十分重要。第
二，人们害怕批评国家临时保卫委员会招致政府的镇压，因此
大众普遍十分消极——罗林斯本人把这称作"沉默文化"。第
三，实实在在可见的经济改善——货物充盈的商店和修复好的
基础设施等——亦即格林（Green, 1998）所称的"政绩合法
性"（performance legitimation）使得反对派对国家临时保卫委
员会的批评缺乏市场。第四，国家临时保卫委员会政府远远没

104

有阿昌庞的最高军事委员会政府那么腐败，这很难激起民众的愤怒。[1]

加纳的政治风向从 1988 年初开始转变。1988 年 2 月，已故的阿杜·博阿亨教授发表公开演讲，在包括为何加纳存在"沉默文化"等诸多议题上批评国家临时保卫委员会。罗林斯使用"沉默文化"这一词语来形容民众对于公共事务十分缺乏兴趣，而博阿亨则把这种"消极"看作是政府压迫的结果。"我们没有进行抗议或者是发动叛乱，不是因为我们信任国家临时保卫委员会，而是因为我们害怕它！我们害怕被拘禁和清算，害怕被拖到公民审查委员会和国家调查委员会前接受调查，还害怕各种形式的骚扰"（博阿亨，1989，第 51 ~ 52 页）。博阿亨的演讲激起了广泛的响应，成为反对派复苏的催化剂。加纳工会联合会宣布重新加入支持民主的阵营，要求回归民主统治。教会和职业团体也重新发出声音。即使是一些最初支持国家临时保卫委员会的激进团体也在 1990 年 8 月加入了反对派团体自由正义运动（Movement for Freedom and Justice）。自由与正义运动是第一个正式形成的反对派团体，该运动的领导者包括了持各种不同观点的政治人物。它要求解除政党政治的禁令，制定回归宪政的时间表，释放政治犯并且赦免流亡者。但是，必须强调的是，这些变化部分是因为国家

---

[1]　沙布尔（Chabal）和达洛兹（Daloz）认为，"只要腐败的果实能够依据赞助的逻辑被适当而有力地重新分配"，腐败在非洲就不是一个国内政治议题（1999，第 99 ~ 100 页）。我们很难在这个基础上理解加纳或者坦桑尼亚的政治。

临时保卫委员会在 80 年代末放松了对反对派的压制。这就激励了批评者在各个方面对政府的攻击，甚至包括敏感的人权问题。反对者们依然要面对逮捕和拘禁，但是重大的变化已经在发生。

尽管罗林斯一直以来都承认他的政权需要在稍后的阶段通过一套政治代表体系来对自身进行合法化，但是他最初主要关注经济恢复，而只是把合法化问题放在次要位置。他希望通过无党派政治的模式建成一个政治代表体系：首先在地方层面建立地区议会（District Assemblies），然后再按照金字塔结构把这一组织扩展到国家层面。日益变化的政治前景可能加速了无党派地区议会在 1988 年 12 月至 1989 年 2 月期间的选举和组建。① 然而，地区议会体系的建立反而加剧了政治上的不稳定。反对派贬低地区议会，认为这只是政府替代政党政治的尝试。他们还把地区议会选举看做是政治管制趋于放松的标志。

而且，到 80 年代末，国家临时保卫委员会由于自身独立于社会力量之外而固有的局限性日益明显。尽管这种独立对于需要当机立断的改革的稳定阶段（1983～1986）的成功十分重要，但是其孤立到了需要更复杂改革和信心建设的结构调整阶段（1987～1992）就显得不合适了。为了把改革从恢复和危机管理层面进一步深化，罗林斯意识到了建设"国家经济改革共识"的必要性（《西非》，1987 年 1 月 12 日，第 59 页）。他本想利用地区议会作为建设全国性政治代表制度的基

---

① 国家临时保卫委员会任命了三分之一的议会成员。剩下的三分之二由选举产生。

础，并藉此达成全国性的共识，但是这一努力归于失败。到90年代初，国家临时保卫委员会仍然缺乏它所迫切需要的进行复杂改革的广泛社会基础。在这种背景下，重建多党民主政治有着一定的吸引力。如果国家临时保卫委员会能够获得选举的胜利，那么它就可以获得社会各界支持来进一步深化改革。

一个与之相关的因素就是，经济改革措施和军政权的主要反对者来自城市地区。用贝茨的话讲，加纳的改革设计就是为了要纠正"城市偏见"（巴—努阿科，1981），这使得农村人口从改革中获得了最大的好处。因此，我们完全有理由认为，罗林斯政权在许多农村地区要比其在城镇地区更加受欢迎。贝茨认为，对于非洲政府而言，农村地区的支持相对而言在政治上是不重要的，因为它们的主要生存威胁来自更具组织性和表达能力更强的城市团体。但是，贝茨的这一观点主要应用于非民主选举的政府的统治。在多党民主选举的背景下，农村的支持可以转化成客观的政治资本。

最后，国家临时保卫委员会内部的压力对于其做出接受政党政治这一决定十分重要。加纳回归民主的一个显著特征就是它的有序性。这部分是因为，大多数加纳政府领导人和一些非洲国家领导人不同，他们意识到了顺应政治变化大潮的必要性。但是这并不意味着加纳所有的领导人都是这样。罗林斯最初仍然坚持要继续推行他的"无党派政治"。但是，包括奎西·博奇韦在内的其他高级领导人认为，除非政府接受政党政治，否则政府将不得不采取更加严厉的镇压手段来应对日益增长的公众的民主化诉求；而这种镇压的严厉程度甚至可能接近于 70 年代和 80 年代臭名昭著的拉丁美洲独裁政权。[①] 当时，非官方的全国民意调查显示罗林斯有可能赢得选举，这帮助博奇韦等倾向于接受政治改革的政府领导人的观点最终在政权内部占了上风。

民主化进程：争夺政治优势

1990 年，国家民主委员会被授权举行地区性研讨会以商讨未来的民主宪政安排，这被认为是加纳迈向民主化的重要一步。该委员会的建立引起了很大的争议。批评者们害怕国家临时保卫委员会稍早创立的国家民主委员会将会有计划地宣传无党派民主代表制度，进而会对罗林斯所厌恶的党派政治不利。罗林斯对于自身立场的反复陈述只能加强这种担忧。而且，由于有可能被排除在这些只能由支持国家临时保卫委员会的团体参加的研讨会之外，自由与正义运动和加纳律师协会对此表示抗议。

从七月份开始的公开讨论成功地让加纳民众重新想起了阿昌庞时代"工联政府"的提议（一个带有伪装的继续军事统治的提议），这使得民众对于罗林斯的无党派政府提议开始持普遍的怀疑态度。国家民主委员会 1991 年 3 月发表的报告认为，民众希望实行多党政治，而不是罗林斯个人所偏好的"无党派"制度。因此，国家临时保卫委员会任命了一个专家委员会为宪法草案收集意见建议，随后又在 1991 年末任命了

---

① 有关失踪人员的报告仍在继续，这使得博奇韦和其他政府要员十分担忧。

一个咨询会议来讨论宪法草案。

咨询会议的人员构成和组织形式在两个方面引起了高度争议。首先，国家临时保卫委员会坚持由它自己来决定会议的人员构成，但是批评者们却要求这个会议由选举产生。其次，国家临时保卫委员会坚持咨询会议所提出的意见仅仅是建议性的，而反对者们却呼吁推出一个具有约束力的建议。反对派的立场主要是处于战术考虑：国家临时保卫委员会希望给自己留出空间从而充分控制这一会议，而反对派则要阻止军政权的这一企图。国家临时保卫委员会在控制咨询会议上获胜。在咨询会议的 260 名成员中，117 名来自地区议会，121 名来自 62 个各界团体，剩下的 22 名成员则由政府任命。批评者们指责国家临时保卫委员会把一些力挺军政权的团体包括在会议之内，如革命保卫委员会（Committees for the Defense of the Revolution）、六月四日运动（June Fourth Movement）和十二月三十一日妇女运动（31 December Women's Movement）等。这些团体都反对多党政治。批评者们还进一步批评政府的另一做法：它把平等的代表权给予不同的团体和职业，比如它一方面把加纳律师协会和加纳大学教师协会纳入会议，另一方面却也把发型师和屠夫的组织纳入会议。对于批评者而言，国家临时保卫委员会"牺牲了聪慧、成熟和职业的宪法制定进程来玩弄民众主义的政治游戏"（吉玛·博阿迪，1991b，第 37 页）。

国家临时保卫委员会坚持认为自己的安排在社会学上要比那些反对派的提议更具有代表性。过去的经验证明，根据地理范围来构成会议人员将会导致过多的律师和其他职业人士当选。国家临时保卫委员会力图设计一个会议方案，以确保更多

107

的"集体组织"能够被代表。它对于这些组织在会议中代表权的重视反映了罗林斯试图把自己塑造成"人民的代表"的不懈努力和罗林斯长期以来对于多党选举政治缺点的认识；多党选举政治倾向于选举出一个并不具有代表性的主要由律师和其他"西化精英"所组成的"代表制议会"。反对派的反对意见反而被罗林斯充分利用。专家委员会主席认为那些反对这种安排的人是"势力的精英"（杰弗里斯和托马斯，1993）。

国家临时保卫委员会寻求囊括各个社会团体方面的观点和做法很有道理，但是这种安排也有着自身的问题。它给予革命保卫委员会十个会议席次的同时却分别只给予加纳律师协会、基督教委员会和加纳大学教师协会各一个席次。它给予总数只有两万人的加纳军队八个席次，但却只给总数分别达到八万人的加纳警察和加纳全国教师协会各两个席次。而且，批评者们还指出，面包师和屠夫在会议中有自己的代表，但是加纳管理学院和加纳兽医协会却被排除在了会议之外（阿伊，1996a）。

国家临时保卫委员会之所以寻求避开那些公开反对它的团体——如加纳律师协会、加纳大学教师协会和基督教委员会等——而囊括那些更为友善的组织还有着更为自私的一层原因。如果这些公开反对它的组织在会议中占据优势，那么罗林斯和他的一些同事可能会被禁止再出任公职。有十分显著的一点是，与以往的宪法不同，1992年的加纳宪法没有剥夺那些父母一方不是加纳人的候选人的参选资格。会议是否会保留这一条款并且禁止罗林斯（其父亲是苏格兰人）参与选举是颇具争议。第三力量党（Third Force Party）的领导人约翰·比尔森博士（Dr. John Bilson）曾试图以罗林斯没有放弃英国国籍为理由通过法律手段阻止罗林斯参与竞选，不过这一努力没有成功。但是，萨卡（Saaka，1997）认为 1992 年宪法是为罗林斯量身订做的观点也有些夸大。该宪法最显著的特征是它最终拒绝了罗林斯所喜爱的并且由专家委员会所提出的一些建议——例如，军队的代表权等。

108

企业家、向民主的过渡和第四共和国

商人们在这种十分险恶的政治环境中境况如何？向民主的过渡加深了罗林斯和企业家们从 1979 年就已经开始的互相厌恶；罗林斯在 1979 年刚刚上台时曾经严酷迫害企业家。企业家们长期以来都十分渴望摆脱罗林斯和罗林斯所制造的各种麻烦与问题。一些身为反对派政治人物的资深企业家使用他们的财富来努力实现他们的这一渴望。富裕的企业家还积极支持反对派，尤其是丹凯—布西亚派政党。为了理解企业家们为何如此，我们需要追溯加纳的政治史。从"二战"结束后到罗林斯执政前，加纳实际上一直在实施两党制的政治制度。尽管政党的名字在不同的选举期一直在变化，但是他们基本上都代表着加纳两个主要政治派别的其中一支；这一传统可以追溯到加纳争取独立的去殖民化时期。加纳的第一个主要政治派别和黄金海岸统一大会党（United Gold Coast Convention）有着很深的渊源，该党是加纳的第一个民族主义政党。黄金海岸统一大会党由丹凯博士领导（Dr. J. B. Danquah），主要由受过教育的精英和商人组成。该党的传统在 1954 年由布西亚博士（Dr. K. A. Busia）所领导的全国解放运动（National Liberation

Movement）所继承。全国解放运动代表着加纳可可农民的利益，主要在阿散蒂地区活动，是阿散蒂民族主义的代表。尽管黄金海岸统一大会党和全国解放运动没能赢得独立前三次大选中的任何一次，但它们还是为此后进步党的执政奠定了基础；1969 年，进步党赢得了选举胜利，布西亚成为首相。加纳的丹凯—布西亚政治派别在历史上就一直倾向于主张自由民主和自由的经济政策，但是它们也从受过教育的精英、企业家和阿散蒂族群那儿获得最强有力的支持。

　　加纳的第二个主要政治派别要追溯到加纳独立后的第一位政府领导人夸梅·恩克鲁玛（Kwame Nkrumah）和他的人民大会党（Convention People's Party）。恩克鲁玛开启了加纳的民众主义传统。这一传统重视"平民"的利益，强调社会主义，或者更准确的说是国家资本主义。恩克鲁玛创立了"一党制国家"，因此恩克鲁玛所开启的政治传统也被认为远离自由民主。人民大会党在 50 年代成功赢得了除阿散蒂省之外的加纳绝大多数地区和绝大部分民众的选票支持。但是，在 1969 年的选举中，人民大会党的继承者使用了某种程度上具有误导性的名字——全国自由主义者联盟（National Alliance of Liberals）。该党仅仅在沃尔特省赢得了多数人的支持，而在其他省份多数加纳人则表达了对于恩克鲁玛独裁统治的失望。但是，恩克鲁玛的遗产仍然有着持续的重要影响，因为在 1979 年的大选中，希拉·利曼博士（Dr. Hilla Limann）所领导的人民国家党（People's National Party）通过熟练地操作宣传它和恩克鲁玛时代的联系而获得了选举的胜利；那时的人们已经开始怀念恩克鲁玛时代的好处。加纳人通常会把自己认同为恩克鲁玛主义者或是丹凯—布西亚主义者。

这两个主要政治派别和企业家之间有着截然不同的关系。恩克鲁玛倾向于促成某种形式的"社会主义",建立国有企业并且推行覆盖广泛的福利政策。恩克鲁玛政策的主要受益者是数量迅速增多的国有企业的员工。即使是那些为数不多的留给小企业的机会,人民大会党也倾向于全部垄断。因此,到了恩克鲁玛被推翻的1966年,加纳独立前最成功的那部分企业家已经被严重削弱。

相比之下,丹凯—布西亚派别则被认为是受过教育的精英和大企业的政党,并且偏向阿散蒂人的利益。这一政治联盟在独立前就已经存在;当时,黄金海岸最成功的企业家们试图在带有歧视性的殖民政策之下寻求扩大自己的经济机会,并且积极争取独立。他们在1957年独立时未能掌握权力,这使得他们的雄心严重受挫。布西亚在1969年选举中的胜利使得他们得以收复失地。布西亚的进步党政府得到了包括门萨(B. A. Mensah)和阿彭腾在内的主要企业家的压倒性支持。而且,进步党政府的许多领导人都是企业家,比如司法部长维克多·奥乌苏(Victor Owusu)和财政部长门萨(J. H. Mensah)。这就模糊了政治家和企业家之间的边界,使得人们日益把进步党看做"企业家的政党"。进步党政府之所以在1972年被阿昌庞赶下台,部分就是因为后者反对它的自由主义经济政策。当政党政治在1979年被恢复时,丹凯—布西亚主义者重新组成了由企业家、政治家组成的具有"大"企业背景的人民阵线党(Popular Front Party)。

"大"企业和丹凯—布西亚派别的联盟在罗林斯时代得以 110

继续存在。主要的企业家构成了一个核心政治商业团体，该团体在 80 年代末组成了"纪念丹凯—布西亚俱乐部"（Danquah-Busia Memorial Club），而这个俱乐部则在 1992 年进一步形成了新爱国党（New Patriotic Party）。罗林斯最初厌恶它们的主要原因在于它们在阿昌庞时代通过腐败行为不断扩张和壮大。但是在民主化的前夕，罗林斯的主要担忧则是它们和反对派的联系以及它们能够对自己继续掌权所构成的严重挑战。我们把"大"企业和新爱国党之间的联系放在一边，罗林斯在这一团体中受到广泛憎恨的原因在于他的武装力量革命委员会和国家临时保卫委员会政权曾经对于主要资本家所采取的严厉的惩罚措施。

因此，这些企业家可以从罗林斯的失败中获得明确的好处。出于同样的原因，他们相信新爱国党政府会更加同情他们的利益。尽管新爱国党的官方立场与国际货币基金组织和世界银行的方案保持一致，但是该党私下承诺会保护当地企业免受外国进口产品的伤害。新爱国党领导权的两位主要竞争者——爱迪生（J. A. Addison）和萨福—阿杜（K. Safo-Adu）以及该党的 1992 年总统选举候选人博阿亨（A. A. Boahen）都在采访中称，他们将会采取措施限制进口，并且实施一些特别计划来复兴本地产业，如廉价信贷。无论是新爱国党内部在这一问题上存在的意见分歧，还是新爱国党这一观点可能会导致的与国际金融机构的冲突，都没有阻止新爱国党对企业家做出这样的承诺。新爱国党总共有六人竞选该党的 1992 年总统候选人，其中三位——萨福—阿杜、爱迪生和库福尔（J. A. Kufuor）本身就是商人。新爱国党的主要竞选资金也是来自企业家的捐助。

随着民主化进程在加纳逐渐深入，罗林斯及其盟友对于新爱国党和商人的动向日益担忧。因此，国家民主委员会要求各个政党"不要重复政党政治先前的陋习，不要成为企业的投资工具"（国家民主委员会，1991，第36页）。相应地，国家临时保卫委员会还通过了一项法律，禁止外国人和私人企业对政党进行财政支持，并且把个人的政治现金控制在最高每人20万塞地（约合200美元）。迫于国内外压力，国家临时保卫委员会被迫对后一项措施进行修改，允许政党的创党成员进行不受限制的捐助，普通成员也可以捐助最高达100万塞地（杰弗里斯和托马斯，1993）。

罗林斯把这些限制看作是阻止政党沦为"财阀集团工具"的重要措施（杰弗里斯和托马斯，1993）。鉴于不久前发生的基亚维利丑闻，罗林斯的担忧在某种程度上是有道理的。[1] 但是这些限制也是为了约束新爱国党，因为后者不仅有着加纳大多数最富有的企业家的支持，而且还有着加纳多数职业人士的鼎力相助。实际上，罗林斯说他希望"通过对政党的财政、领导和操作方式进行限制从而在新宪法中让宵小之辈远离权力"（杰弗里斯，1992，第225页）。尽管有时一些政党会违反这些规定，但是这些违规行为可能会导致潜在的危险，因为法律要求政党公布它们的收入来源并且发布年度审计报告。新

111

---

[1] 　马里诺·基亚瓦利是一位意大利商人。据报道，他在第三共和国时期向人民国家党贷款100万美元以获得商业合同（《新非洲人》，1982年12月，第28~29页）。

爱国党1992年总统选举候选人博阿亨在采访中告诉我，潜在的风险阻止了许多可能的捐助者进行捐助。他回忆起当时的一些秘密晚间捐献和匿名捐献，这种捐助方式可以让一些顶尖的企业家更方便捐助。

选举争议

民主的到来增加了加纳面临的政治风险。它给了反对派通过选票箱把它们所憎恨的国家临时保卫委员会赶下台的希望。对于罗林斯而言，选举的胜利可以给予他仍旧缺乏的合法性，尽管他已经从制止经济衰退和强力恢复经济中获得了一部分合法性。两个主要的反对派团体分别披上了加纳两个主要政治传统派别的外衣，从而希望能够复兴加纳旧的政治传统，唤起人们对于这两个政治传统的回忆以赢得支持。但是，恩克鲁玛主义者没能够统一起来，反而是分裂成四个较小的政党。这四个小政党都没有什么重要的商业背景。

相比之下，丹凯—布西亚主义者在新爱国党的旗帜下成功联合起来。正如前面所述，新爱国党受到多数加纳职业人士和企业家的支持，因此有着比其他反对派政党更多的竞选资金。而且，该党的总统候选人博阿亨一直是国家临时保卫委员会的主要批评者和反对者，在全国范围内享有较高知名度。有了这些有利的条件，加之麾下聚集了一批精明强干的能人，新爱国党把自己看作是最有资格和实力统治的政党。

国家临时保卫委员会改组成为全国民主大会党，并且推举罗林斯为总统候选人。和其他的政党不同，全国民主大会党没

112

有明确地把自己和加纳两个主要政治传统中的任何一个联系起来。但是，恩克鲁玛主义者内部的混乱纷争使得他们的潜在支持者心灰意冷；而全国民主大会党的领导人则敏锐地察觉到了这一机会，成功地把这批人拉进了自己的阵营。全国民主大会党因此充分利用了恩克鲁玛的遗产来实现自己的竞选目的。该党把恩克鲁玛的遗骸在阿克拉重新挖掘下葬并且为恩克鲁玛建立了陵墓，从而力图赢得恩克鲁玛主义者的支持。在此之前，罗林斯本人对恩克鲁玛的出生地进行了一次精心设计的访问。而且，国家临时保卫委员会/全国民主大会党的领导层还公开吸纳了一些恩克鲁玛主义者，如科乔·齐卡塔（Kojo Tsikata）、伊博·塔维亚（Ebow Tawiah）和夸梅那·阿霍伊（Kwamena Ahwoi）。该党内的这些恩克鲁玛主义者经常对外宣称，他们认为全国民主大会党才是恩克鲁玛主义者的正宗代言人。罗林斯本人的政治活力、民众主义风格和他"为普通人考虑"的公开承诺都很明显的和恩克鲁玛主义的一些重要政治特征相呼应，这也增加了该党对于恩克鲁玛主义者的吸引力。

罗林斯和恩克鲁玛在经济政策上的另一个显著的相似是他们更加重视小企业家的作用，而不是"大"企业家。这部分是因为他们把前者看作是"人民"的一部分，进而认为前者是他们的政治基础。两人都有着对富有企业家及其政治盟友的民众主义憎恨。在这种观点的基础上，罗林斯试图把支持全国民主大会党的小商人团体组织起来。例如，1993年1月，他创立了加纳本土企业协会委员会（Council of Indigenous Business Associations）——一个主要由中小型本土企业团体组成的机构。

罗林斯讨好这一类中小企业家还有着其他动机。商人们可以为政党动员支持者提供重要的资源，使得政党获得可资利用的民众基础。拉思伯恩（1973，第388～389页）指出，"有钱人掌握权势……有钱人之所以重要，并不仅仅是因为其道德精神力量，而且因为在加纳低就业率的社会经济背景和家庭为基础的社会体系之下，人们把有钱人看作是可以给予他们个人支持的保护者。"由于历史的宿怨以及全国民主大会党和大企业关系紧张，大企业基本上与新爱国党结成联盟。加纳本土企业协会委员会的创立在某种程度上是为了减少全国民主大会党在企业界的损失。正如我将在稍后更加全面的论述的，加纳本土企业协会委员会的成员给全国民主大会党提供了政治和财政方面的双重支持。

罗林斯在总统选举中赢得了58%的选票，而与他得票率最接近的竞争对手博阿亨只得到了30%的选票。反对派以选举存在舞弊为理由质疑选举结果。零星的骚乱在几个主要城市发生，其中最主要是新爱国党的大本营库玛西，政府被迫在库玛西实施宵禁。阿克拉发生了爆炸事件。英联邦观察员组织和卡特中心的代表团承认选举中存在一些违规行为，但是都认为这些舞弊的规模不足以影响选举结果。新爱国党对于它们的这一评估表示抗议，并且出版了《被偷走的裁定》（*The Stolen Verdict*），详细描述选举存在的舞弊行为。反对派政党随后联合抵制了稍后举行的议会选举，使得全国民主大会党赢得了议会200个席次中的189个。两个少数派政党加入全国民主大会党一方组成了进步联盟，赢得了9个席次。独立候选人赢得了剩下的两个席次。这种局面导致了事实上的一党议会。

由于国家临时保卫委员会此前的严厉统治，选举中所出现的争议并不令人吃惊，或许也是不可避免的。一些竞选活动十分不文明。全国民主大会党尤其是罗林斯在竞选活动中强调自己的清正廉洁，却指责反对派企图重新确立腐败政权。反对派则试图把罗林斯妖魔化，称其为"跳梁小丑"，污蔑罗林斯嫉妒成功人士，称其在情绪和心理上都不稳定，而且还称罗林斯是嗜血的独裁者，这样的人永远都不应该统治加纳。罗林斯本人的混血儿身份也遭到了攻击。《自由媒体》（*Free Press*）称，"罗林斯在文化、外表长相、语言、肤色、头发和性格方面都不是一个加纳人"（1992 年 8 月 21 日）。博阿亨则表示，如果当选总统，他将会控诉罗林斯及其同事对于人权的践踏。

反对派拒绝接受选举结果这一事实在某种程度上削弱了罗林斯从选举胜利中获得的合法性，也削弱了他本希望从选举中获得的尊重。毕竟，为了从选举中获得这种尊重，罗林斯屈服于多党化的压力而同意进行大选。合法性和尊重的被削弱深深激怒了罗林斯，而反对派则因为胜利果实被夺走同样感到愤怒。由于《被偷走的裁定》（*The Stolen Verdict*）削弱了政府官员们的职位，政府官员坚持要求新爱国党必须撤回并放弃其出版物（《西非》，1993，第 2111 页）；但是，博阿亨仍旧继续称自己是被剥夺了胜利果实的胜利者（恩克鲁玛，1994，第123 页）。

政府对企业界的公开敌视

加纳政局丝毫没有出现缓和，这一情况对于政府与企业间的关系产生了十分有害的影响。这部分是因为主要的资本家站到了反对派一方。比较有名的例子是阿皮亚·门卡（A. Appiah-Menkah）。他不仅是新爱国党的全国性组织者，而且还是博阿亨最为重要的资助者。另一位成功的企业家福德沃博士（Dr. K. D. Fordwor）既是一家采石公司和一家矿业公司的拥有者，同时还是博阿亨的坚定盟友。在《游向上游》（*Swimming Upstream*）一书中，福德沃称他的公司受到了国家临时保卫委员会的破坏。他还成为了新爱国党阿散蒂省的主席。其他来自企业的新爱国党支持者有制药公司老板夸周·加姆飞（Kwadwo Gyamfi）、门萨和阿彭腾。这些重要的企业界人物给新爱国党的捐款使得后者成为最具生存能力的反对派政党。

政府对企业界敌视的另一个重要原因是一些企业家有着问鼎总统宝座的野心。这些企业家的政治野心——再加上他们总是试图把罗林斯描绘为一个失败者——触动了罗林斯敏感的神经，让他对企业界更加愤怒。尽管国家独立党的总统候选人夸贝纳·达科（Kwabena Darko）只是选举中的配角，但是他的竞选议题却对罗林斯伤害最深；因为他在竞选中把自己在商业竞争中所取得的"成功"和罗林斯缺乏教育与商业经验进行了对比。据传罗林斯曾在他的军队晋升考试中多次失败，而且有谣言称他在1979年6月4日发动政变的原因在于他试图阻止自己被军队解职。可以理解，罗林斯对于这些人身攻击异常愤怒，他把达科称为"聒噪的公鸡达科"。其他企业家——尤其是门萨——也对罗林斯发起了人身攻击（奥弗里，1993）。

对于那些希望通过他们的政治代言人——新爱国党来推翻罗林斯并且为自己经济地位的上升铺平道路的富裕企业家们来说，选举结果对他们大为不利。罗林斯的胜利使得他们不得不立刻面对政府彻底的敌视。1993 年 1 月 6 日，第四共和国成立前一天，罗林斯签署了"被没收财产法"来确认政府对数百人财产的没收行为有效并且可以追溯到 1982 年；同时他还签署了其他 23 项有着类似功效的法令，确保对一些企业家财产的没收有效（尼森，1996，第 29 页）。这一点十分重要，因为新宪法废除了国家调查委员会和公民审查委员会这两个准司法机构，只是在名义上保留了公共法庭。

新政府反应迅速，立即通过一项法案建立了"重大欺诈办公室"（Serious Fraud Office）。该机构被授予十分广泛的权力来监督、调查和起诉欺诈、经济犯罪。正如当初设想的一样，该办公室的负责人被授权可以"冻结受调查者的财产和银行账户"（《西非》，1993 年 9 月 6 日，第 1590 页）并且之后再向高等法院或者地区上诉法院申请确认。工会组织、私营企业部门、私有媒体和反对派都很快注意到了重大欺诈办公室和之前的准司法机构之间令人惊奇的相似。这一法案被它们指责为试图重新建立军政权时期的准司法机构以对付反对派尤其是企业家。商人们认为，他们是该项法案的主要目标，但是他们同时也承认这一法案对于整体经济也有着十分重要的影响。一位企业家称该法案"对于我们的经济来说是不成熟、过于严苛和非常危险的"（《西非》，1993 年 9 月 6 日，第 1590

页）。建立重大欺诈办公室的法案引起了如此重大的争议，迫使政府不得不对其进行若干重要的修改；最终，政府通过了的法案比一开始的版本温和许多。例如，重大欺诈办公室在冻结个人或是团体的财产和银行账户之前必须先获得法庭的授权。而且，它的职权范围被主要限制在公共部门的财政和经济犯罪方面；个人或者公司只有在他们和公共部门或是政府官员有联系的时候才会受到该办公室的调查。

爱迪生博士（Dr. J. A. Addison）——代价昂贵的总统野心

除了上述的立法行动之外，由于政府开始在企业家内部进行明确的敌友划分，支持反对派的企业家们很快就受到了政府的严密审查并且遭到了政府的骚扰。这里我将用三个例子进行说明。爱迪生是在选举之后感受到这种敌视和骚扰的众多企业家之一。据爱迪生所说，他是少数在国家临时保卫委员会统治时期安然无恙并且有所发展的企业家之一，他和政府保持了良好的关系。但是，当这个"老派的丹凯—布西亚主义者"（指爱迪生）拒绝接受加入全国民主大会党阵营的邀请之后，他很快就被政府归入敌对阵营，此前与政府的良好关系也戛然而止（采访爱迪生）。他试图寻求成为新爱国党总统候选人的努力更是让他和政府的关系雪上加霜。

这对他旗下的企业有着立竿见影的影响。首先，罗林斯呼吁加纳民众对于其公司的产品进行抵制，此外还有一些公司的产品也在罗林斯的抵制名单之列。其次，加纳水泥公司（GHACEM）——它是一家由挪威公司掌握大部分股权而爱迪

生在其中拥有股份的水泥制造商——终止了此前从爱迪生那儿
购买水泥袋的合同。① 这份合同随后被转给了一个尼日利亚
人。再次，加纳海关突然对爱迪生所需的进口原材料加征
10% 的税款。最后，当政府出售其在加纳水泥公司的股权时，
它拒绝遵守 1967 年的一份协议；该协议规定爱迪生拥有优先
购买这部分股权的权利（采访爱迪生）。

毫无疑问，爱迪生的企业所遭受的挫折与他的政治倾向有
着密切的联系。颇为讽刺的是，在国家临时保卫委员会的统治
之下爱迪生可以不受阻碍的追逐商业利益，但是在民主政府之
下他却不得不面对政治上的干扰。

夸贝纳·达科（Kwabena Darko）——代价昂贵的总
统野心

夸贝纳·达科是达科农场的老板，而达科农场则是加纳
最大的家禽养殖场。和爱迪生一样，达科的企业在国家临时保
卫委员会统治时期不仅毫发无损，而且还发展壮大。如前所
述，达科代表国家独立党参与了 1992 年的总统大选。他突然
涉足政治的决定让很多人十分吃惊，因为他此前一直在刻意远
离政治。他的这一变化让他成为了全国民主大会党心中的敌
人。除了在 1992 年的竞选中遭到罗林斯最多的嘲笑之外，他
还在经济上遭到了恶意的攻击。在 2000 年 7 月对达科的采访

---

① 加纳水泥公司在塔科拉迪和特马都设有工厂。这两家工厂从 60 年代开始
就从一家名叫 Multi-Wall Paper Sacks 的公司购买纸袋。特马工厂与爱迪生
的公司取消合同的原因还不甚明了（采访）。

中，他说从 1992 年开始加纳国税局就在他的公司专门开设了一个办公室。他还称，他的公司本应该由国税局设在库玛西的分支办公室进行审计，但是这一任务后来交由国税局在阿克拉的官员完成。他认为阿克拉的官员受到了政府更为直接的影响。

尽管达科的经历和其他支持反对派的企业家十分相似，但是与其他人不同的是，他的政治立场并没有对他的企业造成十分严重的影响。这其中的一个重要原因就是，和其他类型的企业不同，他的企业基本上不依赖于国家或是国有企业来获得进口或是合同。所以，政府能够对他的企业造成的伤害很有限，尽管政治内部人士透露政府官员曾经试图阻止达科与泰森食品公司签订合同。但是，当时在加纳的美国国际开发署及时干预并拯救了这一合同（《商业纪事》*Business Chronicle*，1999 年 5 月 21 日）。①

奥赛·萨福：两面下注的风险

奥塞·萨福是农产品出口企业联合农场公司的老板。他的经历也很好地显示了多党民主是如何迫使政府加大对企业家的压力的。萨福是第一个大规模商业化出口菠萝的加纳人。他在阿克拉机场附近租下了一片土地，租期四十年；他还在 80 年代末利用世界银行的 500 万美元贷款建立了一个货物处理设施。他建立了一家货物公司（Cargo D'Or），从而可以为他自己的货物提供稳定和相对廉价的货运空间，同时还向其他出口

① 泰森食品公司建立的鸡肉帝国和克林顿政府有着非常良好的关系。克林顿在阿肯色州担任州长时，该公司就在阿肯色州做生意。我十分感谢约翰·赛德尔教授向我提供这一信息。

商出售未利用的空间。有关非传统出口的官方记录显示，萨福一直以来都是菠萝出口领域的佼佼者。他的成功具有示范效应，并导致了菠萝生产的繁荣。为了表彰他的贡献，他被授予 1989 年度的最佳农民奖，并且在各种文件中被作为例子反复提及。

但是，在 1993 年中期，加纳民航局（Ghana Civil Aviation Authority）未作出任何解释就命令萨福退出机场地区。萨福试图申请纠正这一行政指令并且获得了法庭判决的支持。但是，罗林斯总统却不顾法庭的命令率领一队士兵关闭了工厂，并且把工厂的控制权交给了一个叙利亚人（《加纳纪事》，2001 年 5 月 29 日）。这一举动让许多加纳人十分困惑，因为萨福在国家临时保卫委员会统治时期一直和政府保持着十分良好的关系并且被允许在机场地区处理货物。反对派和私有媒体纷纷对罗林斯进行尖锐批评，认为他罔顾本国商人利益而偏向外国人。私人企业基金会进行干预，要求民航局把货运设施交还给萨福（采访私人企业基金会官员）。

我在 2000 年 10 月 31 日在萨福的农场对他进行了采访。当被问到他为何失去货运企业时，萨福最初淡化了政治的作用，只是说"民航局知道我挣了很多钱，所以他们决定夺走这个赚钱的机会"。当被问到私人企业基金会的努力时，他只是轻描淡写地说那些努力没有什么作用，也不会改变罗林斯的决定。最后，他说他的麻烦是因为"政府的小气和妒忌"，而且政府从经济上摧毁他的企图没有得逞。[1] 因此，虽然他提到

---

[1] 他已经把生意扩展到木瓜和可可果的种植以及菠萝的加工，因而对于未来十分乐观。

了政府的干预和骚扰，但是却没有对政府的作为提出明确的指责，也没有提到自己的政治活动。

然而，对萨福的一位前雇员的秘密采访显示，萨福的企业受到严重打击的原因在于萨福本人的党派活动。这位前雇员透露，萨福和罗林斯之间一度保持着友好的朋友关系；他曾经三次看到罗林斯到访联合农场公司。根据他的叙述，党派政治让萨福面临尴尬的出境：尽管他仍然和罗林斯保持着朋友关系并且向全国民主大会党捐款，但是他也秘密向新爱国党捐款，因为后者承诺在赢得选举后任命他为农业部长。萨福的"背叛"行为被发现之后，他和他的企业也随之遭受打击。事件的这一版本从我对一些新爱国党内部人士的采访中得到了印证。因此，萨福似乎成为了全国民主大会党告诫商人不要支持反对派的另一个牺牲品。萨福赢得了针对政府的诉讼，但是政府没有理会法庭的决定，拒绝把企业交还给他（《加纳国际评论》*Ghana Review International*，1995 年 5 月）。

罗林斯的言论

除了对某些企业家进行骚扰和施加压力，罗林斯还在选举后的这段时间里在演讲中使用了大量恐吓性言论。最有名的例子是在 1993 年 6 月 4 日，罗林斯在那天发表演讲以纪念他在 1979 年发动的军事政变。罗林斯在演讲中谴责了包括阿皮亚—门卡、夸贝纳·达科、阿彭腾、弗里彭—安萨和爱迪生在内的一些最重要的企业家。他试图从法律上抹黑他们的企业并且号召人们抵制他们的产品。这一举动激起了人们广泛的不满和愤怒（奥弗里，1993，第70页）。罗林斯在1993年4月向议会发表的演讲中曾经声称私营部门是经济增长的引擎；许多人认为，罗林斯的谴责言论和他在议会的表态完全是互相矛盾的。罗林斯在对议会的演讲中曾说："如果说人们过去曾经感觉政府站在私营部门的对立面，那么在这里我想利用这个机会告诉大家，这种感觉是完全错误和受到误解的。"

　　为了回应针对他6月4日演讲的批评声浪，罗林斯接受了《每日写真报》（1993年6月19日）的采访。《每日写真报》报道称，一些报道和文摘试图给人们留下这样一种印象，即罗林斯总统不喜欢成功的加纳私营企业家；而罗林斯接受采访则是对这类报道的回应。这次采访的主要目的是阐明罗林斯自己的立场并且驳斥有关的报道。但是实际上，罗林斯寻求进一步把反对派的企业非法化，并且成功地加深了对方的恐惧。

　　这次采访的内容值得我们进一步仔细推敲，因为罗林斯在采访中谈及了他和企业界间的紧张关系以及许多相关的议题。当解释他为何在六月四日发表那番言论时，罗林斯说，尽管"无产阶级"在他的统治之下赢得了"政治领域"的胜利，但是"经济领域"仍然被他们的敌人所控制。他说，下一阶段的斗争将发生在经济领域。因此，购买政治对手的货物对于穷人的利益是有害的："你的金钱和你的选票相似。如果你从阿皮亚—门卡那儿购买肥皂，从阿彭腾那儿买盐，从弗里彭那儿买布料……那么你必须意识到你是在资助你的敌人的政党"（《每日写真报》，1933年6月19日）。罗林斯的这一著名言论显示，政党政治驱动着他对一些资本家下重手。

　　罗林斯还在采访中谈到了人们所说的他的"反富人"立

119

场，并且试图驳斥这一传言。他解释道，他完全支持诚实经营的企业；那些他所提到的"大人物"是有罪的，因为他们通过欺诈手段获得贷款来支持新爱国党。他还虚伪地鼓吹自己的政党里都是"成功而勤奋的男人和正直的女人"。而且，当被问到他向外界透露银行债务人的信息是否破坏了银行的保密原则时，他坚持认为即使是在瑞士，银行的保密性也不是彻底的。因此，他认为公布债权人信息的做法是完全合法的。但是这很难让疑虑重重的公众放心，尤其是他的国家临时保卫委员会政府曾经强迫银行提供富裕公民的银行账户信息。

在这次采访中，罗林斯还指责他的对手们"把国有企业贱卖给他们自己并使用国家资金购买这些企业"，暗示这是犯罪行为。罗林斯还明确地"告诉他的听众们要警惕这些积累了大量财富的富裕商人，因为他们中的一部分人是通过偷盗方式获得财富的……许多恩克鲁玛时期的国有企业现在已经落入了私人之手，而且这些企业还资助政治党派"（《加纳鼓声》*Ghana Drum*，1993 年 7 月）。罗林斯试图暗示公众，这些"盗贼"从加纳民众手中抢走了国家的遗产和财富，从而引发人们对资本家的仇恨，并且重新开启过去有关私有化的争议。

罗林斯和企业间的关系在这一时期又跌入了新的低谷。事实上，正如乔纳所敏锐地观察到的，国家与市民社会之间的关系在政府与企业间的关系方面遭遇了失败。尽管罗林斯政府采取了最为自由化的经济政策，其政权的延续仍然不受到企业界人士的欢迎。乔纳说，"罗林斯政权在历史上就一直和惩罚性地没收企业与诽谤和勒索商人联系起来。即使是在第四共和国的统治之下，罗林斯政府对加纳商人的言语攻击也一直没有停

止过"（乔纳，1994，第18页）。对于资本家的贬损有着十分
明显的党派目的，因为即使是在国家临时保卫委员会统治时
期，这样的攻击也是在反腐败言论的掩盖之下的。

120

民主制度的影响

尽管全国民主大会党政府在人员构成和态度理念上都和之
前的国家临时保卫委员会政府十分相似，但是新政府已经不能
像过去那样轻易地对企业进行骚扰。正如我所阐述的，从国家
临时保卫委员会向全国民主大会党的转变并没有立刻带来政府
和企业间关系的积极变化，但是随着时间的推移，民主制度的
建立逐渐开始影响政企关系并且限制政府的独断专行。在第四
共和国建立后的头一年中，最高法院已经能够和政府相对
抗。[1] 这让罗林斯火冒三丈，指责最高法院在发动一场"政
变"。尽管资本家仍然对于司法独立不抱信任态度因而不愿意
对涉及政府的案件采取法律行动，但是全国民主大会党还是受
到了司法方面的限制。

而且，尽管反对派没有在议会中取得席位，但是它们仍然
在全国性事务中发挥了自身的影响。国家临时保卫委员会试图
在未经议会审查的情况下就通过1993年的财政预算案，但是

---

[1] 最高法院下令：（1）国有的加纳广播公司必须平等对待执政党和反对派，
给双方以同等的宣传时间；（2）公开示威游行不再需要从政府那儿获得
警方许可；（3）政府不得使用公共资金庆祝十二月三十一日（一个具有
很强党派色彩的事件）；（4）政府需要改变其在地区行政长官选举中的
做法。

这一努力遭到了反对派的阻挠。新爱国党建立了影子内阁，在多个议题上发出自己的声音，常常迫使政府采取守势或是被迫退却，这其中就包括之前提到的宪法争议。新爱国党还被允许对1993年的预算案提出批评。我们很难精确地计算出新爱国党的批评对于全国民主大会党政府的经济政策有着怎样的影响。但是，政府对批评的反应和国家临时保卫委员会时代有着巨大差别；在那时，政府会直接把这些批评视为颠覆行为，并且进行无情地惩罚。

迫使全国民主大会党重新考虑其对于企业界态度的最关键的催化剂是新兴的私人媒体。国家临时保卫委员会禁止批评性报纸的存在，并且利用国有媒体作为自己的宣传工具；它藉此剥夺了企业界和其他市民团体发表自己观点并批评政府的权利。相比之下，宪政统治使得私人媒体如雨后春笋般涌现。这些媒体都充分使用了90年代的流行词——良政、问责和透明并让它在加纳流行起来。它们还揭露丑闻并呼吁调查。它们的报道涉及各个方面，并不理会是否触碰到政府划下的红线。对于这些媒体的报道，全国民主大会党政府最初的反应是把这些私人媒体贬低为"街头小报"，但是它随后愈发清楚地意识到这些媒体所具有的影响力以及政府难以仅凭一己之力决定哪些议题和公共利益有关。由于私人媒体的出现，企业界现在有了一个发出自身声音的渠道并且能够对政府施加压力和令政府难堪。

私人媒体在罗林斯的六月四日演讲之后对全国民主大会党和罗林斯进行了大量负面报道，其影响力在这一事件上体现得最为明显。罗林斯最近一轮反对企业界的刻薄言论受到了这些媒体的批评。罗林斯终止了爱迪生和加纳水泥公司的合同并随后把合同转交给一个尼日利亚人，他还接管了萨福的货物处理公司并把它交给了一个叙利亚人；罗林斯的这些行动受到了私人媒体的严厉批评，被认为是对本土企业充满敌意。已故的加纳大学讲师保罗·安萨（Paul Ansah）在《加纳纪事》的专栏上讽刺罗林斯对于企业界的态度以及罗林斯对于夸贝纳·达科态度的变化。

　　这一波猛烈的批评让罗林斯十分震惊，因为他之前一直以为自己可以像担任国家临时保卫委员会主席那样统治国家。他说："如果作为总统我只是穿着好看的衣服坐在这里一言不发，而娜娜（罗林斯的妻子）则坐在我身旁接受鲜花，那么恐怕总统将难以向主席一样有效地统治国家（《每日写真报》，June 19，1993）。尽管他并不愿意承认，但是宪政统治确实创造了一个十分自由的环境；在这个环境中，政府无法再继续国家临时保卫委员会的独裁和命令式统治。

　　受到激烈批评的罗林斯采取了止损措施。政府任命了一位曾经被罗林斯指控欺诈的知名反对派资本家阿皮亚—门卡来领导一个新组建的私营部门团体（奥弗里，1993，第71页）。尽管政府的这一姿态十分重要，但是其政治上的重要性却只持续了很短的时间。在我对阿皮亚—门卡的采访中，他认为自己接受政府的任命是不明智的，因为这会让全国民主大会党获得公共关系上的胜利，而实际上政府却"待企业家如罪犯"。这个团体很快就在对政府的敌意下宣告解散，因为人们认为政府没有真正致力于改善它与企业界的关系。

　　另一个事件进一步加强了这种观点。1993 年 7 月，英国工业同盟（Confederation of British Industries）和加纳官员在伦敦一起召开了一次知名度很高的会议。这次会议有一个颇具雄心的标题"加纳：非洲的商业领袖"，会议旨在宣传加纳所取得的成就并借此来吸引外国投资。一些政府高官和部长参加了会议，但是罗林斯本人却没有参加。加纳顶尖家具出口商（Scanstyle）的负责人保罗·佩佩拉（Paul Pepera）是罗林斯政府的盟友。他在会议中称，罗林斯本应该来参加这次会议以"显示他致力于发展私营部门的决心……当人们不断谈论罗林斯六月四日演讲的时候，（政府）促进私营部门发展的决心就很难为人们所理解"（奥弗里，1993，71页）。一位非常失望的英国工业同盟成员注意到，穆塞维尼总统（President Museveni）上个月刚刚参加了一个和乌干达有关的类似的会议（Akakpo，1993，第1261页）。由于罗林斯没能参加这次会议，人们对于他致力私营部门发展的决心仍然存在很多疑问。

增值税的惨败和加纳企业

罗林斯艰难地适应着从独裁的国家元首到民选总统的角色转变，而这种转变也在影响着政府和企业界的关系；政府1995年推行增值税遭遇的重挫很好地表现了这种转变及其影响。

1995年3月，为了提升经济的效率，同时也为了把零售业和服务业纳入征税范围以拓宽间接税收的来源，加纳政府在世界银行的全力支持下用17.5%的增值税取代了之前15.5%的营业税。推行增值税是加纳从1983年开始经济改革之后最为重要的经济措施之一，它被认为可以给加纳政府提供稳定的税收以支持经济复苏。因此，推行增值税的理由十分充分。尽管（或许正是因为）推行增值税无比重要，可政府却没有在这一问题上留意公众舆论和反对派的意见。企业家及其协会组织以增值税税率过高可能会摧毁他们的企业为理由反对17.5%的税率。他们要求像邻国尼日利亚那样执行5%的增值税率，然后再根据增值税征收是否成功逐渐提高税率。他们认为，这可以防止人们逃税。但是政府对于这些担忧和要求丝毫没有考虑，这无异于是给了反对派一个响亮的耳光。

　　议会关于增值税的讨论只是走个形式，很少有反对意见。政府似乎认为推行增值税的步伐越快，它所遇到的抵抗就会越少。因此政府在一天之内就让增值税法案在议会中通过（《非洲秘闻》，1995年5月26日）。但是，急于推动增值税的做法所带来的负面效应就是政府基本没有时间来教育大众。增值税的征税范围囊括了货物和服务业上，比如交通运输和食品，而这些领域本应该免交增值税。而且，一些零售商在同一件商品或是同一项服务上被多次征税（社会经济数据研究所，1996，第17页）。增值税加剧了通货膨胀，使得民众生活困难，怨声载道。增值税推出的时机也比较差，因为三月份正是加纳每年食物最为短缺的时候，而1994年的粮食收成又不好（私人企业基金会，1995）。

　　一个名叫"改变联盟"的组织把公众的不满汇聚起来，组织了针对增值税的公开抗议。该组织的主要成员包括身为律师、企业家和新爱国党领袖的娜娜·阿库福—阿多（Nana Akuffo-Addo），经济学家和工业家查尔斯·乌瑞克—布罗贝博士

123

（Dr. Charles Wereko-Brobbey）和独立议员哈瓦·雅库布（Hawa Yakubu）。他们在阿克拉组织了一场名叫 *Kume Preko*（意为"你可以杀了我"）的抗议活动。与此同时，支持全国民主大会党的革命保卫委员会联合会也组织了一场针对这一抗议的反抗议示威。双方发生了冲突，造成了四人死亡，多人受伤（《非洲秘闻》，1995 年 5 月 26 日）。这是罗林斯所遇到过的规模最大范围最广的一场抗议。政府在抗议结束后废除了增值税。

政府对抗议活动极度紧张。由于担心政变的发生，罗林斯在第二天部署了军队（阿弗莱尼，1995）。（组织者）在所有省会城市发动进一步抗议的计划增加了政府对社会动荡的恐惧。但是真正让政府恼怒的是其不得不放弃自己经济政策的基石——增值税，并且对抗议活动表示屈服；政府花了四年时间才最终重新成功开征增值税。政府指责怀有不轨政治动机的颠覆破坏者操纵了抗议活动（议会辩论，1995 年 5 月 16 日）。

抗议活动有着十分明显的政治投机主义元素。[①] 但是抗议活动并不仅仅是"政治"投机主义的结果。成千上万的普通人参与到抗议中来，这证明了增值税十分不受欢迎。实际上，与公众的的担忧相呼应，有人曾预料到增值税是"非常容易被放大的麻烦"（奥赛，2000，第 264 页）。但是，政府只是

---

① 反对派充分利用了政府对增值税征收的草率处理，通过组织抗议获得了知名度，同时也令政府十分难堪。罗林斯本人和增值税的惨败保持了一定距离，称财政部长奎西·博奇韦应该对增值税的失败负责（阿弗莱尼，1995，第 27 页）。

想简单地碾平一切反对，从而使得反对派政客可以更容易地动员民众参与抗议。

对于本书的研究而言，我们需要重点关注企业家在抗议活动中所扮演的角色。他们认为自己在增值税的征收中是十分重要的利益攸关方。企业家们的协会和组织最初认为增值税会削弱加纳人的购买力，而这对企业和加纳经济而言都将是灾难性的。但是，企业家们的忧虑声音没有得到任何的回应。随后，他们展现出了一些灵活性，呼吁实行5%的增值税税率。这时，他们在用何种手段来最好地实现自己的目的上出现了分歧。例如，加纳工业协会和加纳全国商会倾向于向政府请愿。而加纳商人协会联盟则反对请愿而主张使用更为强力的方式来表达自己的意愿。

124

加纳商人协会联盟回到了它最初反对增值税的立场。尽管该组织本应该负责收集税款，但是其领导人却十分气愤于政府把自己排除在政策制定的过程之外。他们威胁不让其成员收集税款。政府忽略了加纳商人协会联盟的威胁，而后者的成员则在一次为期五天的罢工行动中关闭了自己的商店。他们还威胁如果政府不废除增值税，那么他们就会从银行中取出他们的存款。国家调查局以煽动反对增值税为由逮捕了加纳商人协会联盟的两位领导人（采访加纳商人协会联盟官员）。该联盟成员随后参加了反对增值税的抗议活动。

现有的学术文献主要透过党派政治的视角来审视政府推行增值税的惨败。政府对抗议活动政治动机的认定是学界主要持这种视角的主要原因。增值税抗议的主要组织者也符合这种描述，因为他们喜欢从政治上宣传他们最终赢得的胜利成果——

增值税的取消。政府领导人把增值税抗议和阴险的政治势力联系起来是可以理解的；但是，事实上，这场抗议也可以被看作是企业界对触犯自身利益的税收的一种反应。正如我前面所阐述的，在这一问题上我们很难对企业家和政治家做出明确的区分；这对于新爱国党来说尤其如此，因为该党内部的许多成员既是企业家也是政治家。我们很难说清楚像阿库福—阿多和乌瑞克—布罗贝这样的人物究竟在这次抗议中扮演的是政治家的角色还是企业家的角色还是两者兼而有之。

但是，这次抗议的其他一些参与者似乎完全是出于自己的商业利益。政府对加纳商人协会联盟领导人的逮捕表明它对于该联盟的行动十分不安，这间接证明了该联盟在反对增值税活动中的作用要比一般认为的更加重要。他们的行动受到反对派操控的说法十分可疑。实际上，加纳商人协会联盟对于这样的说法十分不满：

125

　　我们居住在这样一个国家：如果你抱怨饥饿，那么就会有人说这是别人告诉你要去抱怨饥饿。我们不会被政府所操控。我们也不会去把我们的组织政治化。政客不能命令我们去抗议，是我们自己感受到了经济紧缩的效果才走上街头抗议（采访加纳商人协会联盟官员）。

加纳商人协会联盟在采访中坚持声称"与贸易和商务相关的政策都应该把该组织纳入决策过程。如果我们的意见能够得到倾听，那么针对增值税的抗议本可以避免。"当然，这一说法听起来多少有些自大。但是，这却清楚地表明商业组织和其他市民社会组织一样希望在新的宪政秩序下得到政府的咨询；全国民主大会党不愿意承认这一点，因而在很大程度上导致了抗议活动。

民主时代的政企协商

1995 年增值税的推行让我们可以更好地审视民主时代政府与企业间的协商与咨询。第四章的论述显示，国家临时保卫委员会很少和企业进行协商，而且这种协商也大多是和新建的咨询团体。民主化是否导致了政府在协商问题上态度的变化？尽管政府采取更为认真的态度来和企业进行协商，但是这些协商仍然是通过建立新的咨询团体的形式，而不是和已经存在的商业协会进行协商。

罗林斯在 1993 年 1 月和 4 月对议会的演讲中称私营部门是经济增长的引擎，而政府承诺将会比以前更加支持私营部门。他还向国际社会多次发表支持私营部门的演讲，承诺会加速私有化进程。政府做出了许多安抚企业界的举动并且表示未来的经济增长将要依靠私人投资。政府出售了其在阿散蒂金矿公司中 35% 的股份以表明自己的立场。在 1994～1996 年期间，政府还出售了阿克拉啤酒厂、渣打银行和加纳电信公司中的国有股份。此外，政府还在《金融时报》和《国际先驱论坛报》等国际媒体上刊登整页的大幅广告来宣传加纳的商机。

加纳经济改革的首席设计师奎西·博奇韦也强调利用私营部门促进经济增长的必要性。他在加纳的一次经济会议上称，加纳经济的加速增长需要在许多领域进一步深化改革，"其中

126

最重要的是私营部门……从现在起到 2000 年，国家将会集中力量促进私营部门的发展"。他还向听众强调："我们已经在外部援助和出口信贷相关的领域取得了许多成果。但是在实际投资活动方面取得的成果却不够。但是那却正是我们取得持续快速的经济增长所需要的"（《西非》，1993 年 7 月 12 日，第1204 页）。

私营部门圆桌会议（The Private Sector Roundtable）

1993 年 7 月，第三个也是最后一个政企之间的协商机构——私营部门圆桌会议在世界银行的要求下成立，但是企业界并没有在这一机构的建立上发挥作用。私营部门圆桌会议旨在建立"一个具有更广泛代表性的组织，使得私营部门能够集体表达自己的意见并消除加纳经济增长道路上依然存在的障碍"（阿伊等编，1999，第 32 页）。这一机构之所以能够比之前的协商团体进行更具建设性的讨论主要有以下三个原因：第一，领导圆桌会议的欧鹏（P. V. Obeng）对于企业界十分同情并且受到企业界领袖的信任。第二，欧鹏同时得到罗林斯的信任并且以自己的行政能力而闻名。第三，私营部门圆桌会议之前的协商机构——如私营部门顾问小组（Private Sector Advisory Group）的成员主要是由一个同质化的小团体构成（少于十二人）；圆桌会议和它们不同，它从各界的成功人士那儿吸收了超过五十名成员（阿伊等编，1999，第 32 页）。

私营部门圆桌会议的成员被分为六个小组：私有化和产权剥离；工业基础设施；信贷，银行和财政；研究和发展；商业；司法。每个小组集中关注一个对企业发展十分重要的议题，并且需要对于各自领域的议题进行研究并提出相关的解决方案。圆桌会议在 1993 年 11 月发表了一份报告；报告中包含了它希望能够促进对话和经济增长的建议。这份报告呼吁政府减少借贷并且减少对私营部门的排挤。它还建议政府拓宽私有化的范围并加快私有化的脚步，因为它认为这象征着政府对于改革的坚定信心。报告还呼吁政府把政企之间的协商制度化，因为这对于建立彼此之间的信任十分重要。政府对报告的这些建议表示赞同，但是没能够把建议落实（采访爱迪生）。

私营部门圆桌会议成立后虽然有着规律性的会面，但是和 127 之前的协商机构一样，它也在不到两年的时间内就宣告解散。根据一位圆桌会议成员的说法，由于政府没能够把各个小组的建议落实执行，成员普遍感到失望并且认为进一步的协商、咨询和参与也都将无果而终（采访爱迪生）。但是私营部门圆桌会议失败的决定性因素却在于制度化该机构的失败。整个协商进程高度个人化，尤其是依赖于欧鹏。但是欧鹏在 1995 年却因为腐败和滥用职权而受到调查。尽管他最终被无罪释放，但是他的名誉却受到了很大伤害。他的声望和影响力日渐衰落，而罗林斯也对他失去了信心。因此，私营部门圆桌会议和政府最重要的联系也严重受损。

本土企业协会委员会

本土企业协会委员会在 1993 年 1 月成立，其职能和私营部门圆桌会议有部分重叠。本土企业协会委员会主要由中小规模的商业协会组成，如餐饮业者、酒吧经营者和传统医生等。政府成立这个组织是为了把全国民主大会党的势力延伸到企业界，并且从企业界获得资金和政治支持。这个组织还能使罗林斯避开老牌资本家和他们的商业协会，并且巩固他所偏爱的普通民众利益捍卫者的形象。

和其他商业协会相比，本土企业协会委员会享有更优越的地位。它从政府那儿获得了 1.5 亿塞地（约合 18.5 万美元）的拨款。政府曾计划为本土企业协会委员会的成员提供银行资金援助，但是这一计划由于反对派所领导的公众抗议和媒体的指责而未能得到执行；媒体指责政府在试图绕开并削弱旧有的商业协会并且使用公共资金用于狭隘的党派利益。可是本土企业协会委员会的成员仍然能够得到宝贵的资源。例如，该组织的一些协会可以代表国税局（Internal Revenue Service）和市政议会征收税款，而他们则可以从代征中得到一笔佣金。而且，该组织的一些成员协会还被给予土地以建设车间和报亭。

本土企业协会委员会很好地实现了政府的政治目的。信贷的获得、含补贴的机器、利润丰厚的政府合同以及其他好处吸引了许多小企业家投奔到全国民主大会党的麾下。税收外包给成员提供了很多工作机会并且让本土企业协会委员会下的团体、领导人及其雇员开辟了创收的渠道。作为回报，受益者通过选票和捐助在 1996 年大选中支持全国民主大会党。桑德布鲁克和奥尔鲍姆（Sandbrook and Oelbaum, 1997）以及奥库耶（2000）认为，给予本土企业协会委员会成员的大量进口货物实际上是全国民主大会党在 1996 年大选期间购买选票的礼物。重大欺诈办公室（1998，第 13 页）曾对本土企业协会委员会拖欠加纳银行的 20 亿塞地贷款进行调查，但是它只是委婉地指责该组织"管理不善"和"人员低效"。由于陷入几十亿塞

128

地的债务和政治风暴之中，本土企业协会委员会在 1996 年大
选之后很快就消失了。

私人企业基金会

私营部门圆桌会议的解散使得常规性政企协商的问题依然
没有得到有效解决。1995 年，在援助国的技术和财政支持以
及一次性政府拨款的支持下，私人企业基金会在企业家的推动
下成立。由于给予私人企业基金会的拨款是在罗林斯访问美国
的前几天分拨下来的，一位私人企业基金会的官员在采访中认
为罗林斯这么做是为了在公共关系领域得分。即使事实真是如
此，罗林斯的这一姿态也有着高度的象征意义。私人企业基金
会最初由五个私营部门的协会构成，但是它很快就把大多数的
加纳私营部门的协会都囊括了进来。① 它的任务是把企业界团
结起来用一个声音说话，并且游说政府，争取到对企业界利好
的政策。尽管许多受访者都认为政府影响了私人企业基金会管
委会的人员构成，但是他们都没能提供证据来支持自己的说
法，只是声称基金会的领导人是"罗林斯的人"。但是，有趣
的是，管委会的十三名成员没有一个人属于罗林斯所憎恨的商
人阶层。基金会每两个月会和副总统约翰·米尔斯（John
Mills）会晤，后者和国家临时保卫委员会、全国民主大会党
都没有很深的渊源，因此受到企业界的尊敬。作为政府经济团

① 私人企业基金会最初的成员包括加纳工业协会、加纳全国商会、加纳雇
　主协会、加纳银行业者协会和加纳出口商协会联盟。新的成员有加纳顾
　问协会和加纳房地产开发商协会。

队的领导者，米尔斯也能够较好地影响政策的制定。

私人企业基金会有一个经验丰富并且全职工作的秘书处。由于可以接触到丰富的资源，私人企业基金会在短时间内就取得了显著的成果。它组织了多次知名度高而且参与度广泛的研讨班和会议。这些会议把企业界领袖、政府部长、立法者、驻加纳的跨国公司领导、如美国国际开发署之类的发展机构和德高望重的加纳人聚在一起进行公开的讨论。1997 年 3 月在阿科松博（Akosombo）举行的"政策对话论坛"（Forum for Policy Dialogue）就是一个很好的例子（私人企业基金会，1997a）。基金会还举办讲习班和培训课程，在诸如增加生产力、计划商业旅行和促进和缓的劳资关系等方面对企业家进行教育。而且，它还在十分广泛的全国性议题上发表文章进行评论；从创建伊始，它就对国家预算案以及预算案如何影响私营部门和经济进行评论。

私人企业基金会的影响力在 1997 年 6 月达到顶峰，它在那时和美国国际开发署一起在北卡罗来纳举行了一次政策会议。包括米尔斯副总统在内的一些高级官员以及企业界、反对派、工会和大学的代表都参加了这次会议。针对政府在《加纳远景 2020》（Ghana—Vision 2020，该计划旨在让加纳到 2020 年时成为一个中等收入国家）中提出的目标，会后的报告在多个方面对政府官员提出了批评。报告认为，由于政策缺陷和政府态度所造成的"障碍"，《加纳远景 2020》中的目标很难实现。而且，报告还更加具体地指出责任在于官员和企业之间交流的缺乏；对私营部门的排挤；政府高额支出所导致的日益增长的财政赤字；高通胀和高利率；失衡的金融市场；无效和代价高昂的司法系统以及没能把大规模的非正规经济正规化。报告最终认为，这些障碍削弱了加纳的竞争力和潜力，妨碍了加纳经济"达到下一个层次"；它建议政府采取一些"艰难但是必要的措施"（私人企业基金会，1997c）。

受到这次会议成功的鼓舞，私人企业基金会在这次北卡罗来纳的会议上又酝酿举行"全国经济峰会"以讨论规范预算案的必要性以及解决政府日益增加的巨额财政赤字。但是，对于仍然难以信任企业界的全国民主大会党政府而言，私人企业基金会的这一会议计划却是不受欢迎的。政府认为基金会开始政治化并且把触角伸到了它职权范围之外的议题。基金会的批评性言论常常令政府官员恼火，但是这次它似乎越过了政府划定的可接受言行的红线，而这并不仅仅是因为它所引起的短期的政治后果。两位前任加纳银行行长打破惯例，公开批评现任加纳银行行长阿贾玛博士（Dr. G. K. Agama）所采取的宽松的货币政策、央行借贷给政府的行为以及未能抑制加纳银行内部的丑闻，这使得原本关于阿贾玛博士糟糕表现的温和讨论迅速公开化并进入大众视野（《商业纪事》，1997 年 4 月 22 日）。报纸把他们的言论视为对全国民主大会党的猛烈攻击。当媒体的批评和世界银行的压力迫使罗林斯将阿贾玛博士解职时，《自由媒体》的一位编辑意识到了其政治上的重要性，将这称之为"加纳银行的解放"。

政府对私人企业基金会十分担忧，试图对其进行抑制。罗林斯总统召见基金会负责人并且亲自告知这位负责人，政府机构——国家发展计划委员会（National Development Planning Commission）——而不是私人企业基金会应该来负责这次会议。

130

而且，他还把"峰会"降格为"论坛"（阿伊等编，1999，第36页）。罗林斯的这一行动表明政府结束了其对于私人企业基金会的谨慎支持，同时政府也认为这可以抑制反对派在该基金会内日益上升的影响，并且防止该基金会为政府设置议程。基金会和副总统米尔斯每两个月举行的会晤仍在继续，但是"政府内部的鹰派人士重新占据上风，拒绝双方的关系更进一步"（采访私人企业基金会官员）。随着基金会影响力的衰弱，其下属的协会也逐渐开始和基金会保持距离，而这令基金会的力量又遭到了削弱。基金会内部关于游说方式的分歧引起了内部的不团结并且降低了基金会的效率。尽管基金会秘书处声称让下属协会成员团结起来的议题要多于使之分裂的议题，但是访谈内容显示，基金会的一些下属团体已经不承认基金会可以有效地代表它们。因此，私人企业基金会在组织研讨班、讲习班和会议上所取得的成功要远远超过其宣传和游说方面的成就。

一些企业家认为私人企业基金会已经失败。他们提到，私人企业基金会已经不能成功劝说罗林斯和企业界领导人会晤，而这种会晤"本可以有很大影响"。尽管这一说法在访谈中反复出现，但是它却低估了罗林斯对于企业界的厌恶之情。罗林斯以"企业界领导人是我们进行革命的对象"为理由拒绝了世界银行要求他和企业界领导人会面的要求。平心而论，大多数政府领导人如奎西·博奇韦、欧鹏和副总统米尔斯都对企业界持"同情"态度。但是他们也知道，罗林斯所领导的"鹰派"具有左右政策的力量。事实上，罗林斯本人被企业界广泛地视为"问题"所在。在访谈中，加纳工业协会的一位官员称，罗林斯退出 2000 年大选"给企业界带来了一个双赢局面。无论是执政党的米尔斯还是反对党的库福尔获胜对于我们来说都是胜利"。私人企业基金会的衰落证明了罗林斯在政企关系方面依然发挥着关键性的作用。

民主时代的老牌商业协会

我们在这里应该探讨老牌的商业协会在民主时代的表现。如第四章所述，加纳工业协会和加纳全国商会在国家临时保卫委员会时代一直被排斥。民主化是否改善了它们的政治命运，又是否提高了它们有效游说政府的能力？证据表明，它们在民主时代依然被边缘化，以至于到 2000 年它们的成员数已经大大缩减，不得不挣扎生存。人们期待自由化改革会给它们带来发展良机，但是事实却恰恰相反，这种强烈反差值得我们好好研究。

加纳全国商会和加纳工业协会的衰落既是因为其内部固有的弱点和问题，也受制于不可控的外部环境的影响。集体行动理论强调，领导的质量、激励措施以及财政和其他资源对于有效地实现集体利益十分重要（杜鲁门，1962；奥尔森，1965）。加纳全国商会和加纳工业协会缺少这些关键的元素。而且，全国民主大会党政府不愿意听取这些老牌商业协会的意见，使得后者也无法通过政府获得自身利益。加纳一些商业协会的记录显示，只有当政府准备听取商业协会意见或是同意通过商业协会获得某些利益时，商业协会才能够给它们潜在的成员以回报。

商业协会能够为普通成员提供的好处十分重要。尽管商业协会为它们的成员提供多项不同的服务，但是它们最具价值的服务却在于帮助会员获得进口许可证和受到严密控制的外汇。但是，随着市场化改革的进行，贸易和外汇的自由化使得先前极具价值的服务的重要性降低，进而削弱了它们最主要的职能。因此，这两个商业协会的成员数都开始下降。加纳工业协会在1992年拥有1500个会员（哈特，1996），但是到了1999年其会员数却下降到了500个（《加纳工业协会新闻》，1999年8月）。这两个协会的会员费缴纳情况也急剧恶化。例如，在加纳全国商会2000年所列出的2481名成员中，只有大约500个成员，也就是20%的成员缴纳了协会的会员费用或是只拖欠了最近六个月的费用（采访加纳全国商会官员）。

当被问到为何它们的付费会员出现减少时，这两个协会的秘书处解释道：（1）塞地不稳定导致了企业的崩溃；（2）进口商品带来的强劲竞争（针对加纳工业协会）；（3）商业活动的放缓；（4）"我们的一些成员期望我们能为它们做得更多"。在采访中我们发现一些最成功的企业家反而没有支付会员费。这表明会员费的拖欠并不只是简单的资金匮乏问题，接受采访的企业家也没有一个人认为会员费超过了他们的支付能力。[①] 由于从这些协会获得的收益减少，保持会员资格显得没有什么意义。

132　　　会员和会费的减少在这个急速变化的时期对商业协会造成

---

① 加纳全国商会把成员根据营业额分为五类：1A，1B，1C，2和3。2000年，这五类成员所缴纳的会费分别是250万塞地、187.5万塞地、95万塞地、45万塞地和18万塞地（采访加纳全国商会官员）。2000年初，1美元约合3500塞地；同年末，汇率变为1美元兑换7000塞地。

了伤害。市场化改革给协会提出了新的挑战，要求后者拥有更好的资源。但是，由于会费的急剧减少，这些商业协会有效运行的能力被严重削弱。援助国为它们提供了一些财政支持，但这些支持既不规律也不充分（采访有关负责人；《加纳工业协会新闻》，2000 年 2 月）。商业协会没有足够的资金来雇佣专家收集信息、进行研究分析和开发出有效的游说策略。而在这时，政府官员则在世界银行的指导下拥有了较强的政策分析能力，他们对于企业界所持的政策观点十分轻视。商业协会也很难和"政府部长或是银行行长进行政策辩论"（克劳斯，2002，第 405 页）。

或许这一点最为明显的表现就是政府对于企业界要求对本土企业进行某种形式的帮助的傲慢反应。实际上，除了国际金融机构开出的新自由主义药方，以某种形式帮扶本土企业是有着很强的理论根据的，尤其是对出口制造业的鼓励方面。但是，这两个组织都没能很好地对其进行充分论述，而只是简单地提到这样的帮助是东亚国家经济成功的基础。

加纳工业协会和加纳全国商会在 90 年代努力扩大对各自成员的服务范围。它们组织了贸易博览会、管理训练班、研讨会和讲习班，提供了传真和电报服务，把成员向外国商业伙伴介绍并且提供建议（加纳全国商会，1998；采访加纳工业协会官员）。但是这些服务都没能有效地促进其成员的利益。当被问到它们所取得的成就时，加纳工业协会的一位高级官员只能举出两个例子。第一个是加纳工业协会在 1997 年成功说服阿克拉市政议会免征计划中 7.1% 的企业运行许可税。这一税款如果开征就会让营业额较高的企业老板承受高额税负。阿克拉市政议会在免除税款的过程中分别向工业界和商业界征收了12万塞地和5万塞地的费用。这位高级官员还说到，加纳工业协会1994年的游说促使政府放弃了先前缩小对进口原料和制成品征税范围的计划；它反而使得政府扩大了对进口原料及产品的征税范围。他还抱怨道，协会成员很少把这些成就的取得归功于加纳工业协会。事实上，由于协会取得的胜利太少，这些成就基本没有被注意到。因此，没能很好地适应新自由主义政策环境的新的不同的要求似乎是加纳工业协会和加纳全国商会的失败的一个主要原因。

133

这两个协会领导阶层动力和热情的丧失也是它们衰落萎缩的原因之一。到90年代，一些重要的企业界领袖由于年龄的因素已经不那么活跃，而年轻一代的资本家则没能接过前辈的接力棒。缺少切实可见的利益的驱动是这种交接失败的一个原因。但是许多人也认为加入加纳工业协会和加纳全国商会是不明智的，因为它们和罗林斯的关系依然十分紧张。在充满变化的90年代，全国民主大会党寻求恢复和企业界的友善关系。全国民主大会党认为一个友善的加纳工业协会更有利于合作，所以它资助全国民主大会党的支持者谢里·阿伊特（Sherry Ayitteh）在1993年竞选该协会的领导人。阿伊特在投票中却位列末位（《非洲秘闻》，1993年8月13日）。由于加纳工业协会一直依赖一个由富人组成的小团体的资金，这些富人也是协会传统上的领导人，因此协会成员对他们保持忠诚并不奇怪。①

---

① 例如，爱迪生向加纳工业协会捐赠了一个很大的办公楼（采访该协会官员）。

但是，这个耻辱性的惨败却让政府加强了自己的观点，即加纳工业协会是反对派坚不可摧的堡垒。政府官员因此也不愿意通过该协会实施经济利好措施。这两个协会从 80 年代开始一直在政企关系上占据中心位置，但是到了 2000 年，它们却失去了自身的吸引力，继而变得无足轻重（《加纳工业协会新闻》，1999 年 8 月）。

尽管如此，这两个商业协会仍然坚持认为自己还在影响着公共政策。虽然这可能是真的，但是我们很难精确地判断它们的影响力，因为许多组织都声称对于同一个政策变化发挥了作用。格林德尔（Grindle，1980）认为，人们很难评估官僚的利益和理念对政策制定的影响，同样也很难评估市民社会对政策制定的影响。例如，2000 年，私人企业基金会、经济事务研究所、加纳商人协会联盟和其他组织都宣称是它们所施加的压力迫使政府把增值税的升高幅度从 7% 下降到了 2.5%。而且，我们也无法确定这些组织的游说理由——如增加增值税会导致经济恶化——是让政府改变税率增加幅度的最重要原因。毕竟，这些组织曾在 1995 年对政府施加了同样的压力来阻止增值税的实施，但是却没有成功。我们可以十分清楚的看到，商业协会不仅仅因为自身的组织和策略缺陷同时也因为政府的敌意而被削弱。它们对于政府的政策制定基本没有什么影响。

商业协会衰弱的另一个原因就是加纳本国资本在经济中的力量不强。罗林斯时代加纳经济增长的一个显著特征就是本土资本在经济上处于边缘地位。在最主要的三个经济部门中的两个——采矿和可可——本土的大规模资本投入基本可以忽略不计（尽管可可全都是由本土农民进行生产，他们中一部分人

134

的生产规模也可以称得上"资本家"）。当地资本家在木材部门有着十分客观的投资，但是这并不足以使政府对他们的利益更加关切。木材企业老板在任何情况下都需要得到政府官员的善意（详见第七章），否则他们将不具有任何谈判能力。这让我们必须回头审视罗林斯时代加纳的经济增长。加纳在1983～1990年期间实现了国内生产总值年均5%的高速增长，但这种增长主要是因为1983年后外国公共资本的大量流入。私人投资仍然数量稀少，只占到公有部门数量的一半。因此，当局能够在不冒任何风险的情况下忽略本土资本的作用。如果本土资本对于经济十分重要，那么政府可能会对它持更加积极的态度。

加纳资本在经济上的虚弱导致了其在政治上的软弱。团体游说取得成功的条件是这个组织所掌握的政治筹码要能够和其他组织对等。索普和杜兰德（Thorp and Durand，1997）在他们对哥伦比亚、委内瑞拉和秘鲁的比较研究中发现，商业协会所拥有的政治影响力和它们对国民经济的重要性密切相关。因此，哥伦比亚对咖啡的依赖使得哥伦比亚咖啡协会有着很强的谈判筹码，相比之下，委内瑞拉对石油的依赖则让商业协会处于弱势地位。秘鲁经济的多样化使得外国资本和本地资本有着十分紧密的联系，而这也在一定程度上减弱了后者游说政府的必要性。因此，一国经济的特点影响着商业协会的相对力量。所以，我们就不难理解为什么加纳的商业协会从根本上是弱势的。

有观点认为，政府领导人之所以忽略加纳本国资本是因为它们不具有经济上的重要性，但是这种观点需要我们进一步规范阐述。例如，在阿散蒂金矿公司遭遇流动性危机期间政府的态度（或者说罗林斯的态度）就值得我们研究。1999 年末，阿散蒂金矿公司（Ashanti Goldfield Company）的扩张性政策遭遇重挫，其股价也从 25 美元迅速下降到微微超过 2 美元（《非洲秘闻》，2001 年 12 月 21 日）。尽管该公司通过税收和提供工作机会为加纳经济做出了巨大贡献，但是政府对于该公司的经营灾难无动于衷，没有采取任何行动。相反，罗林斯把这看作是羞辱和驱逐阿散蒂金矿公司好斗的首席执行官的一次机会；罗林斯多次公开称其为"罪犯"。该公司经营困难带来的对加纳的财政损失似乎和罗林斯关系不大，据传后者曾在该公司煽动旨在从财政上摧毁公司的罢工活动（泰勒，2006）。总之，个人统治的喜好明显要凌驾于国家经济利益之上。

新一代的商业协会：加纳商人协会联盟

加纳商人协会联盟是罗林斯时代新形成的几个商业协会之一，它可以和之前的老牌商业协会形成一定的对比。① 加纳商人协会联盟主要由非正规经济部门的中小企业家构成。与谨小慎微的老牌商业协会相比，加纳商人协会联盟自信而充满战斗性。它使得先前缺乏自己的正式代表而又容易被政府遗忘的"小角色"获得了发出自己声音的机会；他们以前只是被指责囤集居奇和牟取暴利。这些协会认为自身的崛起是源自经济改

---

① 本书选择研究该协会主要得益于伊丽莎白·哈特（Elizabeth Hart）和吉玛·博阿迪（2000）的研究。

革给他们创造的机会。贸易自由化使得各种各样的进口商品和服务稳定地流入加纳，并导致了商业的大幅扩张。政府对于出口行业尤其是非传统产品出口的重视开辟了新的商机并且促进了新一代资本家的崛起。

我之所以关注加纳商人协会联盟主要有五个原因。第一，它是新一波商业协会中最为活跃的一个，也是近些年吸引公众关注度最高的一个。第二，它是改革时代最具战斗性的新商业协会。第三，它取得的相对的成功主要依赖政府的善意，而这恰恰说明，加纳的商业协会的影响力并不是来自协会的内部特征而是来自外部环境。第四，政府对待加纳商人协会联盟的态度表明罗林斯和非正规经济部门的团体之间的关系没有那么敌对。第五，与老牌商业协会相比，加纳商人协会联盟在促进成员利益方面要更加成功。2000年，加纳商人协会联盟宣布它代表着150万商人，其中包括街头商贩、五金业者和二手衣物商贩等。尽管该协会内部并非所有会员都是付费的活跃会员，但是它确实能够在抗议行动中动员其成千上万人并且对商业造成严重的干扰。

1991年，加纳商人协会联盟的成员抗议阿克拉市政议会每年都增加的针对商贩的执照费用，这次抗议使该协会获得了公众的关注。这一费用从3000塞地增长到1990年的2万塞地，之后又在1991年增长到5万塞地。加纳商人协会联盟的成员把自己的商店关闭三天以示抗议。他们不仅成功地把费用减少到3万塞地，而且还揭露了市政议会的低效，并迫使议会解除了其主要负责人的职务。1994年，加纳商人协会联盟对政府的一项提案表示抗议。该提案要求增加部分进口货物的税

136

率以使得当地的替代工业品可以更具竞争力，而加纳商人协会联盟则认为这一提案一旦付诸实行就会对其成员的利益造成损害。因此，商人协会联盟威胁要进行抗议。政府官员和商人协会联盟进行谈判，大规模削减了税收（采访该协会联盟官员）。1995 年，加纳商人协会联盟参加了反对增值税的抗议活动。2000 年，政府为了缓解当年的外汇危机而对某些商品①征收了 20% 的特别税；商人协会联盟对于政府事前没有跟自己进行协商而感到十分恼火。它所发动的一次罢工促使阿克拉中央商务区的银行存款平均下降了 30% ~ 45%（《财经时报》 *Business and Financial Times*，2000 年 6 月 5 日）。罢工行动在政府官员承诺会废除这一税款之后才中止，尽管政府最终没有兑现其承诺。1995 年，政府指责加纳商人协会联盟涉足政治（《加纳纪事》2000 年 5 月 31 日）。

乍看之下，加纳商人协会联盟高调的反政府抗议以及其迫使政府改变政策的能力会让官员们尴尬，也会让自己受到政府的敌视。但是实际上政府和加纳商人协会联盟之间的关系却是冲突与合作的混合。一些商人协会联盟的领导人曾经因为参加 1995 年反对增值税的抗议而遭到政府逮捕。1993 年初，国家调查局以批评政府为理由拘留了商人协会联盟的秘书长及其副手（采访该协会联盟官员）。

但是双方也有合作。加纳商人协会联盟替政府从商贩那儿

---

① 这一特别税主要针对四种类型的进口商品：国外制造的奢侈品；加纳本国可以生产的农产品；使用进口原材料制造的工业产品；非棉制衣物或是二手衣物。

征收市政税和个人所得税，并从中获得佣金。它还和加纳海关合作设定检查标准，和加纳出口促进委员会合作评估进口税。这些合作主要是因为双方有着共同的利益。政府官员利用加纳商人协会联盟征收税款十分方便，而且还可以节约成本；加纳商人协会联盟则可以从代征税款获得佣金，并且声称自己的征税方式是合情合理又友善的（采访该协会联盟官员）。商人协会联盟领导人还试图努力改变中小商贩不遵纪守法的形象，而这也是双方合作的一部分。商人协会联盟经常提醒商贩要遵纪守法，它只有在商贩都遵守法律的情况下才会为他们进行斗争。

政府和加纳商人协会联盟的合作与其对加纳全国商会和加纳工业协会的敬而远之形成了鲜明对比。这种不同主要是源自罗林斯的政治基础：他努力在小规模非正规经济中培养自己的政治支持者，而他一直对于成名的大企业持厌恶态度。例如，政府在1991年允许裁缝、渔民和其他类似的团体进入全国咨询会议；本土企业协会委员会的创立；政府和加纳私营公路运输联盟等组织的公开联系。但是，加纳商人协会联盟和私营公路运输联盟及其他组织不同，它不愿意完全加入全国民主大会党的阵营，而是努力在合作和独立之间保持着平衡。

加纳商人协会联盟和其他商业协会之间也是既有合作又有冲突。虽然在要求低利率、稳定的塞地汇率和获得信贷等方面它和其他商业协会站在同一阵营，但是令加纳工业协会失望的是，它一直都十分坚定地捍卫贸易自由化。加纳工业协会试图利用爱国口号对商人协会联盟施压让其放弃支持贸易自由化的立场，例如"购买加纳制造"和"让我们一起通过消费本地商品来帮助祖国母亲加纳"。工业协会宣称商人协会联盟和加纳全国商会已经承诺会共同促进本土产品（《加纳工业协会新闻》，2000 年 8 月）。但是，加纳商人协会联盟在 1994 年用罢工相威胁来阻止政府通过提高进口税促进本土产品竞争力；它还在 2000 年因为政府对部分进口商品征收 20% 的特别税进行罢工。这两个事实表明，加纳商人协会联盟支持贸易自由化的立场一直没有改变。

除了彼此冲突的经济利益，加纳商人协会联盟还怀疑加纳工业协会甚至加纳全国商会在双方的共同利益上占据更大份额。这种怀疑态度部分是源自加纳商人协会联盟自身的背景——其主要构成者年轻的小商人把老牌商业协会看作是精英主义者。它的领导人对于能够把这个过去既无组织也无声音的团体汇聚起来表示自豪。在采访中，加纳商人协会联盟的领导人十分注意和加纳全国商会保持距离，因为他们认为后者不守规矩。加纳商人协会联盟一直保持自身的大众身份认同，拒绝和"大"商业协会关系过近，以防遭到后者的统治。而且，加纳商人协会联盟富于斗争性的行动方式和倾向——这一点和老牌商业协会截然不同，后者倾向于避免引起公众关注——驱动着它走自己的道路。尽管老牌商业协会认为街头抗议是粗野的，但这却是加纳商人协会联盟的看家本领。加纳商人协会联盟的领导人也意识到过度涉入党派政治是老牌商业协会衰落的一部分原因。因此，为了保持自身的制度完整性而和老牌商业协会保持距离对加纳商人协会联盟是明智的。

加纳商人协会联盟所取得的相对的成功和加纳工业协会和加纳全国商会的衰落形成了对比。在其相对短暂的存在时间内，它在某些方面非常有效的捍卫了自身成员的利益，并在某种意义上成为了小商人的工会组织。但是乍看之下，它能够取得成功实属不易。加纳商人协会联盟和加纳工业协会以及加纳全国商会不同，它既没有全职的秘书处，也没有老牌商业协会所拥有的财政资源。但是，这些劣势在某种程度上被这一事实所弥补：贸易自由化十分符合该协会商人的利益，而贸易自由化本身又是政府和加纳工业协会紧张冲突的一大原因。而且，相对于加纳工业协会和全国商会，政府没有对商人协会联盟进行压制。最后，加纳商人协会联盟广泛的会员以及其中断商业的能力是老牌商业协会所缺乏的关键性武器。

结　　论

民主给加纳资本家带来了正反两方面的混合影响。国家临时保卫委员会时代的调查机构被废除，公共法庭也名存实亡。政府在没收企业和其他财产方面受到了约束，个人的财产权受到了更好的保护。政府试图通过诸如《重大欺诈办公室法》等对企业界有害的法律的企图遭受挫折。商人们所采取的积极行动比过去更多更活跃，尤其是加纳商人协会联盟在废除增值税方面发挥了一定作用。

但是同时政府仍然有一些独断专行的举动，比如拆除杰恩图斯家族（Djentuhs）拥有的皮尔斯宾馆以及该家族的房地产公司名下的一些房产（详见第六章）；政府还无视法庭做出的有利于奥赛·萨福的判决。因此我们应该把商人们更活跃的积极行动放在正确的语境下进行理解。加纳商人协会联盟的领导人由于反对增值税而遭到逮捕的事实证明商人中的积极活跃分子依然面临着风险。加纳商人协会联盟所取得的相对的成功很大程度上是因为其"小资产阶级"性质使得政府对其持较宽容的态度——而这恰恰说明了政府在决定商业团体是否能够取得成功方面有着压倒性的影响。相反地，罗林斯一直把老牌商业协会看作是资本家方面"剥削"普通加纳大众的工具，因而试图对其进行隔离并且将其边缘化；而这正是老牌商业协会衰落的一个重要原因。而且，民主制度使得政府的反对者更加清晰可辨，因而也变得更加脆弱。没收（企业和其他资产）这一国家临时保卫委员会的标志性行动在民主时代已经不复存在，但是由于政府与企业间的关系附着了更为明显的争议色彩，反对派企业家仍然面临着各种形式的政府迫害。

总之，新自由主义改革的期望——市场化改革可以扩大本土资本家的规模并增强他们的作用以及民主化可以增加他们在政府中的影响——没能在罗林斯的统治下实现。这两种期望在全国民主大会党政府统治期间都没能够实现，最起码对于老牌的商业协会和企业而言是这样。

139

第六章　加纳企业的变化：国家临时保卫委员会/全国民主大会党坚定分子的崛起

　　本章将继续探讨第五章的一个论点，即民主化给加纳带来了模糊的多重影响。尽管全国民主大会党政府在没收企业方面受到了约束，但是它仍然给支持反对派的老一代企业家带来了种种磨难，使得后者遭到了严重削弱。到了 2000 年全国民主大会党下台时，和加纳的自由保守政治传统有着密切联系的老一代企业家几乎已经被新一代的和国家临时保卫委员会/全国民主大会党有着很强联系的企业家所取代。这一结果主要是因为两个方面的原因：政府一方面继续给反对派人士制造麻烦；另一方面扶植自己的盟友。为了更全面地了解全国民主大会党和企业间的关系，我们需要探讨全国民主大会党统治下的经济受益方。但是我们首先需要讨论全国民主大会党是如何对待它的前盟友的。这不仅可以阐明那些敢于亮出自身反对派身份的企业家所面临的持续的危险，而且可以把这种危险和他们之前对政府忠诚而得到的好处相对比。我将展示加纳企业是如何改头换面的以及全国民主大会党这个最初以反腐败的准革命运动起家的政党是如何最终与腐败合流的。在 20 世纪 90 年代，全国民主大会党成为了政府领导人及一部分企业家实现自身商业利益的工具。这一事实表明，人们对国家临时保卫委员会反商业性质的认识多少有些过于简单。因此，尽管国家临时保卫委员会最初看起来似乎是贝亚特（Bayart，1993）所说的非洲"大肚政治"的一个例外，但是随着时间的推移该政权也逐渐可以被归入这一类型。加纳政治经济的研究者将会发现九十年代罗林斯的全国民主大会党政府和恩克鲁玛的人民大会党之间惊人的相似。

142

奥古斯塔斯·塔诺（Augustus Tanoh）——背叛的代价

奥古斯塔斯·塔诺的例子可以称得上是政治牺牲方面的最好案例，它很好地展示了全国民主大会党政府是如何采取严厉措施告诫商人与反对派站在一起所要承担的风险的。塔诺曾是罗林斯的密友，在罗林斯麾下服务多年。塔诺曾经担任加纳国家石油公司财政和行政部门的负责人，并且是加纳在联合国安理会和联合国大会代表团的成员之一（《每日写真报》，2000 年 10 月 27 日）。根据《加纳纪事》（2000 年 8 月 11 日）的报道，他属于罗林斯一派。

但是，塔诺和全国民主大会党之间的关系在 1998 年开始恶化，当时罗林斯任命副总统约翰·米尔斯作为其继承者。全国民主大会党内的一部分人认为这一决定不仅是不民主的，他们还把米尔斯看作是后入党的新成员。而怀有问鼎总统宝座雄心的塔诺则是党内改革派的领袖。全国民主大会党领导层试图通过提供一系列利润丰厚的工作来安抚这一派系，但是没能成功。党内的这一分歧使得政府十分恐慌，因为改革派内的许多著名人物都对该党的草根支持者有着很大影响力。鉴于2000年的总统大选要比前两次大选更具竞争性，内部分裂对于全国民主大会党是一个很不祥的兆头。实际上，相比于反对派的新爱国党，全国民主大会党的领导层把党内的改革派看作是对选举胜利的更大威胁（《非洲秘闻》，1999年5月28日）。

全国民主大会党在1998年末对改革派劝说失败后就开始对其进行一系列骚扰。政府把枪口对准该派系的领袖塔诺以及塔诺所经营的一家叫做"通用运输商品"（Transport and Commodity General）的木薯条出口公司。该公司经历了严重的财政困难，而政府官员则试图把这作为塔诺是一个失败者的证据。塔诺承认他的公司正在经历流动性问题，但是他对政府的指责进行了反驳，认为真正的问题在于政府的干扰。这一说法在人们发现"总统府官员对该公司的账目进行查询"之后显得更加有根据（《非洲秘闻》，1998年11月20日）。而且，有传言称，国家保险公司在总统府官员的要求下拒绝了塔诺为自己的公司提交的贷款请求（《非洲秘闻》，May 28，1999）。塔诺还在一次采访中称（《加纳纪事》，2000年8月），政府还阻止了荷兰发展银行向他的公司提供200万美元的贷款。

双方的冲突此后一段时间暂时淡出了公众的视野，但是到了2000年8月，双方的矛盾彻底爆发：改革派从全国民主大会党中分裂出去，派系成员自行组建了国家改革党（National Reform Party）。塔诺也成为了国家改革党的总统候选人。愤怒的政府领导人试图对塔诺商业管理不善的行为进行指控并起诉他。国防部副部长托尼·阿多（Tony Aidoo）称塔诺把国家担保的贷款用于自己的政治目的并呼吁重大欺诈办公室对塔诺进行调查（《改革纪事》Crusading Chronicle，2000 年 8 月）。罗林斯公开称塔诺为"叛徒"，他说："政府内没有哪一个成员像塔诺那样得到了数十亿的资助"（《加纳纪事》，2000 年 8 月 11 日）。罗林斯过去对于塔诺有着"几乎父亲般的关怀"（纽金特，2001，第 413 页）并亲自替塔诺确保了一笔银行贷款。为了打击塔诺的总统野心，罗林斯指控他"不诚实"（《加纳纪事》，2000 年 8 月 11 日）。

作为塔诺长期以来的亲密同事，罗林斯对塔诺非常的熟悉和了解，因此完全有资格声称塔诺是不诚实的，但是这却遭到了公众的怀疑。政府对塔诺进行攻击的动机和时机都十分可疑。如果塔诺一直保持对全国民主大会党的忠诚，那么加纳民众可能永远都不会发现塔诺曾经得到一笔国家担保的贷款。因此，对塔诺的攻击被民众广泛认为是政府抹黑勒索政治对手的手段，而并非是对他错误使用贷款的真心担忧。一个受访者就谈到，"他们为什么不告诉我们阿霍斯家族得到了多少钱……为什么偏偏是现在而不是在多年以前揭发他？"私人媒体以此为依据认为政府在骚扰包括其前盟友在内的政治对手，而这使得公众重新把注意力集中到政府和企业家之间的紧张关系上。

抹黑塔诺的举动在不经意间暴露了全国民主大会党内任人唯亲的情况。罗林斯可能夸大了塔诺所得到的资助的水平，但是塔诺毫无疑问得到了十分可观的资金援助。实际上，他自己也没有对这一点作出反驳。根据塔诺所说，他 1993 年的起步 144

资本是 14.4 万美元（《加纳纪事》，2000 年 8 月 11 日）。三年后，他的资本迅速膨胀到了 200 万美元。尽管如此，塔诺仍然对政府官员放大其公司的困难感到不满，认为政府没有资格这么说。塔诺声称，其他和全国民主大会党有着密切联系的人也滥用了从这种关系中获得的资金："从日本、加拿大、美国和英国得到的许多资金的都被政府给予了党内成员，而他们也没有妥善利用这些钱。"塔诺举出了一些导致损失的具体案例，而政府已经同意对这些损失进行赔偿（《加纳纪事》，2000 年 8 月）。[①]

塔诺的案例还重新引起了企业界对一个重大议题的担心，即领导人对银行和贷款政策的政治化。政府官员不仅仅清楚谁在借钱，他们还在银行的贷款去向上具有一定的决定权。罗林斯曾经公开批评自己的部长们："是的，你们这些人不需要我的同意就可以给他额外的贷款，但是当我们抱怨（贷款未及时偿还）时，他就说我们把他的企业和政治混在了一起"（《加纳纪事》，2000 年 8 月 11 日）。这使得罗林斯在 1998 年 6 月 19 日接受《每日写真报》的采访时把所有曾得到过银行贷款的反对派企业都一一点名。在那次采访中，罗林斯还指控时任国家投资银行的经理是新爱国党的同情者，并且通过欺骗手段把贷款给予新爱国党的"大佬"。这名经理随后被解职。

政府还采取了其他的措施对党内的改革派进行打击，比如切断改革派的资金来源。一些改革派成员丢掉了自己的工作。

[①] 对于涉及全国民主大会党内官员的丑闻，请参见有关报刊（《加纳纪事》，2000 年 8 月 14 日、8 月 18 日和 8 月 21 日）。

改革派的彼得·克鲍杜贝（Peter Kpordugbe）长期以来一直忠于政府，但是他却被自己为之工作了超过十年的教育部解职。全国民主大会党的宣传干事奥赛—乌苏（W. Osei-Wusu）丢掉了他在加纳水泥制造公司的工作。塔诺的哥哥纳撒尼尔（Nathaniel）时任世广卫星广播公司加纳分公司负责人；政府官员致电该公司总部，暗示该公司"必须把纳撒尼尔解雇，否则该公司就会失去加纳听众"，随后纳撒尼尔被公司解职。世广公司还解雇了塔诺的另一个兄弟布拉泽尼（Brazini）（《非洲秘闻》，1999年5月28日）。英国国际发展部突然取消了它和一家与改革派相关联的公司的合同，这被广泛认为是政府阻滞改革派努力的一部分。英国国际发展部极力否认合同的取消和政府的压力有关，声称主要是技术原因。但是，合同的取消仅仅在合同签署几个月之后（《非洲秘闻》，1999年7月9日）。改革派面临着清晰可见的风险，而这也提醒其他人和政府作对所要付出的代价。

优素福·伊布拉西姆（Yusuf Ibrahim）——从盟友到敌人

政府对另一位从盟友变成改革派的人士的愤怒和攻击以一种戏剧性的方式呈现。1999年4月，士兵拆毁了阿克拉的一家拥有两层总共65个房间的四星级宾馆。阿克拉市政议会宣布对拆除皮尔斯宾馆负责，该宾馆及其附属财产的全部价值大约为500万美元（《非洲秘闻》，1999年5月28日）。全国民主大会党的支持者、市政议会的负责人阿多（S. A. Addo）声

145

称，该宾馆建在了水道之上，因此会破坏阿克拉本来就十分糟糕的下水道系统，并使得人们的生命和财产受到威胁（《政治家》，1999 年 4 月 21 日）。但是很少有加纳人会相信这个理由。如果这个理由成立，那么批评者们会质问为什么成千上万的同样阻碍了水道的阿克拉的房产没有被拆除。他们尤其会质问为什么和这家宾馆仅仅一墙之隔的外交部长维克多·戈胡（Victor Gbeho）的房屋没有一起被拆除。

面对公众的质疑，阿多改变了自己最初的说法。他宣称，宾馆的所有者没有获得必要的土地登记文件（《非洲秘闻》，1999 年 5 月 28 日）。但这一理由同样蹩脚：由于繁琐的处理过程，在阿克拉和整个加纳，无数的房屋所有人都没有这一文件。阿多随后又称，宾馆的拆除标志着强硬政策的开始。在这之后，政府命令阿克拉市政议会和其他市政当局拆除了一些房屋（《派遣报》，1999 年 4 月 19 日）。阿克拉市政议会拆除了一些街头违章建筑和破旧房屋，似乎是为了对指责进行回击，并使批评者沉默。但是这却加剧了外界对政府的指控。和许多加纳人的看法相呼应，一家报纸的编辑把进一步的拆除行动称为政府的"诡计"（秘密采访）。

市面上最普遍的推测是，宾馆的所有者优素福·伊布拉西姆——顶尖的金融家和全国民主大会党政府内的核心成员——加入了党内的改革派（《派遣报》，1999 年 4 月 19 日）。第二个版本的推测则认为，和罗林斯发生了激烈争吵的阿散蒂金矿公司的首席执行官山姆·乔纳（Sam Jonah）是宾馆的拥有者。乔纳之所以成为政府内受到憎恨的人物有两个原因：第一，据传言，他拒绝成为罗林斯 1996 年总统竞选的副总统竞选搭档，而罗林斯则对此表示不满。第二，据称乔纳支持新任的阿散蒂王加冕，而不是支持全国民主大会党所偏爱的人选——长期担任库玛西市长的阿夸希·阿吉芒（《非洲秘闻》，1999 年 5 月 28 日）。拆除宾馆的行动被认为是政府剪除乔纳日益丰满的羽翼的努力的一部分。虽然这一推测十分在理，但是乔纳并非是宾馆的所有者。

146

伊布拉西姆并没有寻求司法上的帮助或是立刻向媒体发表意见。因此，有人猜测他已经得到了政府的补偿。其他人则认为他之所以没有任何行动是因为他有把柄被政府握住。他表面上的沉默为他赢得了同情，甚至企业界也对他表示了同情。一家报纸的编辑在采访中告诉我，伊布拉西姆曾表示他之所以在提起诉讼上犹豫不决是因为他对法庭的中立性表示怀疑，因此在等待"正确的时机"——全国民主大会党不再掌权之时（秘密采访）。事实上，伊布拉西姆最终在 2001 年就自己的宾馆遭到错误拆除一事对阿克拉市政议会提起诉讼。他之前不愿动用法律手段提出赔偿要求是因为他对法律的有效性不抱信任态度——而这种不信任也是许多企业家都有的。企业界内部存在着这样一种共识，即政府仍然对司法有着很强的影响力。因此，蒙冤受屈的企业家们在涉及政府的案件上犹豫不决，尽管他们有着很大的胜诉概率。

杰恩图斯家族（Djentuhs）的案例

在这里值得简要一提的是杰恩图斯家族的案例。该案例很好地体现了和罗林斯发生冲突所要承担的风险，以及个人统治对于私有财产的持续威胁。2000年1月，一个名叫希拉西·杰恩图斯的年轻人在总统官邸遭到逮捕、拷打和拘禁。希拉西声称这是在他违背了和罗林斯总统女儿的婚约之后。但是，罗林斯夫人称他们的关系仅仅是"精神友谊"。在他们的儿子被拘留期间，希拉西的父母前来总统府官邸询问情况，但是被指控攻击士兵和行为不轨。他们随后被定罪并被监禁超过了一年。而且，士兵还拆除了杰恩图斯家族的房地产公司所拥有的三十五处房产，声称这些房产在法律上并不属于该家族。和伊布拉西姆一样，杰恩图斯家族没有诉诸法律手段因为害怕这会给自己带来更大的麻烦。

国家临时保卫委员会/全国民主大会党内部人士在企业界的崛起

1991年，罗林斯对企业可以给政党的资金支持设置了限制以给他的对手制造障碍。1992年大选后，大中型企业家依然支持主要的反对党新爱国党并且是新爱国党主要的资金来源。全国民主大会党作出了额外努力来阻止这一问题。它的策略就是削弱支持反对派的企业家，防止他们的企业繁荣，从而降低他们资助反对党的能力。为了得到小企业家的政治和财政支持，全国民主大会党在1993年1月创立了本土企业协会委员会。本土企业协会委员会的成员成为了全国民主大会党资金的重要来源之一。但是，全国民主大会党最主要的资金还是来自该党内部的坚定分子。这些人利用自己得到的贷款、拨款、利润丰厚的合同、税收减免、国有企业的私有化和其他激励措施成功挺进企业界。与反对派企业的衰落形成鲜明对比，全国民主大会党内部人士的企业得以繁荣。一些原本缺乏资本的新资本家迅速崛起，而他们的崛起正是建立在现有的企业家阶层解体消亡的基础上的。

但是，这些新崛起的资本家大多不愿意谈论他们的企业，也不愿意接受采访。一个极端的例子就是，一位商人给了我14个可以采访的日期，但是却一次都没有履约。这部分是因为他们对于外界的指控十分敏感，有指控称政府的盟友垄断了经济机会。还可能是因为持续的媒体和公共批评以及嘲笑"前社会主义革命者"已经变成了富有的企业家。烟草公司遭到政府没收的门萨就说："国家临时保卫委员会和全国民主大会党出于嫉妒和贪婪而迫害羽翼未丰的私营部门，它们这么做仅仅是为了在十年之后用一个政治性的依托于党派的私营部门来取代之，这一私营部门中很多人都是当年的政变组织者。"

阿霍伊兄弟（Kwamena Ahwoi，Kwesi Ahwoi，Ato Ahwoi）是国家临时保卫委员会时期和后来的全国民主大会党政府时期的重要人物，[①] 他们是全国民主大会党内部首批进军企业家的党内人士。和其他人不同，他们的企业活动非常公开。在进军商界之前，他们兄弟三人都是毫无商业背景的公务员。据传他们得到了3000万美元国家担保的贷款作为起步资本，并在这

---

① 夸梅那在2000年出任地区合作部部长之前曾长期担任地方政府和农村发展部部长。奎西执掌加纳投资促进中心。阿托在国家临时保卫委员会期间领导国家调查委员会和国税局。

一基础上逐步建立起了一个经济帝国。他们的经济帝国包括一个垃圾处理企业，该企业和阿克拉市政议会签订了一个利润丰厚的合同；还包括一个在中部省他们家乡附近的一个宾馆以及一家叫作 Comstrans 的拖运公司。一位不愿透露姓名的受访者表示，他们还获得了大片土地合约，并希望投资房地产。但是，他们经济帝国中最耀眼的明珠却是"腰果和香料产品有限公司"（Cashew and Spices Products Limited），或者简称"腰果产品公司"（Cashpro）。该公司是加纳私营的可可和腰果收购公司中的佼佼者（加纳投资促进中心，1999）。

　　腰果产品公司是少数被允许参加利润丰厚的国内可可经销的私营公司之一。公司在每一个可可生产季节之初从加纳可可局那儿得到一笔低利率的年度贷款用于自身的经营。尽管国有机构可可局替它的合同商获得廉价的贷款不足为奇，但是控制着可可局的加纳政府确实十分偏爱腰果产品公司。例如，虽然加纳公众知道 2000 年的可可产量提高计划会被分包给几家不同的公司，但是实际上腰果产品公司独揽了这一合同。报告显示，该公司为这一合同而招聘的人员主要基于应聘者和全国民主大会党之间的联系，是为了给后者赢得选票（《加纳纪事》，2000 年 5 月 26 日；阿伊姆 Ayim，2000a）。对于腰果产品公司的活动，奥尔鲍姆（Oelbaum，2002，第 303 页）写道，"该公司扮演起全国民主大会党在农村地区政治机器的角色并不令人吃惊，就像恩克鲁玛统治下的可可收购公司一样"。

　　而且，据传腰果产品公司还从地区议会共同基金中获益。尽管当事方否认，但还是有报道对此进行了曝光。东阿基姆地区议会 2000 年 5 月 12 日的会议纪要显示，它把自己所掌握的基金的一部分给予了腰果产品公司，委托后者"培训年轻人以提高农业部门产量并为年轻人创造就业机会"（《政治家》，2000 年 10 月 15 日）。报道还进一步称，其他的地区议会也参与到了这一行动中来，把大量本应该用于社会服务的资金交给了一家私营公司。一个批评者说，腰果产品公司可以像一个准国有机构一样随意得到有关资金（阿伊姆，2000b）。与之相关的是，夸梅那·阿霍伊直到 2000 年 1 月都还担任地方政府部的部长，负责监督基金的使用。有人指控全国民主大会党利用共同基金用于自己的党派活动，这导致新爱国党在其赢得2000 年大选后发起了相关的调查。

　　罗林斯的妻子娜娜·罗林斯是另一个十分著名的有着许多商业利益的政治人物，尽管她自己一直试图远离这些商业利益。据称她是软饮料制造企业 D&C 的老板之一（与欧鹏P. V. Obeng 合作），而这家企业拒绝了我多次的采访请求。她利用 12 月 31 日妇女运动及其附属机构卡瑞戴姆集团（Caridem Corporation）作为自己的私人工具获得了一些国有企业的控制权，比如加纳工业控股公司的罐头工厂和砖瓦厂、加纳国家贸易公司的面包厂和超市以及以前的国家运输公司。据传言，罗林斯夫人在阿克拉和其他城市拥有许多加油站和超市，在包括阿克拉的棕榈欢乐沙滩宾馆在内的一些宾馆中拥有股份。据传言，她还利用 12 月 31 日妇女运动获得了数百万美元的国家担保贷款（《晚间新闻》 Evening News，2001 年 1 月25 日）。

　　罗林斯最亲密的副手卡素·齐卡塔（Tsatsu Tsikata）长期以来一直负责管理加纳国家石油公司，他也试图隐瞒自己的企

149

业和巨额财富，但是没能成功。1994 年，政府免除了加纳国家石油公司 1. 247 亿美元的债务（世界银行，1995）。财政部长博奇韦质疑齐卡塔的判断能力以及齐卡塔对加纳国家石油公司财政的处理，而博奇韦辞职的部分原因也在于自己不满于罗林斯对此事明显的宽容态度。齐卡塔因为造成加纳国家石油公司高达几百万美元的债务而被判有罪并且入狱服刑。正如罗林斯夫人把 12 月 31 日运动用作个人的工具一样，齐卡塔也通过加纳国家石油公司控制了 Westel 电讯公司 20% 的股份。他还利用石油公司成为了真空制盐产品公司事实上的拥有者；该公司在 1992 年末被政府从已故的阿彭腾那儿没收后转交给了加纳国家石油公司管理。他的兄弟伏维·齐卡塔（Fui Tsikata）曾在八十年代抹黑阿彭腾，这被一些人认为十分阴险。

另一位从政治家变为企业家的全国民主大会党党内人士是该党的前任新闻秘书文森特·阿希瑟（Vincent Assiseh）。阿希瑟拒绝了我的采访要求，但是根据他自己的叙述，他在加入全国民主大会党之前最有价值的财产就是一家玉米加工厂（阿希瑟，2000）。在全国民主大会党的统治下，据称他从拨款、贷款和政府合同中受益良多，并且建立起了一个"数十亿的帝国"（《独立包》Independent，2000 年 9 月 19 日），其中包括一家建筑公司、一个冷藏库和一家出版社。他的出版社负责印刷出版了许多政府出版物，包括明显夸大了加纳的投资机会的宣传性出版物《加纳意味着商机》（Ghana：We Mean Business）。1998 年，地方政府部在阿希瑟的要求下从 110 个地区议会的共同基金中扣除了 600 万塞地来出版一份关于各个地区议会的报告，尽管动用共同基金一事政府从未和各个地区议会进行过协商。有关（政府）滥用共同基金使全国民主大会党的盟友企业获利的报道引发了公众的热烈讨论，使得这一议题重新回到聚光灯下。这促使之后的新爱国党政府下令调查阿霍伊对共同基金的处理。

还有报道称，一些和全国民主大会党结盟的企业享受到了 150 暗中的税收减免。其中的一个案例是一家名叫"检查站有限公司"（Checkpoint Limited）的印刷企业，它得到了印刷增值税表格的合同。据报道，该公司没有缴纳它欠政府的 50 亿塞地增值税款。包括 2001 年 8 月 15 日的《加纳纪事》在内的报道还发现，支持全国民主大会党的报纸《加纳畅谈》（*Ghanaian Palaver*）连续三年都没有缴纳增值税，但是也没有被罚款。相比之下，其他触犯增值税法的人则遭到了严厉追责。例如，2000 年 8 月，负责征收增值税的官员没收了西坎普斯宾馆（Secaps Hotel）的所有动产，因为这家宾馆亏欠了政府 833.92 亿塞地的增值税款。这一案件被刊登在了 2000 年 8 月 4 日国有报纸《每日写真报》的头版。

1996 年 12 月，A-Life 连锁超市在加纳三家国有银行——加纳商业银行（Ghana Commercial Bank）、房产和建设银行（Bank for Housing and Construction）以及加纳合作银行（Ghana Co-operative Bank）所累积的债务总额已经达到了惊人的 1200 亿塞地。重大欺诈办公室（1998，第 12 页）的调查员认为这一损失源自三家银行管理人员和连锁超市经营人员的合谋。由于损失数目巨大，房产和建设银行与加纳合作银行被迫进行破产清算。

我们需要对这一丑闻提出两个问题。首先，政府高级官员是否知情？如我所述，政府官员似乎十分清楚其他多种多样的非法银行活动。其次，尽管政府听从重大欺诈办公室的建议进行了审判，但是这一审判随后无果而终。为什么政府当局没有对这样的大案进行彻底的追诉？这并不令熟悉加纳政治的人吃惊。作者从采访中得知，A-Life 连锁超市的老板是商界的新手，但是却在政府高层有着重要的关系，而其中最著名的就是罗林斯夫人。许多人都把 A-Life 超市在 90 年代的迅速发展壮大归因于此。而且，报道还指出，A-Life 的多数债务都被用于资助全国民主大会党 1996 年的竞选活动，因为该公司大多数的银行取款都发生在 1996 年的 10 月和 11 月，也就是总统大选的竞选活动期间。因此，追溯这一案件对于全国民主大会党"在政治上是不现实的"。

私有化——政府内部人士的商业捷径

国有企业的私有化是国家临时保卫委员会/全国民主大会党最不愿意实行同时也是实行最缓慢的一项改革措施。这其中有以下几个原因。

151　　　首先，一些政府高层关于对于"资本主义"和利润动机持怀疑态度。比如，伊博·塔维亚（Ebo Tawiah）就一直对国有企业私有化持批评态度，认为这是"国家的耻辱"，指责加纳人"放手让国有企业崩溃着实令人羞愧"以及"让那些为独立而奋斗的前辈们失望"（《西非》，1990 年 4 月 2 日，第 555～556 页）。而塔维亚则担任资产剥离执行委员会主席很多年，这反映了国家临时保卫委员会对于私有化的不情愿。多年以来，政府一直试图对国有企业进行改革。

其次，很多加纳民众反对私有化。正如和在非洲其他地方一样，政治独立在加纳被认为是实现经济独立的手段。加纳的首任领导人夸梅·恩克鲁玛把国有企业的创立看作是经济独立和国家主权的象征。全国解放委员会（National Liberation Council）和进步党试图对国有企业进行私有化，但是这种做法引起了政治风暴并导致它们自身被民众抛弃。人们普遍感觉这些私有化实验基本上只是让政治领导人的盟友获益，而这种感觉使得私有化在公众心中愈发声名狼藉而遭到反对。

再次，未能解决的技术问题也拖延了加纳私有化的脚步。政府很难找到有相应的技术专长、能够胜任国有企业委员会和资产剥离执行委员会职位的人员。有关国有企业的统计数据十分缺乏，这使得对国企的价值评估十分困难。许多国有企业没有财务账目报告。它们名下的一些财产也没有经过核定，尤其是那些被政府没收后转交给国企的私营企业。而且，有时政府手中根本没有企业的所有权证书。由于很难确定国有企业的全部财产，所以也就很难确定它们的债务总量。股票市场的缺失（加纳直到90年代末才建立股票市场）也使得估值问题更加困难（吉玛·博阿迪，1991a）。

最后，有能力收购国有企业的那部分本土私营企业家大部分都是国家临时保卫委员会的政治反对者。政府官员们认为，允许这些反对派企业家购买国有企业等于政治自杀，因为这会增强反对派的财政实力。

但是在1994年，政府的政策出现了重大转变。政府此前曾握有加纳最有价值的资产——阿散蒂金矿公司的55%的股权，它在 1994 年出售了该公司 35% 的股权。其他重要的资产也纷纷被国家剥离出售。四个主要的原因导致了这一政策转变。第一，政府在改革国有企业方面只取得了非常有限的成功。它日益意识到"财力的限制使得政府已经没有足够的资金来重组和重建现存的国有企业，或是在公有部门维持大量的国有企业"（哈切夫，2002，第 98 页）。第二，援助国要求加纳政府在私有化方面做出更具实质性的努力。第三，世界银行长期以来一直认为国有企业资产剥离带来的收入可以帮助政府消除预算赤字，并且对进一步的资产剥离提供刺激。第四，私有化在政党政治的时代是政治资助的重要来源。到 2000 年全国民主大会党下台时，加纳 80% 的国有企业都已经被私有化。

加纳国有资产剥离的主要受益者是外国人。1999 年，罗林斯的办公室主任阿托·达泽（Ato Dadzie）曾说："一些人认为资产剥离只是为外国人准备的"（达泽，1999，第 1 页）。人们持这一观点主要有三个原因。第一，尽管官方宣传称资产剥离是为了促进本土企业的发展，但是这一宣传却具有高度的误导作用。加纳人获得了总计 212 家资产被剥离出售的国有企业中的大多数——169 家（约 79%），但这些绝大部分都是小公司。这些由加纳人得到的小公司的全部价值只占到国有资产出售收入的 10%（阿皮亚——库比，Appiah-Kubi，2001，第222 页）。政府之所以努力模糊这一事实，是因为害怕触动民众广泛的民族主义情感——人们普遍认为把国家财产给外国人是错误的。第二，资产剥离执行委员会的活动方式和细节非常不透明。第三，即便获得了交易信息的部分公众抱怨他们受到了蒙蔽，无论是政府还是资产剥离执行委员会都没有对民众的反应做出回应。"许多加纳民众并不完全知情"的说法是非常正确的，但是他对交易十分透明的坚持却是非常虚伪的。达泽（1999，第1页）。

尽管外国公司获得了被出售国有企业资产价值的最大部分，但是一些加纳人还是从资产剥离中得到了好处。在具体讨论细节问题之前，我们有必要指出加纳政府领导人希望利用资产剥离出售来促进本土企业并且使资本所有权民主化。如我所述，政府在促进本土企业方面取得的成就甚少。我这里主要的关注点是资本所有权是在何种程度上被民主化的。1993年6月19日，罗林斯在接受《每日写真报》采访时表示支持把资本所有权扩展至工人和穷人，因为一些人在60年代"窃取了"国有企业，而这必须被修正。财政部长夸梅·派普拉（n，d，第4页）和其他官员也纷纷宣传把资本民主化。

但是，宣传言论和现实之间有着很大的差距。罗林斯的本意是鼓励资产剥离执行委员会认真考虑通过雇员股份所有权计划、雇员特别股份购买安排和雇员收购等手段来让工人获得国有企业的所有权。但是这些计划在现实中很难能够实现。其中主要有两个原因：第一，即使政府向工人提供了收购的优惠条件，后者也很难筹集到足够的资本。第二，一旦政府内部人士及其朋友开始接管国有企业，让工人获得国企所有权的最初目的就不再重要。政府所说的资本所有权的民主化只在一个意义上得到了实现，那就是许多之前很少有或者没有任何资本的全国民主大会党人获得了国有企业的所有权。

国有资产剥离出售成为了有权有势者并购企业进军商界的一个主要途径。尽管我们很难确定谁具体获得了哪个企业，但

153

是许多受益者都会利用某个组织或者自己朋友的名字来掩人耳目（《非洲秘闻》，2001 年 12 月 21 日）。① 全国民主大会党内部人士毫无疑问垄断了这些私有化提供的商业机会。如前所述，罗林斯夫人通过卡瑞戴姆集团公司（Caridem Corporation）取得了一些被出售的国有企业，而这家公司则是她的 12 月 31 日妇女运动的一个附属机构。同样的，罗林斯政府的忠实拥护者爱德华·阿多（Edward Addo）名义上拥有加纳电影产业公司（Ghana Film Industry Corporation）30% 的股份。但是人们普遍认为他只是他的亲密同伴卡奇（K. T. Quakyi）的白手套，后者曾在国家临时保卫委员会和全国民主大会党政府担任过部长。

彼得·佩佩拉（Peter Peperah）曾任贸易和工业部副部长，他的家族对米姆木材公司（Mim Timbers）的收购被广泛认为是一起丑闻。根据《加纳纪事》（2001 年 1 月 24 日）的报道，米姆木材公司以 200 万美元的白菜价被卖出。佩佩拉家族对此进行了反驳，声称自己花费了 500 万美元来购买米姆木材公司，并把该公司更名为 Scanstyle；佩佩拉家族还称佩佩拉本人没有牵涉到收购中来（《加纳纪事》，2001 年 1 月 31 日）。奇怪的是，资产剥离执行委员会公布的资产被剥离出售的国有企业名单中没有米姆木材公司，因此我们无法确证它是否被售

---

① 据传这包括了外国公司的利益。新爱国党在 2001 年以企业业绩不佳为理由终止了马来西亚电讯公司对加纳电讯公司的经营和管理。但是真正的原因却是马来西亚电讯公司出面替一些全国民主大会党领导人收购国有企业。

出。Scanstyle 公司的经理在我 2000 年 8 月到访该公司时拒绝和我讨论这些问题。

值得注意的是，那些曾经激烈反对私有化的政治人物也在这次国有企业资产剥离的过程中分得了一杯羹。据报道，私有化的激烈批评者伊博·塔维亚（Ebo Tawiah）从一家国有企业的出售中得利。另一位"社会主义者"科乔·齐卡塔（Kojo Tsikata）成为了黄金海岸汽车公司（Gold Coast Motors）的老板；据报道他还获得了加纳工业控股公司的部分财产（奥尔鲍姆，2002）。他是前任的国家安全部门负责人，也是罗林斯最信任的亲信之一。

加纳国企资产剥离过程中有两个显著特征值得我们关注。第一，赊销的比例很高。第二，债务数额到 2000 年仍然很高。资产剥离执行委员会所出售的国企中，72.7% 的国企都还有未偿清债务（阿皮亚——库比，2001），其中一些债务可以追溯到 1990 年。这一情况主要有两个原因。第一，一些国企购买者明显缺乏必要的资金来付清债务并履行自己的义务。第二，国有企业主要被用来回报全国民主大会党的忠实拥护者，所以他们基本没有还债压力。政府曾解释它只把小企业出售给加纳人是因为他们无法筹集必要的资金（参见派普拉）。但是有趣的是，收购国有企业的外国人也有着较高的违约率，这就削弱了政府之前解释的效力。

批评者们认为，高比例的赊销和未偿付的债务是政府故意把国有企业卖给政治盟友的证据。最臭名昭著的例子就是政府把"布里斯科汽车公司"（RT Briscoe Motors）出售给一群明显缺乏资本的"投资者"。为了使这些"投资者"可以从银行

154

得到贷款并支付首付，资产剥离执行委员会把公司的资产交予他们，让他们用尚未购得的公司资产作为自己的贷款抵押。布里斯科汽车公司的员工们在收购公司的竞标中失败；他们强烈反对"投资者们"的收购企图，指责资产剥离执行委员会涉嫌反对工人和欺诈性交易。公众和媒体对于政府把国家财产给予政治盟友的行为进行了强烈谴责，这迫使政府领导层授权重大欺诈办公室对布里斯科汽车公司的出售进行调查。资产剥离执行委员会 2000 年 9 月的记录显示，购买方萨巴特汽车公司（Sabat Motors）已经支付了全部款项 37 亿塞地中的 19 亿塞地，但是重大欺诈办公室（1998）的调查却显示购买方没有支付任何款项。

　　由于无法确保购买方支付购买国有企业的款项，政府被迫采取一些补救措施，如"恢复收支平衡的法律行动""收回已出售的企业"和"重新出售企业"等（《每日写真报》，2000 年 9 月 18 日）。政府所采取的这些补救措施表明，即使按照资产剥离执行委员会自己的标准，它对许多国有企业的资产剥离出售都是失败的。该委员会的标准是：投资者必须有能力支付收购款并且能够成功地经营这些企业。很多国企在出售时都明显没能满足委员会设定的前提条件。如阿皮亚——库比（阿皮亚——库比，2001，第 213 页）所言，"资产剥离执行委员会在选择潜在的有能力的购买者时面临的困难"并不是导致这一问题的原因。真正的原因在于资产剥离出售和政治之间的相互作用。所以和加纳一样，乌干达在出售国有企业时也出现了类似的问题，即资产剥离只惠及了政府内部人士（坦格里和姆旺达 Tangri and Mwenda，2001）。12 月 31 日妇女运动和其他全国民主大会党的政治人物在资产剥离执行委员会董事会所起到的统治性作用决定了国有企业只会被出售给与政府结盟的加纳人。证据还显示，和全国民主大会党保持良好关系似乎已经成了收购国有企业和确保资金援助的一个重要前提条件。这促使一位全国民主大会党的议员在议会中发问"政府是否在以政党派别为标准确定一个人是否有资格接受资助并通过这种资助来培养新的商人阶层"（《加纳纪事》，1996年3月3日）。资产剥离执行委员会的记录显示，一些政府内部人士只支付了象征性的定金就购得了公有财产，而且这些人到最后才开始努力偿还债务。实际上，国家临时保卫委员会/全国民主大会党的内部人士是在把公共资产据为己有。

相比之下，反对派企业家被排除在收购国有企业的人员名单之外。我个人的研究显示，没有哪个反对派企业家能够成功购买国有企业。但是奥尔鲍姆发现有一位反对派成员在一家被出售的国有企业中购买了更多的股份，而他原本就已经是这家企业的股东。但是，奥尔鲍姆很快就指出，这一情况导致了资产剥离执行委员会的一位高级成员被解职（奥尔鲍姆，2002，第311页）。反对派企业家很少会尝试去购买国有企业。但是阿皮亚—门卡是一个例外，他一直到九十年代中期都是加纳最成功的肥皂制造商。他坚持称他曾经先后两次试图购买油棕榈种植园的股份，但是两次都遭到了政府的阻挠没能成功，尽管他在竞标中给出了最高的价格。他认为，他竞标购买油棕榈种植园失败是因为政府的党派偏见与破坏阻挠。由于阿皮亚—门卡无法获得制造肥皂的原料油棕榈，他自己的企业"阿皮诺肥皂公司"也随之衰落（采访阿皮亚—门卡）。

155

乍看之下，阿皮亚—门卡的说法十分符合全国民主大会党对反对派企业家所采取的一贯做法。正如第四章所述，他曾是新爱国党 1992 年总统大选的头号赞助人，还是新爱国党的组织者。而且，他和政府的关系非常糟糕：他曾在 80 年代多次被国家临时保卫委员会拘捕并且随后因为欺骗国家的罪名被监禁。最后，罗林斯曾在 1993 年 6 月号召抵制他和其他企业家的商品。因此，政府试图破坏他的商业利益并不令人吃惊。

但是，要想验证他的说法却十分困难。阿皮亚—门卡有关阿皮诺肥皂公司因为竞购一家油棕榈种植园失败而衰落的说法是有问题的。尽管油棕榈种植园可以给他提供稳定的棕榈油供应，但是棕榈油这一主要原材料在市场上也能够买到。对于阿皮亚—门卡针对政府的暗中破坏的指控，我试图采访资产剥离执行委员会的执行秘书，让他对这一指控进行回应。但是，这位秘书改变了主意，安排了另一位官员代替他接受采访。这位官员声称并不知道阿皮亚—门卡的案子，但是他所透露的一些看法却可以让我们更好地理解资产剥离出售的情况。

当被问到资产剥离执行委员会以何种标准决定成功的中标者时，这位官员强调购买资产的财力以及技术知识的重要性。至于这两者哪个更为重要，则要看具体是哪一类资产被出售：

> 比如，如果你出售加纳国家贸易公司的零售商店，你就要把他卖给出价最高的人。但是如果你在出售一家罐头工厂，那么我们就需要评估潜在购买者的技术背景。在这种类型的出售中，我们会更多地考虑技术问题。如果你在技术方面不够格，那么我们根本就不会看你给的竞标书。

这位官员推测，阿皮亚—门卡可能比其他竞标者给出了更高的价格，但是他可能被认为缺乏足够的技术知识在较长时间内成功经营油棕榈种植园。这位官员还把阿皮诺肥皂公司的破产归因于跨国公司巨头联合利华（Unilever）发动的价格战。但是，该官员的说法有些夸张。阿皮亚—门卡已经成功经营油棕榈产业数十年。他从七十年代开始就一直面对联合利华的竞争，但他通过瞄准低收入群体成功确保了自己的市场份额。

这里并不是要讨论阿皮亚—门卡的指责是否正确，而是要从中发现加纳资产剥离出售中的一些做法。这位官员所强调的两项要求可以用"战略性投资者"一词来进行概括，他认为"战略性投资者"就是"一个了解自己的工作并且拥有技术经验和资金的人。这意味着战略性投资者应该是一个已经十分了解该领域的人，而不是一个将要通过学习来了解该领域的人。该投资者应该在该领域内已经有了自己的事业"。但是，鉴于大量的投资者没有能力支付购买所需款项以及政府所采取的"恢复收支平衡的法律行动"、"收回已出售的企业"和"重新出售企业"等措施，这位官员所说的准则基本没有得到什么重视。一个清楚的事实是，许多根本就没有任何资本、企业和技术经验的人收购了企业；他们想学习如何经营，但是没能成功。

但是，在这样一个经济机会被高度政治化的环境之下，政府公开宣称的促进国内资本发展的目标蜕变成促进其盟友的资本积累并不令人吃惊。在对资产剥离执行委员会董事会的一些成员进行审判时，有证词揭露出相关的密谋；部分人对自己的罪行进行了坦白：他们自己得到了购买公共资产的机会（《加纳纪事》，2001 年 1 月 3 日）。

裙带关系和假公济私是全国民主大会党的盟友获得财富的主要途径。政府的盟友在获得合同方面有着优先权。艾迪·安南（Eddie Annan）是全国民主大会党 2007 年党内选举的一个竞争者，他被给予了最好的采购合同。安南还在政府部门的电脑以及电脑硬件和软件的供应方面有着近乎垄断的地位。据报道，国有的金色沙滩宾馆和全国养老退休基金只购买安南作为经理人的 Seat 型号汽车。而且，他还获得了修复加纳主要港口特马的合同（《加纳纪事》，2000 年 10 月 4 日）。

哈切夫（2002，第 224 页）报道了两起"内部人士"和"串通竞标"的行为：

在第一个案例中，一位部长建议政府把一家主要银行的股份剥离出售。对该银行的资产剥离进行咨询顾问的工作被交给了一家新公司，而这一新公司的主要持股人正是部长本人和他的商业伙伴……随后，银行的大部分股份也被这家新公司所得到。在第二个案例中，政府要出售一家国有石油公司，并把对这家公司的竞标价进行评估的合同给了一家美国公司，但是这家美国公司却有一个加纳当地的合伙人。（据报道，获得这一合同的公司没有付款，而这导致世界银行收回了给这一合同的资金）重大欺诈办公室进行的秘密调查显示，在资产剥离执行委员会所签署的 58 个咨询顾问合同中有 30 个都被给予了同一家公司。这家公司的老板正是资产剥离执行委员会的一位高级官员。（顺便一提，资产剥离执行委员会的主席就是第一个

案例中的这位部长）

资产剥离执行委员会的主席就是时任的财政部长。哈切夫没有提到这两个案例的时间，但是人们很容易想到谁是这个违法的人。

我将在第七章对建筑业的情况进行详细的叙述和分析，但是在这里值得一提的是，建筑业的主要受益者和全国民主大会党之间有着非常密切和深厚的经济联系。当全国民主大会党发表其2000年总统大选的竞选宣言时，承包商纷纷要求为该党印刷该宣言以赢得执政党的好感和注意力。政府合同通常会被负责人给予承包商以从中获取回扣并赢得承包商的支持。所以支持反对派的承包商常常难以获得合同，这给他们带来了十分严重的困难。

和恩克鲁玛的人民大会党的对比

相比于反对派企业家所遭受的骚扰和破坏，政府的盟友常常可以得到来自官方的帮助。因此，当反对派企业纷纷枯萎凋零时，和政府结盟的企业却繁荣起来。全国民主大会党盟友的飞速崛起（其中一些人明显缺乏自己的资本）清楚地表明全国民主大会党是一个善于利用经济机会的政党。如一位学者所言，"许多身无分文的人在国家临时保卫委员会/全国民主大会党时期一夜之间就变成了大人物（范沃伦耶 Van Walraven，2002）。全国民主大会党和新爱国党之间的分歧以及它们和企业界的关系，与人民大会党和黄金海岸统一大会党（United

158

Gold Coast Convention）之间的关系以及它们和企业界之间的关系有着有趣的相似之处。

众所周知，恩克鲁玛对于资本主义经济发展丝毫不感兴趣。但是，在他统治期间，加纳公共工程建设的大规模扩张如学校、医院、医疗中心和诊所等为那些试图进入商界的人创造了机会。拉思伯恩（Rathbone）把这些人称作"有野心的"企业家。对于人民大会党内部人士和支持者来说，建筑部门为他们的扩张提供了一个很好的跳板，当时该党获得了一些大城市市政委员会的控制权。同时，和反对党黄金海岸统一大会党有联系的已经有所成就的企业家们则被排除在这些经济机会之外。这在很短的时间内就导致了新一代企业家的诞生和老一代企业家的衰落（拉思伯恩，1973，第397页）。因此，尽管人民大会党宣称自己反对资本主义，但是实际上它只是反对那些和黄金海岸统一大会党结盟的企业。同时，人民大会党成为了党内新一代商人阶层发展崛起的工具和跳板。

同样地，全国民主大会党这个最初以反对腐败和反对任人唯亲为目标的准革命运动政党随着时间的推移也在九十年代沦为新一代企业家发展壮大的工具。这些新商人大多和该党的领导人有着某种关联。阿霍伊兄弟（Ahwoi brothers）、卡素·齐卡塔（Tsatsu·Tsikata）、罗林斯夫人（Mrs. Rawlings）和他们的盟友的迅速崛起与阿彭腾和门萨等人的衰落形成了鲜明的对比。全国民主大会党政府对这些人物所采取的不同做法及后果与人民大会党盟友的崛起和支持反对党（黄金海岸统一大会党以及50～60年代的全国自由运动和联合党）的企业家的衰落有着惊人的相似。全国民主大会党不遗余力地促进新一代企

159

业家发展壮大的事实表明，之前企业界部分人士对于全国民主大会党反企业性质的认定有些过于简单。全国民主大会党削弱了和新爱国党有关联的企业家，同时也培养了新一批忠于自己的企业家。和恩克鲁玛一样，罗林斯的政治胜利对于忠于他的企业家十分有益，但是对已经成名立业的企业家却是毁灭性的。

　　全国民主大会党基于政党利益偏袒部分商人的做法不可避免地让人们对其执政的公正度提出了质疑。频繁出现的腐败指控在经过人权和行政公正委员会以及重大欺诈办公室调查后被证实是有根据的。这就严重影响了这个前准革命政党的声誉。正如本书的分析所展示的以及哈切夫（2002）和其他学者所指出的，尽管国家临时保卫委员会/全国民主大会党的领导人最初看起来似乎是巴亚特"腐败政治家"的一个例外，但是他们还是深深地陷入腐败传闻之中。因此，我们又一次发现，政治权力仍然是财富积累的一条捷径。而且，与民主鼓吹者的期待不同，政府依然还能够影响资本家的财富。

结　论

　　到2000年，与全国民主大会党有着密切联系的新一代企业家已经崛起，而那些曾经繁荣一时的知名企业家则由于他们政治上的弱势而趋于消亡。我曾在2000年9月参加了新爱国党在金郁金香宾馆举行的筹款晚宴，这一晚宴的情况说明了这种变化的程度。很少有资本家参加这一晚宴，晚宴筹得的捐款数额也较少，而当晚最大的一笔个人捐款也只有1000万塞地

（约合 1200 美元）。而且，即使在这个全部由新爱国党人参加的"私密"聚会上，许多捐款的企业家也要求匿名；因为他们害怕一旦自己捐款的消息让全国民主大会党知道，他们就会受到骚扰。相比之下，资本家争先恐后地向全国民主大会党捐款，这让人们想起了企业们曾争相发行该党的选举宣传文告。尽管老一代的知名企业家仍然倾向于支持新爱国党，但是新爱国党已经不再是唯一的企业家的政党。

值得强调的是，加纳乃至整个非洲的政治都具有高度的派系特征：相互敌对的政治派系力量都试图控制政府并且利用政府来为他们自身及其盟友服务，这种欲望驱动着多数非洲国家的政治。经济机会的政治化和垄断决定了最成功的资本家基本上都是政府内部人士，而那些外部人士都难以生存下去。尽管罗林斯本人的演讲慷慨激昂，他的国家临时保卫委员会/全国民主大会党却没有突破这一模式。有人曾认为，新自由主义改革和民主会打破非洲政治的这一模式并且催生出新一代致力于资本主义发展的领导人。但是，这一假设没能考虑到根深蒂固的个人统治的特性以及支持个人统治的元素。新自由主义改革的资助者的关注点和非洲政府领导人的关注点有着根本的不同。前者试图为非洲国家找到一条可行的资本主义发展路径，而后者却深陷于残酷的零和游戏之中不能自拔。在这一零和游戏中，胜利者可以控制所有重要资源、资本积累以及向上的流动性从而巩固自己的权力。因此，新自由主义者和非洲政府领导人有着完全不同甚至相反的目的。领导人对政治考量的过分关注使得发展政治学在加纳难以成功。

第七章　全国民主大会党和企业间的
关系：布朗阿哈福省
（Brong-Ahafo）案例研究

　　本书此前各章一直在国家层面探讨政府和企业间的关系。现在我将在省区和地方层面对这一问题进行进一步的论述：尽管政府采取了经济自由化措施，但是它依然有手段影响企业家的财富。第六章的论述显示，全国民主大会党成为了政府内部人士及其盟友致富发家的工具，而支持反对派的企业家则遭到政府的歧视并逐渐衰落。基于从加纳十大行政区之一的布朗阿哈福省获得的材料，本章将向读者说明相似的情况也发生在省区和地方层面。此前有关政府与企业间关系的研究主要关注大城市，而大城市之外的政企关系则是一个被忽视的领域，因此人们并不清楚政企关系在这些地区究竟如何。因此，在这方面，本章的内容将十分具有启发性并能够填补这一空白。而且，本章还将对全国民主大会党在加纳的小城镇所取得的政治成功进行探讨——这一成功的部分原因在于企业家们对全国民主大会党资源动员的贡献。最后，本章还将对有关全国民主大会党的两个观点进行评价：（1）全国民主大会党不是代表知名大企业商业利益的政党；（2）全国民主大会党是相对廉洁正直的政党。综上，我将从另一个角度来探究全国民主大会党和企业间的关系。

布朗阿哈福省的政治和经济情况

首先，我们有必要对布朗阿哈福地区的政治史进行简要的叙述，因为这可以帮助我们理解该地区的一些政治行为。布朗阿哈福地区主要有两个族群：布朗族和阿哈福族。在英国殖民统治期间，该地区同时是阿散蒂和阿散蒂邦联的一个组成部分。[①] 长期以来，一系列复杂的问题导致一些布朗族酋长对阿散蒂王统治的抵制并且寻求分离（邓恩和罗伯逊 Dunn and Robertson，1973；达拉 Drah，1979）。其中有两个问题和本书的论题有关。第一，布朗族民族主义在 20 世纪 40 年代兴起，这使得该地区试图确定一个独立的布朗族认同。1951 年，一个叫作"布朗齐姆皮姆联邦"（Brong Kyempim Federation）的组织宣布成立，以支持布朗族的分离主义倾向。

第二个问题和经济上的不满有关。可可在 20 世纪初被引入到布朗阿哈福省，随后其产量不断扩大，成为了当地人新的财富来源。库玛西试图控制种植可可的土地以及征收贡物的做

---

① 阿散蒂邦联是一个在阿散蒂王领导下的、由阿散蒂地区的各个酋长国组成的政治和军事联盟。阿散蒂王本人常驻库玛西。英国殖民者采用间接统治的手法，允许一些当地酋长在行政系统中任职，基本让酋长权力保持完整。但是，这使得许多酋长——尤其是那些土地距离阿散蒂王较远的酋长们——厌恶并试图反抗阿散蒂王的控制。

法深深地惹恼了一些布朗族酋长并且加剧了他们经济上的不满。这还导致阿哈福族的一些酋长也加入了"布朗齐姆皮姆联邦"。一方面，阿哈福族人把自己看作是阿散蒂人的一部分，因而对于布朗族所宣称的他们和阿散蒂人之间的族群文化以及语言差异态度模糊；另一方面，他们却和布朗族人有着共同的经济利益。阿哈福地区有着"广泛的由经济原因导致的地方分离主义情绪，这一情绪在政治上被人利用"（邓恩，1975，第195页）。这一情况增强了分离主义者的实力。

分离主义者还从50年代恩克鲁玛的人民大会党（Convention People's Party）和全国自由运动（National Liberation Movement）之间的政治斗争中得到了很大的好处。相比于全国自由运动，人民大会党对他们的目标更有帮助，因此布朗和阿哈福地区选择支持人民大会党。实际上，考虑到阿散蒂的分裂可以削弱它在新加纳的影响，恩克鲁玛十分鼓励"布朗齐姆皮姆联邦"的分离运动。在1956年的关键性大选中，人民大会党确定了自己唯一全国性政党的地位，并且为1957年的自治铺平了道路；在这次大选中，布朗和阿哈福省把票投给了人民大会党。1959年11月，布朗阿哈福省被从阿散蒂的北部和西北部分离出来。

布朗阿哈福省的政治史十分有趣，因为它对于加纳的两个主要政治传统都没有很强的倾向性。它最初支持人民大会党，但是最后在1969年却把选票投给了全国解放运动的继承者进步党（Progressive Party）。1979年选举中，进步党的继承者人民阵线党（Popular Front Party）赢得了布朗阿哈福地区12个议席中的10个。由于它对进步党和人民阵线党的支持，布朗阿哈福和阿散蒂地区一起被认为是丹凯—布西亚传统的大本

营。但是这种看法很快就被证实是错误的，因为罗林斯和全国
民主大会党在九十年代赢得了该地区的政治支持。经过了
1992 年充满争议的总统大选和随后遭到反对派抵制的议会选
举之后，罗林斯在 1996 年总统大选中赢得了布朗阿哈福省
61% 的选票；全国民主大会党赢得了该省 20 个议席中的 17
个。新爱国党及其支持者把这看作是对布西亚（布西亚是布
朗族人）的"背叛"。

　　这一背叛的原因在于一场由布朗族政治家所领导的反阿散
蒂运动。在这些领导运动的布朗族政治家中最有名的是穆努费
伊（A. A. Munufie）。他曾是布西亚政府内一位非常有影响力
的部长，但是随后"变节"投奔到全国民主大会党账下。据
说穆努费伊曾号召人们抵制新爱国党这个"阿散蒂政党"，因
为阿散蒂"不尊重"布朗族；而且，进步党内的阿散蒂族部
长们，尤其是维克多·奥乌苏（Victor Owusu）曾试图削弱布
西亚的权威。全国民主大会党还试图激起布朗阿哈福省的恐
惧，声称一旦新爱国党胜利，该省就会被重新并入阿散蒂省
（纽金特，1999）。但是，由于反阿散蒂情绪一直就在布朗阿
哈福省存在，所以我们很难具体确定这一运动在多大程度上让
全国民主大会党受益。① 而且，如上所述，阿散蒂省和布朗阿
哈福省也曾在选举中"合作"。比如，在 2000 年和 2004 年大
选中，据称是阿散蒂人的政党的新爱国党在布朗阿哈福省赢得
了压倒性胜利。总之，布朗阿哈福省对政党的支持和选择要远

---

① 全国民主大会党在布朗阿哈福省的胜利有很多原因。但是这些原因不是
我们这里的主要关注点。

比一般所想的开放。正因为此，2000年大选期间各政党在该省的竞选活动十分激烈。

布朗阿哈福省地跨加纳南部森林地区和北部草原地区，当地人基本上以农业为生。多数人从事小规模农业生产，最重要的作物是可可。从1935年到70年代，可可完全统治了布朗阿哈福省的经济（邓恩和罗伯逊，1973；迈克尔，1989）。苏尼亚尼（Sunyani）、泰奇曼（Techiman）、恩克朗塔（Nkoranza）和文奇（Wenchi）等地的森林砍伐导致了可可经济的整体重要性在布朗阿哈福省有所下降。但是，在贝切姆（Bechem）、格阿索（Goaso）、米姆（Mim）和多玛—阿亨克洛（Dormaa Ahenkro）等地，可可经济依然充满活力。实际上，在整个加纳，只有阿散蒂省和西部省的可可产量比布朗阿哈福省的产量高。除了出产可可，布朗阿哈福省的森林地带还生产大香蕉（plantain）、玉米和可可薯等粮食作物。在该省较为干燥的东北部地区，比如恩克朗塔（Nkoranza）、泰奇曼（Techiman）、金坦波（Kintampo）和安特布布（Atebubu），农民们种植甘薯、玉米、木薯、烟草和西红柿。近年来，布朗阿哈福省的腰果产量也有所上升。布朗阿哈福省所生产的种类广泛的粮食作物为整个加纳准备了早餐。事实上，泰奇曼（Techiman）这个该省最繁忙的商业城镇不仅仅是加纳最重要的食品市场，而且还是其他西非国家粮食供应的一个重要来源，尤其是对于布基纳法索和马里而言。

164

除了小规模的农业，布朗阿哈福省还有许多重要的企业，而其中最有名的就是大大小小的木材公司。加纳出口促进委员会1993、1994和1995年的记录显示，该省有六家木材公司位居加纳二十大木材出口企业之列。布朗阿哈福省还有许多重要的批发零售企业、家禽养殖场、建筑公司、宾馆和其他企业。

方法论和研究背景

本章的材料主要来自我对布朗阿哈福省首府苏尼亚尼和其周边地区的商人的访谈。该省的私营部门规模相对较小，因此比较容易列出需要采访的商人的名单。对商人的"选择"主要是基于他们接受采访的意愿。我在主要城镇的联系人对我非常有帮助。尽管如此，还是有一小部分企业家以日程繁忙为理由拒绝了我的采访要求，也有一些企业家以访谈中的问题涉及"政治"为由拒绝采访。还有些企业家害怕因为接受陌生人的采访而受到政府的迫害。最终，包括一些最著名的企业家在内的总共60位商人接受了采访。选择受访人的"方式"是否有可能在某种程度上扭曲采访的结果？这可能会导致亲全国民主大会党的商人在受访人中所占比例较高，但是这并不是一个十分重要的偏差，因为采访的目的在于还原出一种整体的印象而不是要进行抽样调查。当地人对企业家政治派别、经历及活动的了解也给本章提供了十分有用的线索。实际上，当地人所提供的信息在某种程度上揭开了政府和企业间关系的神秘面纱。对政党办公室的采访也给了我们一些有价值的信息。本章的材料还有一部分来自报纸上的新闻报道。最后，我还得以亲自观察2000年总统大选期间该地区企业家的政治活动。

我们必须把对执政党全国民主大会党和企业间关系的分析放在双方互利互惠的情景下分析。对于执政党来说，企业可以

165

对其进行捐款，为该党的各项活动尤其是竞选活动提供资金支持。对于企业来说，没有政府提供的具有诱惑力的合同和优惠，他们很难取得商业上的成功。有人指出，双方的这种关系是不平等的，全国民主大会党在双方的关系中具有决定权。而且，政府可以骚扰那些拒绝加入自己阵营的商人。到 2000 年，布朗阿哈福省鲜有企业家会公开反对全国民主大会党。和全国层面的情况一样，全国民主大会党的地方级官员也利用他们的职位开办企业或是帮助自己的亲友办企业。

接下来的分析将向人们展示，尽管加纳在改革计划下出现了一些重要变化，比如行政机构不再能够武断地决定谁有资格获得进口许可证和外汇，但是政府仍然握有多种手段可以让失去了政府庇护的商人们步履维艰。因此，经济自由化可以使得政府失去用于庇护的资源的想法过于简单，而多党民主可以阻止权力滥用的信念也同样被夸大。实际上，全国民主大会党十分急于向企业家们展示该党的权势和地位。正如如下的讨论所展示的，多数企业家都意识到，如果他们忽略全国民主大会党的权力地位，那么陷于巨大风险之中的是他们自己。

地方层次的权力

要想正确地理解全国民主大会党和企业在地方层次上的关系，我们必须首先了解 1988 年国家临时保卫委员会发起的权力下放改革。这一改革主要是把地方层次的政治和行政权力转移给"无党派"的地区议会。在这次改革中，总共 110 个地区议会取代了之前的 65 个地区委员会。三分之二的地区议会成员在无党派的基础上选举产生：即每个候选人以自己的价值获得选票。政府任命剩余三分之一的地区议会成员。统领地区议会的是地区秘书，这一职位相当于 1993 年之前的地区行政长官。为了论述地清晰和连续，我将使用地区行政长官(district chief executive) 一词。

多种因素促使国家临时保卫委员会推行这一新的地方政府系统。第一，官员们相信这可以促进社区的政治参与或者是他们所称的"真正的民主"。第二，他们相信地区议会和之前的计划不同，当地人可以通过地区议会管理自己的事务并且有效地促进社会经济发展。第三，政府希望通过鼓励当地人积极管理自身事务来摧毁精英主义和独立后一直存在的老一代传统政治领导人的统治。政府创立国家民主委员会以策划发展真正的民主，从而赋权给当地社区并希望借此"促成一个新的基于地方政府的政治秩序"（克鲁克 Crook，1999，第 118 页）。第四，国家临时保卫委员会希望在无党派的地方议会基础上进一步建立起无党派的全国性议会。但是，这一努力被第五章所提到的民主化浪潮所淹没。

尽管政府高层对于地方议会抱有很高的期望，但是地方议会却没能够非常有效的促进地方民主和发展。这部分是因为议会成员无法对地区行政长官的权力及其支配地位形成约束。地区行政长官在地方的权力结构中握有更多权力，而这是导致制约无法形成的一大原因。首先，他/她（指地区行政长官）是中央政府的代表。单单这一事实就给了地区行政长官以巨大权力。其次，地区行政长官是执行委员会的主席，是代表政府的权威，因此可以对议会的工作进行指导。最后，地区行政长官还是非常重要的招投标委员会的主席，而招投标委员会则可以对投标人进行评估并决定哪些竞标者可以获得合同。这一点和本章所要阐述的观点有着十分密切的关系。非常矛盾的是，尽管政府试图通过地区议会促进基层民主，但是地方上最重要的人物—地区行政长官却是由总统任命的。诚然，被任命者需要得到地区议会的批准，但是很少有地区议会会否决总统的任命。实际上，到1997年底，加纳全国只有一个地区议会拒绝了总统对该地区行政长官的任命（沙赞，1999）。而且，尽管地区议会在有三分之二成员同意的情况下可以罢免行政长官，但是这一规定基本上只是一纸空文。这是因为要想凑够足够的票数罢免一个不受欢迎的行政长官是十分困难的，而且任何试图罢免行政长官这样有权势的人物的企图都会让议会成员面临极大的风险。① 事实上，罢免地区行政长官是总统的特权；总统经常响应党内成员和支持者的呼声而罢免某个行政长官。

但是，地方权力结构并不是地区行政长官占据权力支配地位的全部原因。中央政府本身也寻求利用地区行政长官在地方层面推行自身的政策，而这恰恰增强了行政长官们的权力。地方行政长官成了全国民主大会党政治机器中的重要组成部分。在竞选活动中，他们在全国民主大会党鞍前马后奔忙效劳并利用议会和其他资源来帮助它取得胜利（阿伊，1996b；沙赞，1994，1999）。由于地区行政长官的职位来自于总统的任命，

167

---

① 例如，库玛西的地区议会曾试图罢免其行政长官阿夸西·阿贾芒（Akwasi Agyemang），但是没有成功。随后，阿贾芒对地区议会内的敌对者进行了清洗（《加纳纪事》，2000年5月8日）。

他们权力的延续也要依靠全国民主大会党执政权的延续，所以
他们的忠诚是无可置疑的。中央政府则会掂量党内和社会各界
的呼吁，适时解除一些犯错和腐败的地区行政长官，不管他们
有多么忠诚或是多么有用。政府一直坚持地区行政长官是无党
派的，但是全国民主大会党却把行政长官看作是行政系统中的
重要一环，非常不情愿把他们解职。而且，政府领导层认为，
解除地区行政长官的职务会正中反对派的下怀。在 1999 年的
第六届地区行政长官年度会议上（The Sixth Annual Conference
of District Chief Executives），一篇以罗林斯总统的名义发表的
演讲很好地反映了以上的情况：

> 明年我们将面对关键性的 2000 年总统大选和议会选
> 举，但是这时却有人决定要大规模地解除我们最忠诚和最
> 能干的经受过考验的地区行政长官们的职务。从库玛西到
> 东赛奇瑞（Sekyere East），从北阿哈福阿诺（Ahafo Ano
> North）到西阿曼西（Amansie West），从新加蓬（New
> Juabeng）到伊洛—克罗布（Yilo Krobo），从阿克拉到东
> 唐美（Dangme East）再到特马（Tema），从比比阿尼—
> 安卫阿索—贝奈伊（Bibiani-Anhwiaso-Bekwai）到东沙玛
> —阿杭塔（Shama Ahanta East），他们已经在（地区行政
> 长官的）岗位上工作了 10～18 年，他们是党地方组织的
> 主席，他们有着很高的工作效率，他们的忠诚和政治毋庸
> 置疑。但是有人却无理取闹，对他们发出最后通牒要求他
> 们辞职。据我所知，有 39 位地方行政长官成为了一些组
> 织攻击的对象。这些组织试图摧毁我们地区层次的领导。

在全国层面，我们早已经见识过了他们的诡计；我们需要提醒我们战斗在地区最前线的战士们，让他们能够识破这些人的诡计，不要让自己变成损害自身利益的工具。当然，我们也要处理那些犯了错误和腐败的地区行政长官；我们要确保地区层面领导人的廉洁正直；我们也会让那些效率低下和无所作为的地区行政长官离职。但是，我们绝不会在选举前的一年被反对派所蛊惑而进行大规模的"政治自杀"（阿霍伊，1999，第4页）。

事实上，只要不变成政府严重的政治负担，地区行政长官一般不会被解职。例如，总统演说中提到的布朗阿哈福省北阿哈福阿诺地区的行政长官非常不受欢迎，甚至全国民主大会党内的积极分子都不喜欢他。[①] 但是，直到2000年选举临近时罗林斯才将他解职。恩克朗塔（Nkoranza）的案例将在下面详述，罗林斯在面对暴力威胁的情况下才把该地区的行政长官解职。最为极端的例子可能就是非常不受欢迎的库玛西市政议会行政长官。他在遭到了愤怒的暴徒的袭击之后仍然没有被政府解职，据称政府拒绝了他的辞职请求。这一暴力事件后，他关闭了自己住宅附近的整条街道，整天躲在家中。值得注意的是，总统所宣称的反对派出于政治目的而把目标对准地区行政

① 这位教师出身的地区行政长官在履职后就获得了包括三间房屋、几辆汽车和一家建筑公司在内的许多财产；他自己的建筑公司还获得了地区内的一份合同。据报道，他还被指控傲慢和滥用权力。此外，他还拥有一个供他个人娱乐的私人舞蹈队（在地区首府果阿苏 Goaso 的采访），这不禁让人想起了恩克鲁玛时代（参见琼斯，1976）。

长官的说法和学者们的看法相矛盾。学者们发现，全国民主大会党自身的支持者对于解除腐败无能的地区行政长官的职务的呼声最强（沙赞，1999；奥尔鲍姆，2002）。

综上所述，地区行政长官基本上难以受到实质性的攻击，地区议会也无法阻止他们使用手中的权力。用一位观察者的话说，大多数地区行政长官都开始"自命不凡"（阿伊，1996b）。从历史和比较的角度，克鲁克（沙赞，1998，第236页）写道，"根本性的问题在于，历届加纳政府都不愿意放弃殖民式的地区行政系统"。

对于地区议会在发展上的作用，研究显示他们只取得了有限的成功（阿伊，1999；沙赞，1998，1999）。这部分是因为地区行政长官把许多本应属于地区议会的资源都挪为己用，以显示自己的显要地位并为自己今后留好退路。政府把所有国家收入的5%给予地区议会用于社会经济发展，但是这一决定却让地区行政长官的收入增加了十倍（沙赞，1999），因此极大地突出了行政长官的重要性和其所掌握的资源。例如，在1996年，地区议会总共从中央政府得到了4700万美元的拨款（《非洲秘闻》，1996年12月13日）。因此，地区议会拥有必要的资金来发起他们认为必要的发展项目。

尽管地区议会在促进地方社会经济发展方面没能充分发挥作用，但人们还是能发现一些看得见摸得着的进步，尤其是在公共工程方面。一方面，这些工程给了企业家许多机会；另一方面，这也意味着地区行政长官可以给顺从的当地商人以物质奖励。在一些独立媒体不关注的地区，行政长官们使用各种方法骚扰那些敢于和反对派结盟或是试图寻求中立的企业家。地区行政长官手中所握有的奖励或者惩罚企业家的权力使得他们成为全国民主大会党政治动员的关键，也成为了后者在加纳小城镇取得政治成功的关键。作为回报，企业家们会对全国民主大会党的竞选活动进行捐助。一位我所熟知的全国民主大会党议会候选人透露，该党的中央机构给每位候选人 1 亿塞地（约合 1.68 万美元）用于 2000 年的选举。尽管数额不菲，但是这笔钱对于选举仍然是不够的。候选人的大部分资金来自于企业家们的资助，而这使得地方行政长官成为现任或者候选议员争先拉拢的盟友。

169

案例研究

我在下面将通过五个具体的案例研究对之前提到的观点进行佐证和进一步的阐述。许多企业家在 1992 年向民主过渡的大选中支持新爱国党，布朗阿哈福省的商人们也不例外。但是，大多数企业家到 1996 年都转向支持全国民主大会党。尽管企业家们受到了同样动机的驱动，但是每位企业家的"转变"或多或少都受到了当地全国民主大会党成员、积极分子和地区行政长官的影响。第一组的案例研究主要关注三位布朗阿哈福省的顶尖企业家。

夸库·池瑞（Kwaku Kyere）

第一位商人夸库·池瑞拥有药店、出版社、建筑公司、锯木厂、诊所和柚木种植园等资产。根据各方的记录，他在 1992 年大选中是新爱国党的热心支持者。在他持续冷落当地全国民主大会党官员的入党邀请并多次拒绝他们的捐助请求之后，他的生意开始遭遇困难。他的建筑公司愈发难以拿到利润丰厚的政府合同，而没有了这些合同，他的企业就难以成功。警察开始以安全原因为由没收池瑞的木材卡车。而且，地区行政长官、林业委员会、木材特遣队和其他官员也逐渐对他敌视，并开始从他手中没收木材，因而对他的木材企业造成了严重打击。[①] 和大多数木材公司的老板一样，随着商业木材的日益减少和有关木材砍伐新规的推行，他在某种程度上成为了"偷伐者"。因此，他在法律上也十分脆弱。

池瑞最初试图通过自己药店和出版社的收入来弥补建筑公司和木材公司所遭受的损失，但是这种补助只是杯水车薪。他开始在支付员工工资方面出现困难，而他手下的员工总数则接近两千人。面对巨大压力，他开始和新爱国党划清界限。到1996年，他成了全国民主大会党的公共竞选人。他还十分慷慨地向全国民主大会党捐助。实际上，有传言称他曾在1996年大量借贷以支持全国民主大会党，这几乎导致了苏尼亚尼当地两家银行的破产。地区行政长官、林业委员会和木材特遣队

---

① 为了拯救木材产业并回应援助国的压力，政府在几年之内就对当时通行的木材砍伐规则进行了重大而迅速的修改。过去一次性给予公司数十年木材特许权的做法被废除，取而代之的是给公司以木材权。新的木材制度规定，如果某个公司违反了协议中的条款，那么他们的木材权就将被政府收回。这一新制度还让地区行政长官和林业官员在木材权的给予和收回方面握有重要的决定权。木材制度的迅速变化给企业造成了很大困惑，而这则给了官员们足够的空间来按照自己的喜好解释新规定。对于木材法律法规的变化，参见 L. I. 1649，或参见 1998 年的木材资源管理规定（Timber Resources Management Regulations）。

都不再敌视他，而他的锯木厂也再度繁荣起来。他还得到了许多利润丰厚的合同，他把其中一部分合同承包了出去（秘密采访）。

池瑞的忠诚还给了他更多的回报。1999 年，国有企业塔诺苏砖瓦厂（Tanoso Tile and Brick Factory）被卖给了池瑞。有关池瑞是否以不公平手段赢得砖瓦厂的竞标或是他因为忠诚而获得回报的调查得到了不同的答案。池瑞的全权代表在采访中坚持称池瑞在竞标中赢得光明正大，因为他从一开始就是所有竞标者中最有实力的，他的锯木厂可以生产出足够的木材废屑作为柴火以供制作砖瓦。另一方面，一位从 1969 年就在砖瓦厂工作的"非官方"受访者却坚持称池瑞"对全国民主大会党的捐款和忠诚是关键性的"。

池瑞和全国民主大会党之间的良好关系毫无疑问在他获得塔诺苏砖瓦厂的过程中发挥了一定作用，但是这不可能是唯一的原因，甚至不是决定性的因素。这是因为其他竞标者也都和政府保持着良好的关系。实际上，奥乌苏—阿昌庞（J. H. Owusu-Acheampong）这位罗林斯时代布朗阿哈福省最有权势的人物也在一家竞标公司中有自己的利益。尽管他在米尔斯的总统提名问题上和罗林斯闹翻，并且因此被调离出了权力核心部门到食品和农业部任职，但是他仍然要比池瑞有着更强的政治影响力。在这一案例中，最关键的因素似乎是技术上的：和其他竞标者不同，池瑞不需要把自己的生产废品转化成木板和其他产品。国有的塔诺苏砖瓦厂业绩不佳的一大原因就是它无法获得足够的木柴。虽然技术原因是最关键的，可是如果池瑞仍然和反对派打得一片火热，那么他也很难成功购得塔诺苏砖瓦厂。

为了回报政府对他商业利益的帮助，池瑞变成了公开和狂热的全国民主大会党支持者。在我所采访的诸多企业中，只有在塔诺苏砖瓦厂的建筑物和汽车上可以看到显眼的全国民主大会党的标志和宣传词。池瑞丝毫不遮掩他在布朗阿哈福省对全国民主大会党的捐助。在 2000 年的竞选活动中，他为全国民主大会党提供资金和卡车、接送党内积极分子参加政治集会和运动并提供酒和食品。他让自己的出版社开足马力为全国民主大会党服务，为该党的竞选印刷海报、传单和 T 恤。他的锯木厂则在 2000 年 7 月向全国民主大会党捐献了好几车的印有全国民主大会党和米尔斯的广告牌（采访）。我还在许多全国民主大会党的竞选活动和集会上看到他。

池瑞和新爱国党彻底分道扬镳。实际上，他已经把自己的命运和全国民主大会党紧紧地绑在了一起；他十分害怕一旦全国民主大会党失去权力，下一届新政府就会对他进行迫害。他命令自己的员工给全国民主大会党投票，违反者将被解雇（秘密采访）。当然，他并不能够完全确保自己的员工投票给全国民主大会党。员工们只要不公开支持其他政党就不会被解雇。其实他的这一命令完全是没有必要的，因为他的员工也清楚他们的利益已经和池瑞的利益绑在了一起。如拉思伯恩所言（1971），在加纳严重的低度就业和失业背景下，雇主对于其员工的生活有着极其重要的意义。因此，员工中的大多数人都是支持全国民主大会党的，起码在表面上看起来是这样。

欧内斯特·阿普拉库（Ernest Apraku）

阿索—博穆萨度木材和锯木厂有限公司老板阿普拉库的经历在某种程度上可以和池瑞的故事进行对比。公众普遍认为这位企业家（阿普拉库雇佣了 920 个全职工人）具有强烈的反罗林斯倾向，因为他曾在国家临时保卫委员会早期遭到一队士兵的野蛮攻击和羞辱。那次事件后，他出售了他的商店，并且发誓永远不在脆弱的零售业里做生意（采访）。但是，他却在办公室书桌后的显眼位置悬挂了一幅罗林斯的画像，这一观感和公众对他的认知有着很大不同。这种矛盾的认知代表了他和全国民主大会党之间模糊不清的关系，但是这种模糊在我对他的采访中逐渐变得清晰起来。

总统画像悬挂在阿普拉库办公室内这一事实不仅仅是他的伪装；这还标志着他个人和总统之间的复杂关系以及他和全国民主大会党及其地方官员之间的复杂关系。多年以来，全国民主大会党一直努力安抚阿普拉库并试图赢得他的支持。1999年，包括地方政府部部长和十位省政府部长在内的高级代表团造访阿普拉库的木材公司（采访）。2000 年 10 月，贸易和工业部长也访问了公司（《每日写真报》，2000 年 10 月 16 日）。如此高级别的友善表示不仅仅是象征性的；它还显示出阿普拉库和全国民主大会党之间的关系已经有了实质性的变化，双方彼此开始互惠互利。

双方关系的改善给彼此都带来了实实在在的好处。据报道，阿普拉库对全国民主大会党的捐款高达数亿甚至数十亿塞地。碰巧的是，当我在 2000 年 8 月 2 日访问木材公司时，地

172

区行政长官也到访该公司筹集全国民主大会党竞选所需的资金和广告牌等物资。阿普拉库的木材公司从未拒绝过这样的筹款要求。作为回报，阿普拉库不再受到政府的敌视、骚扰、诽谤和勒索。他还成功收购了一家国有企业，尽管这没有在官方记录中显示（如第六章所述，资产剥离执行委员会所列出的已出售的国有企业名单是不完整的）。

但是，全国民主大会党改善和阿普拉库关系的努力只取得了部分的成功。阿普拉库一直对我说，他既没有加入全国民主大会党，也没有公开宣布支持该党。尽管在公开活动中露面并进行捐款被全国民主大会党认为是忠诚的真正标志，但是阿普拉库从未这样做过。阿普拉库称，他目前和全国民主大会党的关系是适宜的，他不愿意双方关系更进一步是因为他不愿意让自己的企业政治化。尽管他所提供的支持没有达到全国民主大会党的期望值，因为他总是避免和全国民主大会党有公开的联系；但是，当地的全国民主大会党积极分子仍然试图创造这样一种印象，即阿普拉库已经是政党的成员，并且试图说服当地人"他已经真正成为了我们中的一员"。阿普拉库可能已经不再憎恨罗林斯和全国民主大会党，但是他从未完全忘记过去曾遭受过的耻辱。他反复强调"一个这样的大公司不可能反对政府"以及"反对政府是不明智的"。因此，他和全国民主大会党之间关系的改善似乎更多的是出于他对政府惩罚行动的恐惧，而不是一种真正的态度改变。

新爱国党（明显是他更喜欢的政党）似乎十分理解阿普拉库的困境。当地的新爱国党机构在处理该党和阿普拉库的关系时非常小心。他们在公开层面上没有任何联系。但是，阿普拉库在私下里却为该党提供了许多物质和精神支持（秘密采访）。作为一个反对党，新爱国党当时无法给阿普拉库任何回报，所以它已经对双方的这种关系十分满意了。对于阿普拉库而言，他通过秘密支持新爱国党的方式来确保自己不会在新爱国党获得选举胜利之后面临政治上的困难。

阿多姆（J. Adom）

阿多姆拥有一家运输公司和几家零售企业，他是布朗阿哈福省最大的健力士黑啤酒分销商。他还是布朗阿哈福省承包商协会的主席。阿多姆最初曾是罗林斯的强烈反对者；毫无疑问，这部分是因为他在八十年代遭到罗林斯军政府调查机构的指控并遭到巨额罚款，尽管他声称自己是清白的。他长期以来都和丹凯—布西亚政治传统保持着联系。但是到九十年代中期，他已经成为全国民主大会党在布朗阿哈福省的主要支持者之一，而这也让他不得不面对外界对他投机主义的指责。

和其他企业家一样，阿多姆也必须在执政的全国民主大会党和反对党之间做出明确选择。他十分清楚支持反对派要付出的代价，所以他选择了站在执政党一边。在他的家乡泰奇曼（Techiman），阿多姆和许多有权有势的人物都有着密切的联系；泰奇曼在苏尼亚尼（Sunyani）东北部，两地之间有45分钟的车程。如前文所述，泰奇曼在最近20年已经崛起成为一个主要的商业城镇。因此，当地的各项基础设施工程如雨后春笋般兴起。阿多姆充分利用他在本地、省区和国家层级的各种关系"赢得了"其中的许多合同。一些地区议会成员在采访中透露，阿多姆经常在尚未获得施工许可的情况下就开始工程

173

建设，因为他十分确信能够获得政府的工程款。尽管在官方的
国有企业出售名单中阿多姆只购买了加纳全国贸易公司下属的
苏尼亚尼公司这一家企业，但是据说他从国有企业资产剥离出
售的过程中获得了巨大利益。①

　　在布朗阿哈福省，他对全国民主大会党的财政和其他资助
恐怕无人能及。他为全国民主大会党支付积极分子的薪水、提
供交通工具和燃料甚至雇佣乐队（秘密采访）。他在 2000 年
参加了该党的多次政治集会。在时任副总统米尔斯 2000 年竞
选总统期间，阿多姆发挥了巨大作用。米尔斯在布朗阿哈福省
的萨姆帕（Sampa）拉票期间遭遇困难，因为当地领导人十分
明确地表示投票给他的唯一条件：米尔斯确保把连接文奇
（Wenchi）和城镇之间的道路上重新铺上柏油。当地人曾经在
1996 年选举时收到过执政党的空头支票——当时政府也许诺
修复这条道路，但是在选举结束后就放弃了修路的计划。有鉴
于此，如果政府不立刻开始道路建设并且表现出完成这一工程
的诚意，那么当地人就威胁把大量选票投给新爱国党。为此，
米尔斯向阿多姆求助。后者在没有签订工程协议的情况下就立
刻开始施工（秘密采访）。

　　全国民主大会党非常希望能够在苏尼亚尼赢得更多选票，
而阿多姆则使出浑身解数为该党服务。2000 年大选开始之前

174

---

① 在我对资产剥离执行委员会一位官员的采访中，他否认该机构在决定把
国有企业出售给谁时受到过政治因素的影响。他说："我们这些每天坐在
阿克拉办公室内的人怎么可能会知道阿多姆是谁以及他支持哪个政党？
他只是提交了比其他人更好的收购计划，所以他获得了成功。

236

的数周，他开始在苏尼亚尼的主要街道上铺设新的沥青。苏尼亚尼的议员席位之前由老牌的新爱国党政治家门萨所占据，而门萨长期以来一直都是政府的眼中钉。最近门萨又在第二家总统专机的问题上让政府十分头疼。门萨揭露，政府在获得第二家总统专机的过程中存在欺骗行为，[①] 私营媒体则纷纷把门萨奉为揭露真相的调查先锋。总统专机问题已经成了选举中的一个主要议题，而全国民主大会党则卯足力气打算把门萨从目前的位置拉下马。许多观察者都认为，布朗阿哈福广播公司拒绝给门萨广播时间的事实表明，全国民主大会党正准备不惜一切代价击败门萨。

阿多姆和全国民主大会党关系密切，但是和反对党却没有任何联系。因此，一旦新爱国党获得胜利，他就可能遭到新政府的歧视。但是，阿多姆十分巧妙地解决了这个问题。在他的保护下，他的兄弟及其商业伙伴成为了新爱国党著名的支持者。

但是，需要强调的是，公开声称自己支持全国民主大会党并不一定总能够给企业家带来回报，同样也未必就能够阻止政府对企业家进行骚扰和破坏。宣称支持全国民主大会党只是企业家获得政府青睐的第一步。接下来企业家需要对执政党进行足够的资金捐助并且对其保持绝对忠诚。如果没有实实在在的

---

① 1998 年，政府在没有事先寻求议会批准的情况下就租用了一家喷气式飞机供总统使用，这种做法违反了法律的规定。批评者认为这种做法是不负责任的，因为总统已经有了一架专机（《加纳纪事》，2000 年 2 月 18日；《加纳纪事》社论，2000 年 2 月 21 日）。

捐助和绝对忠诚，那么口头上的效忠不仅没多大意义，而且有可能会因此惹祸上身。这部分是因为政府手里可以利用的资源要远远少于企业的数量，同时官员们也十分怀疑部分企业口是心非。因此，如果想得到政府的回报，企业家对执政党的忠诚至关重要。一些企业家之所以没能通过政府的忠诚测验，是因为官员和政党人员有时对他们提出了"不可能的"的要求。下面两个案例将讨论这些问题。

夸库·安特维（Kwaku Antwi）

夸库·安特维是一位相对年轻的商人。他主要经营批发零售企业，同时还是一些商业房产的经纪人。他在采访中向我透露，与那些单纯为了政治和经济上的便利而加入全国民主大会党的企业家不同，他对该党抱有真正的信仰。他说他从国外返回加纳后就立刻投入 1996 年的选举，为全国民主大会党提供竞选车辆、燃料以及其他竞选用品。他称自己是该地区内全国民主大会党最好的助选人，他最大的贡献就是帮助全国民主大会党在 1996 年赢得了该地区的选票（全国民主大会党以微弱优势赢得了安特维所在地区的两个席位）。作为回报，地区行政长官和传统委员会给了他主城区的一些建筑用地作为回报。他购买了四块地皮并开始建设宾馆。

但是，安特维在全国民主大会党内交朋友的同时却冒犯了另一部分人。他的产品的销量在 1996 年开始下降。他发现他的政治活动导致了部分消费者对其企业的抵制。应该指出的是，全国民主大会党竞选人团队在 1996 年选举前夕曾经和新爱国党的活跃分子发生了冲突，这场冲突导致了一些车辆的损毁和人员的受伤；安特维正是全国民主大会党竞选人团队的一员。他的主要供应商之一声称，如果安特维不能够扭转企业日益下降的销量，那么他就要把生意转给另一位分销商。在这种威胁下，安特维疏远了自己和全国民主大会党的距离，尽量避免参加该党的公开活动。

地区行政长官和全国民主大会党执委会成员约见安特维，指控他背叛并要求他对自己的行为做出解释。尽管安特维坚持自己并没有背叛，尽管他称自己只是想专注于自己的生意，尽管他保证会继续为全国民主大会党提供财政支持，执委会成员仍然对此半信半疑并要求他在该党的各种活动中扮演更加活跃的角色。安特维反复申明自己对全国民主大会党的忠心，但是却坚持称自己不愿让企业受到政治的影响而付出昂贵代价。

双方协商未果之后，恐吓和骚扰便随之而来。地区行政长官和当地的全国民主大会党官员威胁要拆除安特维即将完工的宾馆，因为他没有获得地契和其他文件。他对此提出抗辩，称官员们帮助自己获得了这些相关文件；同时他还指出自己准备采取法律行动。没过多久，地区行政长官和执政党官员再次命令他停止修建宾馆，而这次的理由则是他的宾馆阻挡了计划中的双行车道。安特维又一次威胁要诉诸法庭，称自己已经从城镇计划官员那儿获得了许可和所有文件。但是，由于害怕当地官员会把拆除宾馆的威胁付诸行动，安特维在1998年终止了宾馆的修建（采访）。

安特维称此后政府的骚扰和破坏进一步升级。这在安特维申请银行贷款时体现的十分明显。银行经理是安特维的好友，但是他却拒绝了安特维的贷款申请。经理的理由是，银行无法

176 接受安特维的宾馆作为抵押品，因为地区行政长官已经写了字条称宾馆即将被拆除（安特维称经理曾把字条拿给他看过）。安特维还称，即使他用自己的其他资产进行抵押也于事无补，因为银行批准他的贷款请求会激怒地区行政长官（采访）。

夸库·曼努（Kwaku Manu）

夸库·曼努的案例十分有趣：他是一个刚刚起家的小本经营的木材商人，在接受采访的前几年才刚刚经商，手中握有的资源十分有限。和安特维不同，他出于现实利益的考虑而支持全国民主大会党。当地的全国民主大会党官员及其支持者都力劝他投入 2000 年的选举，竞选本选区议员的席位。他们都认为，和该党从 1992 年就担任议员职务的未受过教育的议员相比，夸库·曼努作为一名大学毕业生能够让全国民主大会党具有更好的代表性。曼努拒绝了参选的要求，声称他无法在经营企业的同时履行议员的义务并满足选民们的期望，但是他声称会继续支持全国民主大会党（采访）。

从此之后，双方的关系开始变得"非常艰难"。他"无法摆脱执政党官员提出的各种不合理要求"，这其中就包括参加全国民主大会党的集会（采访）。曼努陷入了两难境地。一方面，他十分谨慎小心地站在执政党一边，希望把自己的角色局限在资金援助方面；但是另一方面，执政党官员却要求他在公开场合确认彼此的关系。他摇摆不定的态度使得他的忠诚度受到了外界的质疑。因此，他的企业经历了一些可能是由地区行政长官所授意的潜在的破坏活动。其中就包括警察对他的老旧拖拉机和卡车的突然升级的安全检查。环保机构也全力推行各项环保规定，而这些规定他本人之前很少遵守。而且，林业官员和木材特遣队也不再像以前那样对他在保护区伐木的行为视而不见。这也意味着官员们没收的原木不会再落入他的手中。他之前获得的许多好处都面临失去的危险。

曼努在全国民主大会党总统候选人约翰·米尔斯访问选区时遭遇了重要的忠诚测验。他当时已经向该党捐献了 500 万塞地（约合 800 美元），向其提供政党 T 恤并从外围村庄把支持者运到集会场地；但是当地官员还要求他在集会后的一个招待会上担任司仪。曼努十分担心拒绝这一要求会加深执政党官员对他的猜疑——他只是出于现实利益的目的才加入全国民主大会党的——并给他带来巨大的负面影响。"这是执政党最重要的一个日子。如果我拒绝他们要我做的那些事，我将被视为叛徒，我的企业也就完蛋了（采访）。"他出于恐惧同意担任招待会的司仪。后来，由于执政党认为该选区的席位是安全的，所以米尔斯的访问行程就被缩短到只有一个小时，原计划中的招待会也被取消。曼努也幸运地逃过一劫，自己的企业也不用像安特维那样受到影响。

177

企业家的整体态度和策略

我们有必要对企业家和政治之间的关系在这里进行一个简要的介绍。过去和现在的事实都让企业家明白，他们和掌权者之间的政治关系以及对掌权者的公开政治姿态极大地影响着他们企业的命运。因此，大多数企业家在处理政治关系方面都十分圆滑老练。他们同时还寻求秘密发展和反对党尤其是新爱国党之间的关系，因为后者是最有可能击败全国民主大会党的政党。这使得他们可以在现在的执政者和未来可能的执政者之间做出平衡。除了中间派的大多数企业家之外，上文还提到了一小部分和全国民主大会党关系差到难以修复的企业家以及一部分和全国民主大会党关系密切而完全和反对派没有联系的企业家。下面的两个案例十分具体地说明了企业家是如何与政治相关联的。

第一个案例十分典型，案例中的商人拥有一个家禽养殖厂、一个酿酒厂和几个冷藏库。在采访中，这个"虔诚的基督教徒"称自己一直都试图远离政治。尽管如此，他还是"接待"了一些政客，并且和所有政党都保持着良好的关系。无论新爱国党何时在苏尼亚尼举行政党集会（比如1995年的领导人大会），他都会允许他们使用自己的冷藏库来储存饮料和其他用品。他对全国民主大会党也表现出了同样的善意。对于1999年由全国民主大会党所主导的庆祝布朗阿哈福省升格为省区四十周年的庆祝大会，他也显得十分热情。为了满足当地官员的要求，他把自己冷藏库内的部分产品转运到另一座城镇以给庆祝活动所需的物品腾出储存空间。但是这种热情却让他付出了昂贵的代价：他的产品转运去的另一座城镇的冷藏库出现了数天的电力中断，而使得他的许多货物腐烂，让他蒙受了许多损失。当被问到他为何如此卖力时，他说自己如果不这样做就会面临政府的惩罚。他解释道：

你知道有许多企业家因为被政府归入反对全国民主大会党的或是不合作的企业家类别而遭到骚扰。如果你被认

178

为是政府的反对者，你将无法获得银行贷款。他们还可以下令切断我的冷藏库、家禽养殖厂和酿酒厂的电力供应。我的企业可能在许多方面遭到破坏……你一定要理解给政府留下错误印象所要承担的风险。我（从不合作遭受的打击中）恢复了过来，我现在还能混得下去。

和我采访的许多其他商人一样，这位商人无需提示就可以列举出那些受到政府骚扰的企业家的名单，并以此为理由为自己的这种政治态度和策略辩护。很显然，加纳企业家们都是加纳政府与企业间关系方面知识渊博的学生。

第二个案例可以让我们对企业和政治之间的关系有进一步的认识。该案例中的企业家在布朗阿哈福省的一个主要城镇拥有一家五金商店、一家水泥砖工厂和一个批发/零售面粉的商店。2000 年 7 月我第一次采访他时，他说地区行政长官和全国民主大会党选取官员刚刚要求他捐款 600 万塞地，而他也同意这一数额。在两个月后的另一次访谈中，他抱怨执政党又来找他要钱，这次执政党要求他支付该党在苏尼亚尼举行政治集会时出租三辆大巴车所需的费用。尽管他同意了这一要求，但是却满腹怨言，称这简直就是"勒索"。他对自己为何同意捐助的解释和第一个案例中商人的解释如出一辙：

三年前，全国民主大会党反复要求我进行捐助。我在经过考虑之后拒绝了他们的要求。有一天晚上，有人闯入了我的面粉商店并且把水泼在很多袋面粉上。目击了这一情况的邻居告知了我谁是作案者。但是警察拒绝讯问他们。他们都是全国民主大会党的积极分子……他们对我的所作所为是错误的，但是他们还会因为我的不合作而破坏我的企业。

他害怕因为自己的不合作而受到政府的骚扰，这种担忧是可以理解的；但是实际的情形绝非仅此而已。他和其他人一样都在访谈中透露自己也向反对党新爱国党进行捐助来给自己留一条后路。很明显，企业家们非常清楚一个事实——政治家可以成就他们的企业，也可以毁掉他们的企业。所以无论政党是否掌权，他们都会努力发展和各个政党之间的良好关系。许多企业家都持有多个政党的党员证，最常见的是全国民主大会党和新爱国党。虽然全国民主大会党的党员证可以在很多方面给企业家帮助，但是企业家们也不能忽视未来，所以他们也需要持有新爱国党的党员证。

全国民主大会党和承包商

179　　全国民主大会党和承包商之间的关系十分重要，主要原因有三。首先，由于援助国的资金大量投向基础设施工程，再加上罗林斯对于农村发展的重视，建筑行业在罗林斯时代十分繁荣。加纳1995年和1996年的资本预算分别占到当年国内生产总值的6%和4%，而这其中有一半都用在了道路建设方面（奥尔鲍姆，2002，第302页）。这给资本扩张提供了很好的前景。但是，这些机会的分布是否广泛？它们又是否带来了加纳资本家的扩张？其次，考察两者之间的关系有助于我们更好地了解承包商为全国民主大会党做出的贡献。作为一个团体，承包商们可能是全国民主大会党最为重要的一个资金来源。承包商从合同的丰厚收益和其他资源中受益，而资金则以回扣的方式回流到全国民主大会党。杰伊·奥尔鲍姆（Jay Oelbaum，2002，第310页）写道，"很明显，除了大阿克拉省之外，其余所有全国民主大会党的省分部主席都是承包商。"大多数承包商都依赖他们和全国民主大会党之间的密切联系而崛起。最后，探讨全国民主大会党和承包商之间的关系可以让我们对于该党自我描绘的"普通人的政党"的形象进行评价。当然，罗林斯本人一直试图营造这一形象，把自己的胜利说成是加纳普通民众的胜利。例如，1993年6月，他在演讲中又一次申明自己要让经济活动"民主化"，把加纳经济从"大人物"手中解救出来；而罗林斯在其统治期间曾经反复表达过类似观点。但是深究之下，我们就会发现罗林斯和该党的这些说法都具有误导性。事实上，歧视、裙带关系和任人唯亲才是承包合同决策过程的主要特征，而全国民主大会党也深深陷入了它最初力图铲除的"任人唯亲"的泥潭。这导致建筑业领域被政府的一小撮盟友所统治。其他人由于不能得到政府的偏爱，所以无法获得承包合同。基于有关的调查与对商人和地区议会成员的采访等证据，我在这里将探究这些问题。

证据显示，布朗阿哈福省内的一小部分承包商得到了政府的大量合同。这个规模极小的承包商团体主要由全国民主大会党当地的官员、活跃分子和他们的亲友组成。事实上地区行政长官和其他官员及其亲属通常也都变成了承包商。作者在一个地区的秘密采访显示，大约全部政府合同的60%都流向了三

180　　位承包商。其中一位承包商就获得了 40% 的合同。这位承包商因为在 1992 年选举中帮助全国民主大会党在该选区站稳脚跟而被尊为该地区的"全国民主大会党之父"。据传言，他还曾把自己的房屋中的一部分"捐"给全国民主大会党作为办公室。他的长子在接受我的采访时对这一说法表示不屑，但是他未能说清全国民主大会党究竟为他家的房子付了多少租金。

同一时期获得合同第二多（大约 12%）的承包商在 1988~1994 年期间曾是地区议会的成员。他在辞去地区议会的职务后下海经商。在进入地区议会之前，教师出身的他曾是 1982 年成立的国家临时保卫委员会的地区协调员。据传言，该地区 1992 年暴风雨灾害之后的应急资金变成了他的启动资金；而且，鉴于地区行政长官是他的合伙人，这就使得人们对他挪用应急资金作为企业启动资金的说法愈发相信。想证实或者证伪这些传言都极度困难。但是一个清楚的事实是，该公司迅速就取得了成功。

获得合同第三多（大约 8%）的承包商是地区议会首席成员长期以来的密友。几乎镇上所有的受访者都认为地区议会的首席成员是这个建筑承包公司的合伙人。而且，人们还普遍相信，地区行政长官和地区议会的首席成员互相给对方便利，帮助对方的公司。

相比之下，剩下 25 个承包商的情况则不容乐观。一些人声称自己已经有一年多没有得到任何承包合同了。这一情况迫使该地区的 10 位承包商在 1999~2000 年期间退出了建筑行业。有趣的是，这些退出的承包商没有一个是反对政府的。事实上，他们在采访中都称自己有全国民主大会党的党员证而且定期向该党捐款。他们大多都是全国民主大会党的后来者，在执政党心中位于体系的边缘。相比之下，那些享有特权的竞争者们或是和全国民主大会党有着长期的联系，得到了有权有势的人物的支持。这一点十分有启发意义，而且也修正了私有媒体和反对派明显错误的观点；他们认为企业家只要成为全国民主大会党的一员就能够自动获得政府的赞助。全国民主大会党的一位议员曾在议会上提出质疑，"鉴于政党的党员证就可以让一个人获得资助，那么政府是否想要培养出新一代的资产阶级？"（《加纳纪事》，1996 年 3 月 3 日）批评者们对于这一质疑十分满意，但是事实真相却比这更为复杂：全国民主大会党的党员证甚至是对该党捐款都未必能确保得到政府的青睐。

对于支持自己的建筑承包商们，全国民主大会党会根据入党时间的长短区别对待。地区议会经常因为资金短缺而无法及时付清承包商的工程款①，这其中主要有三个原因。首先，地区议会最重要的资金来源——"共同基金"经常发放的较迟。这可能是因为中央财政资金不足、官僚主义的繁文缛节或者是中央机构在资金上的政治斗争。其次，有权有势的大人物会把地区议会的资金挪为己用。最后，资金会被用在一些未被列入预算的项目上，比如重建突然垮塌的桥梁或者教室。根据一些地区议会成员的叙述，有时资金会被用在一些十分奇怪的事情上，比如某个地区议会就曾经"借钱"给当地的王室家族用于一位刚刚过世的酋长的葬礼（采访）。

① 中央政府也有类似的情况，亏欠承包商数十亿（《加纳纪事》，2000 年 5 月 10 日）。

181

资金短缺导致执政党在向承包商支付合同款时会出现偏袒和歧视。一些承包商遭到严重打击，另一些则从中获益。恩克朗塔（Nkoranza）地区的例子十分能说明该问题。1998 年，恩克朗塔的八位承包商因为工程款被拖欠长达 18 个月向政府官员申诉，但是却没有得到什么说法。由于公司资金的周转愈发艰难，他们中的三位试图寻求当地的一些著名人物的帮助。这一做法十分有效，但是却激怒了地区行政长官，指责他们这么做让他"难堪"。另外五位承包商试图寻求地区议会成员的帮助，但却被指责为试图把欠款一事"公开"。八位承包商中的六位随后被从承包商的名单中除名（采访）。

类似的案例在布朗阿哈福省的其他地方也可以发现。这一类案例很多，在这里我们举出三个就可以说明问题。一位承包商在 1999 年 9 月完成了一处教室的施工，但是九个月后仍然没有收到工程款。他说，这不过是地区议会歧视部分承包商的一个例子而已。当他最终收到工程款时，他已经退出了建筑行业。另一位承包商称，当他完成重新铺设支线公路路面的工程时，他只收到了 25% 的工程款。剩余的工程款被拖欠了 18 个月。"当我最终收到工程款时，预期的 1500 万塞地的利润已经变成了 2500 万塞地的损失。我不得不卖掉我的设备来补偿差价，这迫使我最终退出了建筑行业。"第三位承包商的故事也很相似。他在村子里建好了一个诊所，但是最后获得工程款的过程却变成了"一场战争"。"我似乎像是在乞求贷款或者礼物那样乞求工程款。我在地区议会待了很多天。有几次政府官员甚至威胁说，如果我还来这儿的话他们就要逮捕我。当我最终获得工程款的时候，很显然我将来不会再获得任何合同了。

我现在是一个商贩。"

相比之下，其他一些承包商则立刻收到了工程款，有的人甚至在工程没完工的时候就已经收到。实际上，受到执政党青睐的承包商早在完成合同之前就已经收到了工程款，而他们大多和有权势的大人物之间关系密切。比如，地区议会的主要领导人就和一些承包商有亲戚关系，这使得当地年轻人发起针对地区行政长官的示威游行，最终导致他被总统解职。但是，在他被解职之前，地方政府部部长和省区的部长都曾被秘密派往该地区寻求恩克朗塔酋长的帮助以保住这位地区行政长官的职位。当这一努力失败后，有传言称一位"年轻的"全国民主大会党活跃分子试图用政府给他的数目不详的金钱来收买当地人。这一努力也没有成功，而这个活跃分子则把钱留为己用；随后他因此被捕并遭到拘禁（采访）。

研究显示，在该地区受到政府青睐的承包商中，只有一位承包商，他是执委会成员的舅舅的工程款遭到了拖欠。此前，一些村民曾公开抱怨他所重新铺设的一条道路质量不佳。村民们向地区议会请愿要求重新铺设道路，但是地区议会未予理睬，随后他们便威胁要到省里上诉。可能是因为害怕遭到调查，地区议会暂时没有把工程款付给这位承包商（秘密采访）。最终，上级部门没有进行任何调查，这位承包商也按时得到了款项。很明显，这种情况并不常见，不过这也没有对他的经营活动造成什么负面影响。

在合同回报和按时支付方面的偏袒和歧视比比皆是，我们不应该仅仅停留在这个问题上。需要强调的是，这一问题不仅仅局限在地区层面，加纳全国都有这种情况。为了解决这一问题，中央政府发布了"新的指导方针"。其中一条是，"承包商在没有获得工程建设授权许可证书的情况下不得开工"。另一条是，"每一项合同授权书都要包括这一条款——有关部门要从财政部获得工程开工证书"。政府还规定，"开工证书要和支付挂钩；如果承包商没有获得工程开工证书，那么他们就不能得到工程款（《每日写真报》，2000 年 4 月 7 日）。

政府的这些"新"规定其实以前就有。当然，以前的这种类似的规定是为了处理旧的问题。1995 年之前任加纳财政部长的博奇韦（1999）提供了一份第一手资料，这份资料记录了"劣迹斑斑"的承包商和建筑行业内的欺诈行为。在沃尔特省的（Volta Region）的潘多（Kpando），重大欺诈办公室的调查显示，一位获得了 7700 万塞地合同的承包商"并没有有效的文件来证明他有施工的资质，他也没有相关的设备"。但是他已经获得了其中 2900 万塞地的工程款（重大欺诈办公室，1999，第 25 页）。在布朗阿哈福省的加芒（Jaman）地区，"有关合同授予和付款的规程没有得到遵守。有些合同中的工程只完成了一半，但是承包商却已经收到了全部款项甚至是得到了比合同规定的数目更多的钱"（重大欺诈办公室，1999，第 30 页）。因此，当工程监理方在 1999 年对申请付款的工程进行检查时，他们发现，"675 个申请付款的工程中有141 个用的都是伪造的证书"（《每日写真报》，2000 年 4 月 7 日）。

这些不合规章的行为十分普遍，而且政府的"新"规定似乎没被地方官员和承包商放在心上。在选举年，与承包商的合作还有着另一个原因。[1] 例如，在 2000 年后半年，许多地区议会成员和贝雷库姆（Berekum）的地区行政长官在是否应该把全额工程款付给一位承包商的问题上发生了冲突；这位承包商是知名的全国民主大会党活跃分子，而且他所负责的工程只是刚刚开始。"叛变者"们称，地区行政长官在没有进行招投标的情况下就把合同授予了这位承包商——这是常见但是却违法的行为。必须指出的是，"叛变者"们并不是受到政府"新"规定的鼓励而对地区行政长官反戈一击。他们似乎是在和新爱国党合作来打击地区行政长官和全国民主大会党；他们之所以敢这么做是因为他们认为全国民主大会党可能会在即将到来的选举中被击败。[2] 一些政府高级官员自己似乎也把"新"规定抛在脑后，他们在没有邀请其他承包商竞标的情况下就把合同授予阿多姆（Adom），让他开始施工。

由于很难从政府手中获得合同，加之难以得到全额付款，

---

[1] 1996 年选举前，广受批评的凯塔海防工程（Keta Sea Defense Project）的承包商收到了政府 67 亿塞地的工程款。但是这一工程并未完工。批评者认为，海防项目的工程款变成了全国民主大会党的竞选资金。一位受到牵连的部长随后遭到解职（奥尔鲍姆，2002），但是批评者却说他只是替罪羊而已。而且，承包商没有被追究责任，工程款也没有被追回。

[2] 2000 年 11 月选举前夕，贝雷库姆的政治气氛十分紧张。政府部长和议员奥乌苏—阿昌庞（J. H. Owusu-Acheampong）的支持者与他的对手退役上尉埃法·达特维（N. Effa-Dartey）的支持者之间发生了暴力冲突。议员指责当地一家广播站涉嫌"煽动"骚乱，后者因此被关闭了两周时间。罗林斯以前曾经将埃法—达特维从军队中解职，他这次又公开批评埃法—达特维。这使得两人之间的宿怨再次成为公众关注的焦点，原本的地方性议题扩大到了全国范围。

许多承包商被迫把合同转包出去。他们称这样可以省去许多麻烦。一位承包商的话代表了许多承包商的心声："我不会再为获得合同而去竞标了，那样做并不值得。你在获得合同之前必须先支付佣金，你还得向许多官员行贿。但是你仍然数月之久都不能获得工程款……转包似乎可以减轻负担，是否付款对我的压力也就没那么大了。"因此，承包商分成了两大类。第一类承包商和全国民主大会党、地区行政长官或是有权势的大人物之间关系密切，生意兴旺。第二类承包商和全国民主大会党的关系薄弱，他们不得不为生存而挣扎。

结论：全国民主大会党统治下的企业家和政治

拉思伯恩认为，规模相对较小的加纳经济只能在一个特定的时间段内支持一小部分企业。本章的讨论呼应了这一观点。这一情况导致了加纳企业家内部的激烈竞争，企业家们不得不竞相攀附政府官员来让自己在竞争中获得优势。拉思伯恩还认为，尽管政府会给自己的支持者提供与国家经济规模相符的新机会，但是企业家支持政府的时间长短对于他们企业的命运至关重要。他以类比的方式写道，"尽管经济可以接纳新的群体，但是他们却对企业家中的后来者们关上了大门。"因此，每个历史时期都会有胜利者和失败者，而后者大多都会对"排斥后来者"的现象抱怨不已（拉思伯恩，1971，第166～167页）。很显然，拉思伯恩所描述的这种情况也可以应用到全国民主大会党的统治下的加纳，即便是在经济机会远远多于其他部门的建筑行业也不例外。对于被排除在这个封闭系统外的企业家而言，他们十分希望新爱国党在 2000 年的选举中获胜掌权。如一位女商人所言，如果新爱国党获胜，她将会"公开而迅速地庆祝这一结果"（采访）。这样公开的声明很少，但是无疑许多人都把政权的变换视为自己未来成功的关键。

全国民主大会党统治下经济机会的政治化和人民大会党（Convention People's Party）统治下的情形十分相似。三十年前的人民大会党也称自己是普通人的政党，但是一些人却认为它更像是"承包商的政党"。这一特征反映了人民大会党利用国家权力和资源来拉拢商人尤其是承包商的行为。更准确地说，这个词主要是指包括部长和议员在内的人民大会党领导人，因为他们在该党掌权时都变成了承包商。在人民大会党掌权之前，许多富有的大人物只有很少的资本或者根本没有任何资本（克劳斯，1971；拉思伯恩，1973）。人民大会党内的显要人物克鲁勃·埃杜西（Krobo Edusei）坚持声称该党信仰社会主义，而社会主义与私有财富积累以及铺张消费并不协调。尽管如此，许多党内高官还是占有着大量资本。

有证据显示，全国民主大会党政府内的一些高级官员也利用自己手中的权力和影响来拓展自己的商业利益，这和人民大会党的情况如出一辙。而且，和人民大会党一样，全国民主大会党及其前身国家临时保卫委员会也都宣扬节俭和廉洁，他们的领导人也都把自己视为普通民众利益的捍卫者。

布朗阿哈福省和加纳其他地区的情况和中央政府的情形类似。这是因为中央政府的权力结构和省级政府的权力结构相似。更具体地说，两者的领导人都掌握着可观的权力，有着广

185

泛的回旋余地。地区行政长官在很多方面就像是地区层级的加纳总统。他们对地方事务的统治和对全国民主大会党的忠诚让反对派十分恼火，因为他们并非由选举产生，只需要对总统负责而不需要对选民负责。

中央政府和地方政府情况相似的另一个原因在于，许多地方领导人和国家领导人之间有着长期密切的联系，而且这种联系可以一直追溯到国家临时保卫委员会时代。这些地方上的大人物不仅和中央领导人有着共同的信仰与态度，而且如罗林斯所言他们的忠诚还经受住了时间的考验。由于许多地区行政长官和全国民主大会党的干部已经为政府效力了 10~18 年的时间，他们对企业家的态度和中央政府的态度十分契合。实际上，如我所述，作为全国民主大会党政治机器的中流砥柱，地区行政长官们十分清楚自己所肩负的政治任务。他们再清楚不过的就是：他们实现政治目标的能力取决于他们对资源的控制和他们规训惩戒企业家的能力。简而言之，驱动着中央领导人行动的重大考量也驱动着地方领导人的行动。中央领导人的行动似乎就是地方当局的表率。这使得国家层次和地方层次出现了类似的结果，即站在反对派一方的企业家纷纷衰败而执政党的盟友企业日益兴旺。

不可避免地，任人唯亲这一加纳政治的普遍特征依然继续存在。因此，虽然政策旨在放权给企业，虽然罗林斯政府向任人唯亲宣战，政府和企业的成功之间的密切联系依然持续。在 90 年代，尤其是在这十年中的后半段，罗林斯及其盟友因为其早期所发表的谴责任人唯亲的道貌岸然的言论而受到尖锐的批评和奚落。到 2000 年，私营媒体经常把 1979 年遭到罗林斯

186

的武装力量革命委员会（Armed Forces Revolutionary Council）处决的军官的照片和罗林斯及其家人的照片放在一起，声称处决只是为了罗林斯的个人利益。在布朗阿哈福省和加纳的其他地方，那些得到全国民主大会党恩惠而崛起的地方新富们同样受人忌恨。

由于罗林斯政府最初曾经尖锐地打击腐败和任人唯亲，这使得政府在面对同样的指责时显得格外脆弱。而且，尽管越来越多的证据显示政府内存在腐败行为，但是罗林斯与党和政府的领导人都没有对这些腐败自肥的行为提出批评。实际上，他们还试图阻止这类腐败行径的曝光，而且也没有做出什么努力防止这类行为再次发生。比如，政府曾经顽固地阻挠针对两名总统顾问和两位政府部长的腐败调查，但是没有成功。1996年，调查员发现除了一人之外剩下三人都在经济上存在违法行为。两位部长被迫辞职。一人拒绝把资金归还给政府。另外一人则被允许参与竞选并在 1996 年为全国民主大会党赢得了一个议员席位。政府"实际上原谅了全国民主大会党铁杆支持者滥用权力的行为"（桑德布鲁克和奥尔鲍姆，1997，第 637 页）。

同样，在地方层面，政府一样也不愿意解除腐败官员的职务，更不愿意对他们的腐败行为进行调查。一些名誉扫地的人物（比如前任地区行政长官）经常被允许保留公务用车并在公共部门任职。这些腐败官员主要被安排在非正式教育部门任职，这一部门被批评者称为"垃圾场"。一位前任地方行政长官在接受采访中对我说，"即使全国民主大会党不得不解雇一些人，他也绝不会亏待自己人"。这种想法的盛行可以解释为什么许多地方行政长官和地区议会的其他成员会贪污腐败。

全国民主大会党没有为了显示清廉而采取有效行动打击腐败官员和腐败的党内积极分子，这并不令人感到意外。人民大会党没能遏制住恩克鲁玛在 1961 年"黎明演讲"中所提到的"利己主义和追名逐利"；琼斯（Jones，1976）对这一情况进行分析时说，当时腐败已经渗透到整个领导层，这削弱了它采取惩戒措施的道德权威。而且，任何这样的打击腐败的行动都不可能取得成功，因为这么做一定会损害掌权者的利益并且破坏党内团结。因此，即便腐败自肥的行为严重伤害了全国民主大会党的声誉，这种伤害却帮助维护了党内的团结。恩克鲁玛一开始没能看到这一点的重要性，他在 1962 年解除了腐败的埃杜西的职务；但是他随后就完全转变了态度，很快就重新任命埃杜西担任其他职务。亚当的辞职和他随后重返全国民主大会党的情形让人们想起了埃杜西的例子。

全国民主大会党表现出的这种自私倾向似乎和自己所称的普通人的政党完全不符。但是，和恩克鲁玛的人民大会党一样，它称自己为普通人的政党也有一定道理，因为它绝对不是老一代知名企业家的政党。它为许多出身贫寒低微的人提供了向上的流动性，成为他们迅速崛起的工具。

187

第八章 资本主义扩张的
制度环境约束

市场化改革之下本土资本主义的扩张十分有限而且令人失望。其中部分原因在于经济政策自身存在的内部矛盾，此外各种和管理相关的问题也阻碍了资本家进行投资。但是，加纳资本家们有限的资本主义扩张是否也可能源于他们自身的弱点，也就是阻碍经济成长的文化态度呢？这种态度究竟在多大程度上抑制了 20 世纪 80 年代和 90 年代加纳企业家的成长呢？要回答这个问题，我们首先要搞清楚加纳的商业环境在多大程度上适宜并支持资本主义的运作。国家机构，尤其是行政部门和司法部门，值得我们特别关注，因为他们在影响企业活动方面发挥着重要的作用。由于出口导向型的经济增长是改革的首要目标，所以分析加纳出口促进委员会对企业提供的支持十分必要。这一国有机构的任务是促进出口。有观点认为，文化态度会阻碍本土资本家的成长。只有在考虑过以上这些问题后，这一观点才能被放在正确的语境中进行分析。

本章主要阐述两组观点：首先，加纳没能为资本主义的茁壮成长提供必要的制度前提，加纳官僚制度没能为资本家们提供真正的激励与支持，司法系统也没能保护资本家使其免受投资带来的风险。我在之前的论述中谈到，加纳只进行了非常有限的"良政"改革，因为罗林斯政府没能够和企业界进行协商，并且对资本家态度粗暴。所以，我将从另一个角度对以上观点做进一步阐述。我将对司法部门非常有限的改革和官僚机构对私营部门的态度进行详述。其次，加纳企业家所展示出来的"文化态度"十分重要，因为这大体上是他们对周围环境催生的不确定性和混乱的一种反应。对这一有关文化态度观点的探讨可以帮助我们更好地理解之前对加纳和非洲企业家的分析以及他们在九十年代和加纳的关系。

资本主义发展的制度前提

学术界对于发展问题存有一个共识，即国家机构必须要创造一些必要的先决条件来刺激资本家的投资和扩张。一名著名学者观察认为，"如果制度和经济环境抑制了企业界的'正常'回应，那么资本主义文化就无法轻易生根繁荣，因为它不能在经济上和社会上为企业提供足够的回报"（康，1980，第166页）。制度是发展学的一个重要方面，但制度究竟是什么？根据经济史学家道格拉斯·诺斯（1990，第3页）的说法，制度是：

> 社会中的游戏规则，更为正式的说法是，制度是塑造互动的人为发明的限制。所以，制度刺激着人们在政治、社会或经济等方面的交易。经济表现受到制度的影响，这

一点几乎是毋庸置疑的。经济长期表现的差异在根本上受到制度演化的影响，这一点也是毋庸置疑的。

市场经济的游戏规则包括清晰透明的法律规章制度、连贯的政策解释与贯彻执行、公正迅速的冲突解决方案和社会对司法管理机构的尊重（斯通等编 Stone et al.，1996）。因此，国家机器——警察、法院和官僚机构显然在建立和执行游戏规则时扮演着决定性的角色。资本家们更愿意在市场经济游戏规则健全的环境下进行投资，因为在这种环境下的投资有着高度的可预见性。反之，在不存在或者几乎不坚持这些游戏规则的环境中，市场就会变得混乱和不确定，进而在很大程度上抑制了重大投资行为。

191

尽管资本家的投资水平在很大程度上取决于制度环境，但是直到最近经济学理论才开始真正注意到这个问题。正如诺斯所言，"当前的经济理论和计量经济史都没能够充分显示制度在经济表现中所扮演的角色，因为到目前为止还没有一个能够将制度分析和经济学以及经济史整合在一起的理论分析框架。"因此，他"提供了这样一种基本框架"（1990，第3页）。从那之后，学术界掀起了使用这种分析框架的热潮（哈里斯等编，1995；奥尔斯顿等编 Alston，1996；克莱格 Clague，1997）。这种框架被认为是一种新的制度经济框架，其"崭新的"理论将制度分析系统地融入经济学来解释了制度的重要作用，尤其是为何一些国家取得经济进步而另一些国家却陷入欠发达困境这一问题上。

资本家的投资水平主要由制度环境所决定，这一观点晚些时候才得到人们的普遍认可。所以世界银行和国际货币基金组织最初指导非洲经济有效发展时对制度的关注甚少。实际上，这些机构开出的政策药方大多数来源于新古典经济学。新古典经济学的传统观点认为，制度已经存在，而经济真正需要的是一套正确的政策（斯通，1996）。因此，作为世界银行具有开创性意义的著作，著名的伯格报告（Berg Report，1981）成为了世界银行应对非洲经济危机初期的指导性政策。该报告指出，国家对经济的普遍干预是造成经济危机的罪魁祸首。这种"经济学"的看法开出的解药是"恢复正常物价"、"政府远离直接经济行为"以及"让私营部门接管经济"。这种观点成为了经济学中的正统学说。事实上，这种观点是一种商品崇拜，因为它的支持者假定，一旦国家实行了正确的政策，私营部门就将进行投资。但是这种看法已经被证实是错误的，市场化改革和私营部门投资之间并不存在简单的关联性。

到 20 世纪 80 年代中期，世界银行在非洲得到的经验教训让人们意识到了脆弱的国家制度对经济进一步发展的阻碍作用。这促使人们重新思考应对非洲经济危机所采取的过度的"经济主义"做法。人们逐渐认识到政治在诱发非洲经济危机和阻碍持续的经济增长方面所扮演的角色，因此（世行）引入了"良政"作为改革的重要条件。人们还意识到了不完善的运输和通信设施对经济发展的制约作用（世界银行，1989）。行政机构改革成为关注的焦点，这促成了 1989 年开始的非洲能力建设行动（African Capacity Building Initiative）。世界银行的指导性建议让加纳实现了经济状况的改善，但是却没能够让经济实现由自身驱动的持续增长，所以加纳的经验和教

192

训帮助人们更好地认识到了制度在经济发展中的重要性。

东亚地区的发展状况进一步印证了适宜的制度环境在刺激经济快速增长中所发挥的至关重要的作用。东亚经济在市场导向型政策的推动下得到了显著增长，更关键的是，东亚国家拥有能够支持经济发展的制度框架。很多研究都强调了国家制度特别是官僚机构在这些国家转型中所扮演的重要角色（约翰逊，1987；韦德，1990；埃文斯，1992，1995）。这些国家的官员与资本家合作来帮助企业顺利成长。埃文斯将官员嵌入商业且经济仍然维持自治的能力定义为"嵌入型自治"，这种能力是有效发展国家经济的关键（埃文斯，1989，第574页）。

东亚新兴工业化国家克服困难，成功地把官员们从一种数量意义上的集合转变为一个具有凝聚力的、目标清晰的团体。马克思·韦伯曾长时间致力于研究这种困难，认为它源于人们对获得个人利益和非正式权力的偏爱。他认为国家利益这一更高的目标可以修正人们的这种偏爱。他视官僚制度为：

……一种特定的连贯的组织实体。对共同目标的追求能够使团体中的每一个人得到最大化的利益。在韦伯看来，官僚制度需要一种个性上的严格组合。韦伯意义上的官僚意味着，为了获得组织内成员的长期利益增长，官员需要放弃短期内可能获得的收入和非正式权力。若想实现这一点，组织中的成员需要被认为是独特和有价值的，而且组织的长期回报前景必须清晰（埃文斯，1997，第69页）。

大多数非洲国家的官僚制度既缺乏韦伯的标准，又不具备亚洲新兴工业化国家的条件。例如，在扎伊尔（刚果），蒙博托总统自己写道，"只要能握住一点公共权力，官员就可以把它变成交易的工具，即将权力转化为非法获得金钱财物的能力"（杨，1978，第172页）。加纳也存在类似问题。

加纳官僚机构和资本主义的发展

在探讨官僚机构究竟给加纳的商业运行提供了多大程度的支持时，我们首先应该考虑两点。第一，在经济结构调整之初，官僚机构面临着大量棘手的问题（吉玛·博阿迪和罗斯查尔德，1990；Gregory，1996）。官僚制度能够对资本家提供的支持非常有限，而这一现象在20世纪90年代仅仅得到了微小的改善。第二，一股大规模的反对私人资本的官僚制度文化持续到了罗林斯时代。

加纳的官僚机构具有以下特点：第一，官员在面对客户时倾向于区别对待而不是一视同仁；第二，行政机构的决策权力过分地集中于中央，甚至一些不太重要的问题和决策都要上报到首都阿克拉，职位低一些的官员几乎把所有的决策都留给了他们的上级；第三，尽管政府成立了调查委员会来调查腐败的原因和方式以打击腐败，但是腐败仍然在政府机构盛行（普莱斯 Price，1975；沃林 Werlin，1972）。

国家接近瓦解的状态使得政府对公务人员的忽视愈发严重。包括文具用品在内的基本用品严重短缺。公务员的工资远远赶不上通货膨胀的速度。除此之外，更为普遍的现象是政府官员数月拿不到工资。许多人被强制每天工作几小时后离开办公室，以便找到其他贴补家用的途径。官员的士气和纪律降到谷底，许多高素质人才辞职或移民（杰弗里斯，1993），行政机构流失了一批有经验的专业官员。

除了不适应资本主义之外，长久以来的中央集权的经济统制以及对资本主义的诽谤中伤孕育出了一种反对私有资本的官僚文化。官僚们过去是集权经济和福利系统最大的受益者，显然这些人对于废除集权经济和福利没有任何兴趣，也不会加以配合。值得指出的是，非洲的公共官员中存在一种不信任资本家的传统，因为双方在获得国家资源方面彼此抗衡和竞争（鲍迪奇，1999）。除了一些像奎西·博奇韦和约瑟夫·阿比（Joseph Abbey）这样的技术官僚外，加纳的官僚机构整体上对于私营企业发展的投入程度很低。

因此，公共服务部门既没有促进企业发展的能力，在改革开始后也没有表现出对企业的支持。公共服务部门内部进行了清洗，把其内部国家临时保卫委员会的反对者替换成了其支持者，但是除此之外，公共服务部门在 1987 年以前的改革中甚少作为。1987 年，公务部门的改革主要以缩小公共服务范围为主。20 世纪 90 年代，政府开始努力在公共服务部门进行能力建设，通过提高工资和服务水平等刺激手段来留住专家和人才。政府还努力吸引那些流亡国外的加纳高素质人才。博奇韦（1990）认为这种做法虽然在初期是非常有效的，但是随着时间推移，这种做法缺乏可持续性。因为它既缺少资金来源，又因奖励那些在困难时期背弃国家的加纳人而遭到批评。当然，交通、文具和包括电脑在内的现代办公设备的供应在改革中得

194

到改善，这促进了政府的运作，也为政府官员留住了面子。

1994 年 12 月，随着国家机构革新计划（National Institutional Renewal Programme）的创立，政府开始努力调整公共服务以满足私营部门的需求。1995 年 3 月发布的一份文件详细列出了国家机构革新计划的目标，还指出与快速增长的经济相比，加纳的政府机构长期以来一直薄弱。这份文件称，过去政府在提高工作效率和激励公务员方面的努力"大多是临时和不全面的"。国家机构革新计划的任务是"发展积极主动的公共服务，使其能够在有效治理、加速经济发展、发展私营部门和平衡社会发展等方面对政府的宏观政策目标作出贡献"。国家机构革新计划所设立的目标翻开了历史新的一页，它旨在"为加纳的公共服务带来根本性和战略性的改变……革新现有的政府办公模式和思路，把政府的角色从以往大包大揽的管控者转变为促发展的服务者"（国家机构革新计划，1995，第 3 页），该目标号召政府公务员通过支持企业运行来协助经济发展。

国家临时保卫委员会/全国民主大会党任命"救火队员"欧鹏（P. V. Obeng）作为总统顾问来监督国家机构革新计划，这显示出了政府对该计划的重视。1997 年开始实行的国营部门改革和现代化战略（Public Sector Reinvention and Moderniza-tion Strategy）也是政府努力的一部分。该战略旨在把加纳的公共服务部门"从单纯的输入性服务变为重视结果的输出性服务，并改革国家机构的问责和政绩评定制度，进而改变他们和私营部门以及市民社会的关系"（社会经济数据研究所，1999，第 163 页）。在欧鹏（Obeng）和他 1998 年的继任者副总统约翰·米尔斯（John Mills）在任期间，国家机构革新计划只取

195

得了很少的成就；况且，在当时的条件下如果取得了显著的成功反而是有些奇怪。首先，这项计划本身缺乏至关重要的资源，这一点让国家机构革新计划（NIRP）门庭冷落。我的采访记录显示，该计划所需的电脑等办公设备严重短缺，针对预算计划的资金经常被拖欠或根本无法到位，最重要的是，接受培训的官员远远达不到之前的期望水平。此外，尽管这项计划宣称它将通过职责分配等方法来扫除官僚主义办事拖沓之风，但是国家机构革新计划并没有做出榜样。我曾多次尝试采访协调员，但是均以失败告终，因为他常常不在自己的办公室，而且也没有人得到授权接手他的工作。

　　公务员究竟在多大程度上响应了协助企业发展的号召呢？在我的采访中，包括财政部、国有企业委员会、贸易和工业部、资产剥离执行委员会和行政部门主管办公室在内的公共部门中，没有哪一位官员反对自由化经济改革。这种改革被很多官员称为是"充满勇气"和"值得赞扬"的举动。很多受访者提到了加纳中央集权经济的失败，因此继续类似的政策是不合理的。我在采访中常听到"私有企业能够引领发展"和"国家无权控制企业"这样的看法。因此，政府公务员并不仅仅是简单同意私有企业引领经济增长，他们同时也认可资本主义的积累。

　　公职人员对待私有企业的实际态度和他们的言论互相矛盾。我的采访显示，公务员对企业家和企业家们所关心的问题持轻视和冷漠的态度。例如，行政部门主管办公室的改革协调部门主管声称，"现在公务员的职业道德要远远好于以前"，而且公务员们不再能对老百姓"颐指气使"。他把这归功于新标准的引进、多个政府部门对自身使命的努力践行以及日益警觉的民众。他认为企业家要为"行贿文化"负责任。他说："企业家们强迫政府官员受贿……企业家们认为，如果你不接受他们的行贿，你就不会公正地对待他们以及他们的投标。"这位官员回忆起一个参与投标的企业家是如何一直想向他行贿，给他的部门提供文具，直到他警告那个企业家。

　　我通过对国有企业委员会①的执行主管和两位低级官员的采访更深入地了解了公务员对企业的态度。外界曾指责公务员在国有资产剥离出售的过程中更加青睐外国人而不是加纳人，一位官员对这种说法十分气愤，他说："加纳的企业家们被惯坏了。他们想要获取利润，却不愿意用自己的钱投资。他们想要政府一直支持他们。这根本就不合理。"另一位官员说："国有企业并不是免费的。加纳企业家不愿意投入大量资金。"一位高级官员的态度更为严厉，他说："加纳企业家既缺乏创新性又缺乏想象力。他们说的比做的多。经济恢复计划旨在迫使加纳企业家们更富有创新性，但这个目的并没能够实现。他们做事只有一套方案，他们的商业计划常常十分糟糕，而且他们也没有端正自身态度。"从中我们可以看出三点：第一，这让我们怀疑公务员对待企业发展的态度是否发生了根本性的转变；第二，公务员并不在乎企业家所关心的事情；第三，他们对加纳企业家引领经济发展的能力不抱信心。这三点我会在稍

---

① 在资产剥离执行委员会建立之前，国有企业委员会一直负责对资产剥离出售进行监督。该机构的行政命令此后仍然继续在资产剥离过程中发挥着领导作用。

后进行详细解释。

　　尽管政府官员认为他们非常同情并理解企业家，企业家却认为官员阻碍了企业的发展。在我所采访的企业家中，75%的人认为政府官员对他们是没有帮助的。只有26%的人认为政府官员的服务态度有了改进，剩余74%的人则认为政府官员没有任何改变。在我的采访中，企业家们认为政府官员存在的主要问题是办事拖沓和恣意专横。这些企业家们说他们行贿是为了避免项目遭到拖延，他们自嘲地说是他们自己选择了行贿这样的方式，并认为行贿的代价昂贵。企业家们感觉到公务员没有能够为他们的企业扩张提供必要的秩序和确定性。

　　其他的研究揭示了重要的（腐败）问题。"加纳政府治理和商业环境"（Ghana Governance and Business Environment）是2000年5～6月进行的加纳政府腐败调查的一部分。该调查发现近80%的企业在受访时都表示"为了促使生意成功，支付一些'非官方费用'的现象很常见。"此外，"调查还显示这些支付非官方费用的现象很普遍，这种行为已经被企业在公开运行，他们根本不等官员去暗示就这样做了。几乎半数受访者表示，除了这种方法之外，再无或少有更为有效的办法来接近官员或领导"（世界银行，2001，第60页）。引进新规章是一回事，但是改变官员的态度却是另一回事。因此，腐败使发展企业的成本持续提高。事实上，企业一直在非官方费用和非官方发展方面做常规的预算（世界银行，2001，第60页）。

　　对于政府官员的冷漠态度，加纳出口促进委员会对待出口商的态度十分具有代表性，值得一提。鉴于出口在改革计划中的核心地位，因此这一案例不仅可以进一步说明政府官员的态

197

度，而且还能阐明出口促进委员会和出口商之间的关系。在我的访谈中，出口商普遍认为政府官员的态度冷漠，加纳出口促进委员会也令人失望。下面这段出自我和加纳出口促进委员会一位官员的访谈节选就能印证这一观点。

我：一些出口商说他们在寻找货运空间来出口他们的商品时遇到了困难。你是如何帮助他们的？

她：我们并不知道这个问题。他们从没告诉过我们这样的事情。

我：但这是个积累了多年的老问题了，不是吗？

她：他们从没提出让我们重视这个问题。即使他们提了，我们也不会听。我们在8月12日（2000年）有个论坛。他们应该让我们知道这件事，但是他们没有。据我们所知，并不存在任何问题。

我：既然论坛开设的目的是为了找出他们所面临的问题，那么他们提出了什么问题？

她：他们抱怨增值税和其他一些事情。我们在尽力帮助他们。让我们感到沮丧的是他们大多数人参加论坛却一言不发。如果他们不告诉我们他们关心的问题或者遇到的困难是什么，我们怎么帮助他们呢？当然我承认我们的回复可能不是最迅速的，因为当中也存在着官僚主义的繁文缛节。

这位官员忽视了几个重要的问题。第一，出口商对加纳出口促进委员会缺乏信心。这部分是由于加纳出口促进委员会无法为他们提供任何特别有意义的帮助。正如第三章所述，加纳出口促进委员会由于缺乏必要的资源、财力和其他条件而使自身的工作受到阻碍。更重要和明显的是，不管出口商们的想法正确与否，他们都认为加纳出口促进委员会是"失败"的，因为委员会未能成功说服当局免除出口商的增值税。出口商对这一直耿耿于怀，因为它剥夺了他们的资本。① 第二，出口商们普遍认为加纳出口促进委员会的官员们做事偏袒。第三，加纳出口促进委员会和出口商们保持了一定距离。90 年代创立的加纳出口商协会联盟（The Federation of Association of Ghanaian Exporters）是捍卫出口商利益的私人团体，它对出口商经营活动的支持度更高，付出的努力也更多。除此之外，它还为出口商们提供每周价格公告牌，向他们提供互联网服务，并且发布季度刊物《出口新闻》（*Export News*）。总而言之，加纳出口促进委员会的行为使那些本应支持它的人对它日渐疏远。

198

企业家和政府官僚对于制度环境和低水平投资的看法存在分歧。阿姆蓬萨（Amponsah，2001）的研究表明，企业家对制度环境持不确定的态度。在被问到"现有的土地所有权法是否可以有效确保企业运行的安全"时，仅有 10% 的资本家回答"是"，82.8% 的人回答"否"，剩余的 7.2% 的人则表示

---

① 出口商们有权利得到退税，但是世界银行的研究却显示出口商需要等待八个月到四年的时间才能得到这笔退税的款项。鉴于加纳的高利率和出口生产对进口原料和其他产品的依赖，出口商实际上因为退税的延误而失去了重要的资本，这使得出口变得缺乏吸引力。实际上，一些出口商称，自己取消原计划中的投资的主要原因就是退税的拖沓。

"不知道"。在被问到"现有的财产和合同法是否能够有效确保企业运行的安全"时，30.6%的企业家认为"是"，52.9%的人认为"否"，16.9%的人表示"不知道"。与之对应的是，在被问到第一个问题时，分别有48.9%、37.8%和13.3%的官员和政客回答"是"、"否"和"不知道"。在第二个问题上，53.3%的官员回答"是"，44.4%的人回答"否"，2.2%的人回答"不知道"。这项研究和阿姆蓬萨（2000）的研究均发现制度环境的不确定性使得企业家只愿意把他们手中资源的一部分用于投资，这样一来即使投资失败，他们也不会受到毁灭性打击。而另一方面，国家官员则把低水平的投资主要归因于企业活动的不足。

如阿姆蓬萨（2001，第388页）所言，企业家和政府官员观点上的差别意味着"双方建立有效机制并确保共识的可能性很小"。而且十分重要的是，企业家和政府官员常常意见迥异。世界银行的调查显示，官员对于政府的服务效率低和服务质量差的抱怨通常有两种反应：第一，大部分企业家只想通过欺骗手段从国家财政获得资金；第二，大部分服务的延误是因为企业家没能按照相关的程序和规章办事。世行的调查总结道："许多政府官员认为他们的指责在于保护国家利益免受企业界的剥削和利用。"一位负责促进私人投资和出口发展的官员说："公共部门和私营部门的关注点十分不同（世界银行，2001，第61页）。"所以，企业家基本上不被政府官员视为值得鼓励的发展伙伴。

最后，我们有必要讨论加纳国内工商业游戏规则的透明性。阿姆蓬萨（2001）论述了加纳国内的不确定性和投资水平偏低之间的关系。在调查中，63.2%的企业家表示他们并不清楚自己所从事行业的法律、规章和有关程序以及更广泛的工商业法律法规；36.2%的受访企业家称他们或多或少知道这些规章制度的存在。而且，68.9%的受访企业家认为，加纳的法律、规章和制度既不明晰，也不连贯。具有启发意义的是，在那些认为法律规章十分清晰的企业家中，他们中的50.8%都倾向于把自己的利润投入再生产；相比之下，在那些认为法律规章不清晰的企业家中，他们中的61%都不愿意把利润投入再生产。很明显，个人对法律规章的理解十分重要。

阿姆蓬萨（2000，2001）和世界银行都正确地指出，让游戏规则变得透明可以鼓励投资。公共服务的延误和不确定性则会增加交易成本，让日常活动不可预测，并打击企业家的士气。但是，这些研究却没有强调加纳官僚主义长期存在的拖沓之风、官僚们对透明度的厌恶和他们利用公职谋私利的做法。加纳政府官员经常在已有的规章制度之外确立自己的"规则"，把工作场所变成个人领域。他们常说的一句话"se w'ani abue a，enye ene obi adwuma mu"的意思是：就算你见多识广（了解许多规章），也不要把它们用到别人的地盘上。这句话旨在警告那些要求官员们遵守规则的企业家们。它还表达了官员们对那些试图"侵入"（官员们的）"个人领域"的人的厌恶。因此，公务员们是在为自己的利益服务，没能够满足韦伯（Weber）对公务员的标准。在伊万（Evan）的分类中，他们是掠夺者。

加纳的法制环境和资本主义发展

资本主义的发展需要有能够确保资本家信心的制度存在。对于市场经济而言，一个公正高效而又能够保护私有财产并促进合同执行的司法制度无比重要。除非投资者们十分确信他们的权利能够得到法庭的承认和保护，而且法庭能够经济及时地处理商业纠纷，否则他们不可能把可观的资金投入市场。迪索托（De Soto，1989）认为，私有财产权与商业合同的执行得不到法律的保障以及低效软弱的司法制度阻碍了秘鲁和许多第三世界国家私人投资和经济的增长。他进一步指出，"所有证据都显示，司法制度可能是工业化国家和那些没有实现工业化的国家之间存在巨大差距的主要原因"（迪索托，2000）。是否拥有保护私有财产并促进合同执行的司法制度对于国家经济的成败与否十分关键，这一观点受到学界的广泛认同（克莱格等编，1997；奥德斯考尔和霍斯金斯 O'Driscoll Jr. and Hoskins，2003；诺斯，1990）。

但是，财产权在加纳却很少受到重视。国家临时保卫委员会掌权后为了清除腐败和政治系统内的寻租行为而作出了许多武断的没收财产的决定。而且，国家临时保卫委员会/全国民主大会党还屡次取消合同或是违反合同规定。例如，罗林斯政权曾取消了阿彭腾获得的为期 99 年的泻湖部分土地的租约，随后用一份只有 30 年期限的租约替换。此后不久，国家临时保卫委员会又废除了新的租约，没收了阿彭腾的企业。罗林斯政权对私有财产的威胁和破坏合同的行为持续到了宪政统治时期。例如，政府突然取消了萨福（O. Safo）的货物装卸合同并且迫使萨福退出了这一行业——政府的这一决定违反了法院的判决。艾迪生（J. A. Addison）曾起诉政府非法终止他在加纳水泥公司（GHACEM）的合同并且侵犯了他优先取舍的权利，但是法院没能够发挥作用。政府还曾分别在 1999 年 5 月和 2000 年 3 月派士兵拆毁了一家房地产开发商所拥有的皮尔斯宾馆和三十间房屋。这些都证明了持续存在的风险。在后两个案例中，受害者没有采取法律行动，因为他们害怕法庭不能够保护他们的利益。这些案例加深了企业家们的印象，即法庭既不能保障私有财产权，也不能确保合同的执行。很少有企业家相信法庭能够让他们的投资完全不受到政府的侵害。

　　企业家们不愿意诉诸法院的情况并不仅限于和政府相关的案例。加纳的法庭长期以来办事缓慢、效率低下并且充斥着腐败（阿米沙 Amissah，1981）。因此，许多企业家只是把诉诸法院视为迫不得已的最后选择（法兰姆 Fafchamps，1996，2004）。一份由负责调查加纳破产法的专员在 1961 年撰写的报告显示，那些求助于法庭以执行债务偿还的人当中：

　　　　没有一个人认为结果是令人满意的。他们主要的抱怨是司法过程缓慢、代价昂贵而且经常半途而废。实际上，由于人们普遍强烈感觉到通过法律途径收回债务既耗费时间又耗费金钱，所以债权人共同努力避免在债务索取的过程中求助于法律途径（阿乌诺，1999，第 101 页）。

　　这些问题一直持续到了 90 年代，我们可以用两个案例进

201

行说明。我采访的一位商人认为"去法院打官司往往是赔了夫人又折兵"。他在 1994 年借给一个美国合作伙伴 15000 美元。由于其美国合作伙伴没能及时还清贷款，他就向法院提起诉讼。他要求法官及时没收欠款人的护照，但是却没能成功。当案件尚在审理中时，欠债的美国人已经离开加纳；这样一来他的保证人就需要替他承担责任。在经过了五年的拖延之后，法官才告知原被告双方把案件交由仲裁机构进行仲裁。当我 2000 年中期采访这位商人时，他实际上已经终止了这一案件。他指责主审法官没能及时没收欠债人的护照，并且认为法官可能收受了美国人或者其保证人的贿赂。

另一位从事汽车零部件贸易的商人指责加纳司法制度险些让他的企业破产。他在 1993 年和另一位汽车零部件进口商达成协议：他们两人轮流去日本进口货物。他们共同承担机票、货运、住宿、食物和其他开销从而降低成本。为了少纳关税，他们虚报了实际进口货物的价值。两人的良好合作关系一直维持到 1996 年。当时，他发现自己进口货物的实际价值为 10 万美元，但是他只获得了价值 4.5 万美元的经过报税的那部分货物。由于自己价值 5.5 万美元的货物遭到侵吞，他冒着面临偷税指控的风险向法庭起诉自己的合作者。但是由于法庭的拖延，这一案件直到 2000 年 10 月采访时依然没有结案。他指责主审法官收受了被告方的贿赂。

这些案件和其他一些案件的共同特征是非正式协议的盛行——这种情况让律师十分恼火，因为非正式协议让律师基本难有作为。一些人认为非正式协议源自诉讼双方的较低的识字率，但是非正式协议出现的频率非常之高，所以用识字率来解释这一现象不免过于简单。这一现象可能更多的还是和加纳的文化与社会经济情况有关。曾任加纳大学教授而现在担任律师的麦克·奥库耶（Mike Oquaye，2000）把这称为"缺少合同文化"的表现：

> 坚持正规和符合法律程序的生意安排会给人留下一种喜爱诉讼的印象。这还会让人觉得你可能会欺骗他们。只有很少一部分企业家会签署正式的协议，而那些坚持签署正式协议的企业家往往会输给那些愿意接受非正式协议的竞争者。但是拖欠债务和其他问题非常普遍。一些人在得到货物和资金之后就人间蒸发了。

债务回收的糟糕情况阻碍了增长。由于加纳的批发商较少，公司大多把货物赊卖给现金很少而又难以追踪的小规模个体商贩。欠债人经常投机性的破坏合同，把应还的欠款用作自己的资本。即使欠债方最终还清了贷款，债权方也不得不因为高企的通货膨胀率而蒙受损失。另一个避免遭到债务拖欠的办法是只跟那些已经和自己有长期合作关系的企业做生意，但是这一限制会十分明显地阻碍企业的扩张。

因此，加纳的司法体系迫切需要改革。但是改革的成效却微乎其微。唯一的成果就是引进电脑和其他现代化设备让法官不再需要花费大量时间书写法律公文，其他方面的成果则基本没有。颇为讽刺的是，国家临时保卫委员会在 80 年代初指出的司法制度存在的根本问题依然没有得到解决。加纳的司法制度继续阻碍着加纳资本主义的发展。

基础设施的不足

薄弱的基础设施是阻碍加纳企业扩张的另一个因素。尽管加纳的公路系统、港口码头、电话服务、电力和水供应都在罗林斯时代取得了长足的进步，但是这些改善仍然是不足也是不稳定的。90年代中期，加纳每1000人只拥有2.8部电话，而洪都拉斯则为17部，危地马拉为21部，秘鲁为26部（世界银行，1995）。移动电话"革命"改善了通讯服务的情况，但是到2000年为止，移动电话的服务只局限在少数几个大城市，信号也时常会出现中断。

不稳定的电力和水供应让企业深受牵累。在电力供应方面，1998年是尤为糟糕的一年。当年的旱灾导致加纳的主要电力来源阿科松博水电站的水位降低，加纳被迫实行电力配给供应。当时加纳企业高达42%的经营失败比例——这是1995～1999年期间最大的年度增幅，和1998年的"电力休克"相关（政策分析中心，2000，第29页）。尽管新建的热电厂的完工和从科特迪瓦购买的电力缓解了电力供应紧张的情况，能源供应整体上的不稳定继续限制着加纳企业的经营。

这种不稳定迫使企业购买发电机，并开掘自己独立的水源。一些更为成功的公司购置了燃料箱来储存燃料。在布朗阿哈福省，至少两家木材公司都有着自己的灭火装备，并且雇佣了专门的私人灭火人员。用布罗蒂加姆（Brautigam，1997）的话说，企业家正在"代替国家（行使部分职能）"。因此，那些本能够用于生产的资本被困在了这些方面。比如，在尼日

203

利亚，私有发电机占到了小型制造业企业资本设备的 75%
（科利尔和冈宁，Collier and Gunning，1999，第 11 页）。这严
重阻碍了企业的生产经营活动，让投资者深受其害，也让企业
缺乏竞争力（帕蒂略，Pattillo，2000；科利尔和帕蒂略，
Collier and Pattillo，2000；世界银行，2001）。

企业家的弱点

在以上的环境下，我们可以进一步对阻碍非洲资本主义发
展的非洲企业家自身态度上的弱点进行评估。基尔比（Kilby，
1969）和马里斯和萨默赛特（Marris and Somerset，1971）认
为，非洲企业家：（1）不愿意把企业扩大到一定规模以上；
（2）发展多种经营但是却没有把任何一项的潜力完全发挥出
来；（3）不愿放权给雇员、亲属或是子女；（4）不愿合伙经
营，因此限制了他们的增长潜能；（5）把稀少的资本锁定在
农场和房屋上，而不是把利润投资到再生产活动中去。① 非洲
企业家身上存在的这些问题彼此关联而且互相制约。有观点认
为，这些问题是非洲价值观、观念和文化因素症状的体现，因
此非洲企业家无法像西欧和美国的企业家那样成功引领经济
变革。

其他人对这种观点提出了反驳。里格斯（Riggs，1964）

---

① 详细地列出并讨论非洲资本家的所有弱点并不是我这里的目的。有关讨
论请参见加利克（1967）、肯尼迪（1980）、艾利夫（1980）和福里斯特
（1994）。

和哈特（1970）把非洲资本家所谓的弱点归因于适宜发展的良好环境的缺乏。具体来说，他们强调政客和官僚的阻挠资本家发展的态度。肯尼迪（1980）和近期的福里斯特（Forrest，1994）等学者严谨的实证研究显示，虽然非洲企业家确实有一些弱点，但是这些弱点被夸大了。肯尼迪在其对加纳企业的研究中认为，（加纳企业家）所谓的弱点大多是对环境和制度因素的合理反应。他对加纳所进行的广泛研究所得出的结论十分乐观，他认为（加纳）本土企业正在崛起。

　　然而，尽管此后20年中加纳执行了比较彻底的资本主义战略，但是私营部门依旧羸弱，企业家身上依然还有着那些阻碍发展的特征。例如，许多企业家都不把扩大经营规模作为自己的优先目标。很明显，加利克（1971）当年的研究中所说的情况——许多加纳企业家不愿意把企业扩大到自己难以直接控制的规模基本没有改变。多行业经营的情况也没有改变。同样，他们依然把资本投入到土地和房屋上面，并且不愿意合伙经营。政府官员强调企业家的这些弱点并且认为本土企业家无法胜任引导经济变革的任务。例如，财政部副部长维克多·塞罗梅（Victor Selormey）在2000年8月的一场激烈的电视辩论中称，本土企业家缺乏想象力，加纳不能依靠他们来实现经济增长和繁荣。海外经济合作基金（Overseas Economic Cooperation Fund，1999）的一项研究显示，政府认为企业家缺乏长远战略眼光。但是，企业家身上的这些弱点是否反映了他们过去的经验，并且代表着某种企业文化？还是说，国家临时保卫委员会/全国民主大会党和以前的政府一样，没能够为企业的发展提供必要的前提——鼓励生产性活动的行政管理框架和能够有效保护私有财产的高效率的司法机构来让企业家得以崛起？

　　企业家们对扩大经营规模的抵触源于加纳持续的不安全的大环境。鲍迪奇（Bowditch，1999）和汤普森（Thompson，2000）发现，只要罗林斯一直掌握权力，许多企业家就决定把企业维持在较小规模。企业家们相信企业的"小"规模可以让它们不那么显眼。一个为木工行业生产多种机器的工程师/企业家在采访中向作者表达了这种观点。"在加纳，小心谨慎地经营才是上策。不要做出头鸟，你就可以平平安安。我的一些朋友忘记了这一点，所以他们就从生意圈永远消失了。"他继续说道，他向整个西非地区供应木工机器，但是一直绕开出口行业以避免被政府盯上。对他生产的机器感兴趣的人必须到加纳来购买或者到加纳来商谈购买事宜。库马西的一位有名的家具制造商也从另一个稍微不同的角度表达了相似的观点："贪婪给你带来麻烦。不要过度扩张，因为那样会引来政府的注意和摧毁性干扰。"他很清楚地把扩大规模等同于贪婪。受访者们反复表示，企业的"大"是"有害的"，除非能够得到政府的支持。但是，企业家们认为（政府支持）这一优势可能随着政权变更而成为企业的负担，暗示着（不同政府）对企业的周期性骚扰。

　　这种情况让我们想到了麦克加菲（MacGaffey，1987）对扎伊尔的研究，他发现扎伊尔的成功企业家总会陷入麻烦之中。用一位学者的话说，他们"不得不面对这样一种矛盾——企业一旦取得较大成功，那么他们就会引来寄生虫（指政府官员）发起又一轮的搜刮，从而再次让资本积累陷入停滞"（利斯，1996，第181页）。这一模式部分解释了"中

205

等（企业）的缺乏"以及为何非正规经济部门会在加纳和非洲其他国家兴旺繁荣。相比于正规经济部门的企业家，非正规部门的企业家们拥有可见度较低的优势，因此可以更好地避开政府的侦查和掠夺。

到 2000 年，许多加纳企业家都继续同时涉足多个工商业领域。批评者们认为，这样一来，企业家就分散了自己的精力，无法把旗下任何一家公司的潜力完全发挥出来。这一批评原则上是成立的，但是涉足多个行业未必就一定会阻碍企业的发展。本书已经十分清楚地展示，加纳的一些最成功的企业家都同时涉足多个行业。他们只关注单一行业是否会变得更加成功只是一个假设。毕竟，更重要的问题是企业家为何会选择同时涉足多个行业。

企业家们对此的一般解释是，同时在多个行业经营可以让他们在不可预知的环境之下分散投资风险。一个旅店老板同时还拥有五金商店、药店、柚木种植园和养牛场。他认为，和那些只投资于制造业的商人相比，那些投资比较多样化的企业家可以更好地在经济自由化的大环境之下生存发展。这一观点十分普遍，即使是成就卓越、受人尊敬的大企业家也表示赞同。有人把门萨和阿彭腾进行比较后发现，他们两人的企业都曾被政府没收，但是前者受到的影响更大，因为他没能把自己的投资多样化。用阿彭腾的话说，"多样化是关键，不要把所有鸡蛋放在一个篮子里"。值得注意的是，在充满不确定性的环境中，投资的多样化是一个普遍特征。"在高度腐败和政策变化不定的国家中，企业家们更偏向把投资进行多样化。与其把利润再次投入到同一个行业中，企业家们会把利润投入到其他一些行业中以分散风险"（布罗蒂加姆，1994）。

较早的对加纳企业家的研究认为，非洲企业家更倾向于投资农场和房地产，而不是把利润投入企业的再生产中（加利克，1967，1971；康，1980）。加纳九十年代建筑业的繁荣和我所做的访谈都显示，企业家的这种倾向基本没有改变。当然，这么做看起来会阻碍企业的扩张。但是，在投资于农产和房产是否真正阻碍了公司扩张以及这种做法是否合理的问题上是存在争议的。哈特（1970）、艾利夫（1980）和其他学者就认为，相比于其他投资，购置房产和农场更加安全，受到的危害更小。

加利克在其研究中质疑"为什么夸胡（Kwahu）和其他加纳商人一样更偏向把利润投资于其他经济领域而不是把利润再次投入贸易行业"。他认为：

> 从资本主义发展的角度来看这么做是有害的，但是考虑到整体的社会环境，这一行为又是合理的。农场和房产十分安全，适合应对疾病以及用来养老……贸易是人们赚钱养家、教育子女和积累财富的一大途径。除了这些之外，人们还希望拥有"永久的"财产——农产和房屋，因为即使生意失败这些不动产依然存在。商人们可以在生病或者年迈时有所依靠，并且把这些不动产传给家人。在这方面，他绝不是个例（加利克，1967，第479页）。

投资房产更加安全的观点在采访中反复出现。在采访中，受访者经常会提到曾经富甲一方的企业家失去了所有但是却保有自己的农产和房产；他们随后会说，"如果'S'和'Y'没有自己的房屋，那么他们现在将置身何处呢？"尽管原因并不清楚，但是国家临时保卫委员会似乎没收了更多的企业，而没有没收太多农场和房产；这也是这一观点盛行的原因。

那么，我们又如何来评价非洲企业家更喜欢直接控制企业而不愿意放权给雇员甚至是他们的家属子女这一观点呢？批评者们认为，"除非企业家们允许其他人代替他们行使部分管理权，否则企业就不可能持续无限扩张下去"（康，1980，第117页）。批评者们还认为，企业的所有者/创立者一直对企业的经营方法保密，这会导致企业随着他/她的去世而一同垮掉（艾利夫，1980）。肯尼迪发现，在加纳，企业家们不愿放权的主要原因是广泛的不信任。鲍迪奇（1999）在20年后也得出了相似的结论。在采访中，企业家称雇员有着从小偷小摸到伪造支票等各种不诚实的行为。一位制药公司的老板称，他的一位前雇员曾经把配方交给公司的竞争者，而随后这位前雇员也跳槽到了竞争者的公司。另一位生产胶水的企业家称，他的一位前雇员窃取了他的配方后成立了自己的公司，成为了行业内的竞争者。由于加纳的财产权保护不完善，专利法律也很少得到执行，所以这种剽窃盗版的行为很难被制止。如果企业扩张会导致这些问题的出现，那么企业家限制经营规模以保证自己对资源的控制就是合情合理的，但是研究者们很少把这些问题和企业家的保密经营和不愿放权联系起来。

至于加纳企业无法在创立者离开后继续生存的批评，这种情况已经开始出现重大的转变，一些企业已经可以在创立者离开后生存下去。阿彭腾的子女经营着潘氏兄弟公司（Panbros

Limited)。阿彭腾和奥赛先生（Mr. Osei）——加纳前任驻英国高级专员伊萨克·奥赛（Issac Osei）的父亲共同建立的静脉输液公司（Intravenous Infusions）正在由他们的女子共同经营。努如—肯特公司是一家制造和出口肯特布的企业，该公司的创立者已经把公司的经营权交给了他的儿子夸库·努如（Kwaku Nnuro）。相似地，劳埃德机械公司的经营权也从父辈的创立者转移到了其儿子手中。夸贝纳·达科（Kwabena Darko）（达克农场）也推荐自己的孩子来取代自己的位置。相似的情况也发生在尼日利亚。

这里我们需要对这种转变的范围进行限定。进步似乎主要集中于经营比较成功的企业。加纳最成功的家禽养殖业者夸贝纳·达科对这一进程提出了令人印象最深刻的解释。"成功带来成功。我是我的孩子们的榜样。他们在美国接受教育之后表示要继续经营家禽业……因为他们从养鸡业中看到了商机。"通过对比，他进一步指出，由于可可农经常负债，所以他们的孩子也不愿意继续从事可可种植。加利克（Garlick, 1967）所说的贸易行业的风险促使许多受过教育的年轻人去寻找更安全可靠的工作的事实也证实了这种想法的存在。

第二代企业家崛起的部分原因在于公共部门工作机会和此类工作所带来的特权的减少。在加纳，"缺乏竞争力的报酬和缺乏回报机制的工作环境让公务部门对有才干的经理和职业人员，尤其是对医疗、高等教育、经济和公共政策分析等领域的人员来说不再具有吸引力"（世界银行，2004，第13页）。相比之下，私营企业有着更好的薪酬、声望和回报，因而也更具吸引力。受过高等教育的加纳人以前都喜欢在公共部门找工

208 作，但是现在许多人选择企业。琼斯·奥弗里—阿塔博士（Dr. Jones Ofori-Atta）、祖德·巴克纳（Jude Bucknor）和奥乌苏博士（Dr. A. A. Owusu）等受过高程度教育的人才在私营企业领域的崛起反映了这一变化。随着企业家水准的提高，受雇佣的职业人员的素质也相应提升。尽管企业家还不能完全信任雇员，但是和上一代企业家相比，他们对于雇员的态度已经变得更为随和了。我们很难准确说出个中原因，但是今天受过更好教育的企业家可能比上一辈人更能够发现雇员中存在的欺诈等行为。

那么我们又如何评价非洲企业家不愿与人合作这一观点呢？加利克（1967，1971）和肯尼迪（1980）为我们提供了加纳的相关证据。在加纳占主导地位的家庭企业经常会出现流动性资金缺乏的情况，人们认为这是因为企业之间没能够共享股权。例如，加纳工业协会的执行理事就指出，"加纳人宁愿用自己贫乏的个人资金或家庭资金甚至不惜负担高利率借钱来支持自己的企业，却不愿意分享企业股权"（《每日写真报》，2000 年 2 月 19 日）。加纳工业协会的官员把这归因于文化因素，并引用了阿肯族（Akan）的格言：*ewo me ne ewo yen nse*（个人独占好于共同拥有）。这句格言更强调个人资产的重要性。但是这并非加纳人所独有。因此，我们需要探讨为什么加纳人对于合伙经营尤为不愿。

广泛存在的不信任是其中的部分原因。一位受访者对鲍迪奇说："加纳人很难进行团队合作，因为'我除了上帝之外任何人都不会信任'或者说'一切归于上帝但人人为己'是行事的准则。另一个人说："如果我和我的兄弟合伙经营，那么我们各自的妻子在家里会告诉我们不同的东西。所以当我们共事时就很难再合得来了。贪婪让人们彼此分离，甚至在家庭中贪婪也无处不在"（鲍迪奇，1999，第 77~78 页）。尽管存在着大量的欺诈的案例，但是这些人大多夸大了事实。加纳也有一些成功的合伙经营的案例，比如真空制盐产品公司（Vacuum Salt Products）和静脉输液公司（Intravenous Infusions）。由近 300 位夸胡商人（Kwahu traders）创立的欧博贸易公司的历史可以一直追溯到 1945 年（加利克，1967）。而且，只关注加纳人中存在的欺诈行为会让人们忽略一点：商业纠纷和信任问题是全球性的。在加纳（和非洲其他地方），有效的法律途径的缺乏加剧了这一问题。私有财产权和合同执行得不到保障以及可靠的纠纷解决方式的缺乏是加纳人不愿意合伙经营的真正原因。

加纳人隐藏财富不让政府发现的做法也让分享股权变得更加困难。尽管这种情况在罗林斯时代之前就已存在，但是它在罗林斯时代得到了巩固。企业界很少会利用加纳证券交易所（Ghana Stock Exchange）作为募集流动性资金的手段。2000年，只有两家本土私营公司在加纳证交所挂牌，其中一家把它的一小部分普通股自由出售。莫斯（Moss，2000）发现，在加纳证券交易所为何重要的六条原因中，"为你的公司募集资金"是排名最末的。家庭经营的公司非常倾向于依赖家庭纽带保守秘密并维持信任，不愿意让股东进入决策层，因为那样会让公司的账本被严格审查，管理决策也会受到质疑。经历了 1982~1992 年期间（军政府）对公司事务的调查之后，企业家对于保护公司内部信息尤其敏感，比如公司的真正拥有者、

209

真实财产和真实收入，或是其他公司不希望让当局尤其是税务当局发现的信息（莫斯，2000）。尽管（企业家们）反对合伙经营阻碍了个体公司规模的扩大，但是企业家们有着足够合理的反对理由。合伙经营能够促进增长但是却可能带来潜在的纠纷并失去对敏感信息的控制。

针对非洲企业家的另一个批评是他们严重依赖政府的赞助。加利克把加纳企业家描述成"本质上的食利者"（加利克，1971，第149页）。我在前面已经谈到过政府对资本积累的重要性。但是批评者忽略了一个事实，即政客们让那些不接受政府赞助的企业家们无法存活，所以企业家们除了接受政府赞助之外别无选择。在加纳，有名的企业家吸引着政府的注意力。据传，90年代时加纳曾广泛流传着一个反映罗林斯对富人焦虑心理的故事。根据其他人的转述：罗林斯在阿克拉发现了一座正在建设中的宏伟的办公大楼，他立刻派人调查谁是这座大楼的所有者。据传罗林斯随后立刻传唤大楼所有者，要求对方说明自己的政治派别。当大楼所有者说他自己不属于任何政治派别时，他立刻受到了罗林斯含蓄的威胁；罗林斯要求他必须支持全国民主大会党。据说许多政府官员和全国民主大会党的职员都曾经发出过类似的威胁。

本书对布朗阿哈福省政府与企业间关系的分析证实了这一点。当地的全国民主大会党官员向企业家施压，要求他们向该党捐款，否则他们就可能被惩罚。反对党人员也要求企业进行捐款；尽管反对党缺乏即刻制裁的能力，但是威胁在将来进行制裁也十分有效。一些企业家进行政治捐款仅仅是为了避免遭到骚扰。虽然"小"企业家没有受到中央政府的注意，但是

210

他们在地方上仍然重要，所以许多人最终还是和全国民主大会党建立了联系。所以，他们不得不接受政府的资助。一旦他们进行捐款，那么政府的资助就成了他们收回"投资"的一种方式。了解了事情的来龙去脉之后，我们才能更加明白表面上看起来十分清晰的"食利主义"背后企业家有着自己的苦衷。

当然，也有一些企业家自愿进行政治捐助以获取并利用政治资助。但是即使在这些案例中，认为获取资助是企业家的主要目的也是错误的。根据我的个人经验以及本书中的证据，更多的企业家希望看到政治资助被抑制而不是被扩大。他们深刻地意识到政府资助是一把双刃剑，并且经常引用那些因为和前任政权关系密切而遭到骚扰的企业家的例子。而且，如我所述，那些试图独立自主进行资本积累的企业家经常受到政府的打压，这也是政府领导人巩固自身权力所采取的主要策略。

结　论

如上所述，尽管加纳进行了自由化改革，但是它依然缺乏巩固资本主义制度所需的制度前提。法院系统难以让人信赖，它们既不能够有效执行合同，也不能保证财产权，这意味着企业家们的投资得不到充分的保护——而这种保护是资本主义发展的一个非常基本的前提。由于政府自身就时常侵犯财产权并且无视法庭判决，所以企业家们所面临的投资风险非常高。而且，加纳的官僚文化整体上对于企业家比较冷漠，对资本主义发展起阻碍作用；官僚们打着保护公共利益的旗帜为自己谋私利的情况在加纳十分普遍。很少有官僚意识到一个稳定可预见的环境对于促进资本主义发展的重要性。再者，政府官员们似乎秉持着这样一种观点，即企业家的追求和国家的发展之间是互不相容的——这一立场和（政府）促进资本主义发展的战略相互矛盾。亚洲新兴工业化国家的官僚和企业家之间非正式的信任网络是促进经济增长的关键因素。综合加纳政府以上的种种态度，加纳缺乏这种信任网络并不令人吃惊。总之，加纳的制度环境不适合资本的积累扩张和市场经济的发展。

211   企业家们采取了一系列不利于公司扩张的策略来应对这些不确定性。这些策略主要是用来降低投资风险，所以它们并不是增长导向的。尽管企业家的这些策略常常被误认为是自身软弱无能的表现，但实际上这些策略更应当被理解成是企业家们对周边恶劣环境的合理反应。我们应当认识到财产权和法治原则对于资本主义扩张的重要作用，但是这两者在加纳都不存在。所以，如果加纳资本家在这种环境之下还能大范围扩大经营规模的话，那反倒是有些奇怪了。我们要把改革所面临的严峻经济挑战、1982～1992年期间企业家受到的苛刻待遇和之后政府对企业家的定期骚扰放在一起考虑。企业所面临的风险和遭受的挫折尽管常常被人忽略，但是它们足以摧毁加纳企业家的意志。许多企业家们在这种充满风险和挫折的背景下还愿意进行投资着实体现了他们身上的韧性和勇气。但是不可避免的是，扩大规模很少是企业的优先选项了。

第九章　加纳经验的理论意义

这一章主要探讨本书的研究成果对于拟定出最适宜欠发达213国家资本主义发展和制造业成长的政策的意义。到目前为止，本书的实证性材料基本上都是在新自由主义理论、新制度经济学以及国际金融组织的理论假设和它们要求加纳政府实施的政策的框架下进行讨论的。现在我将转向阿姆斯登、常和其他"发展型国家"学派（Developmental State School）成员对这些假设的批评。所以，我将会讨论加纳（和非洲其他国家）政府是否有必要采取干预性更强的政策来促进工业化以及成功实行这些政策的必要政治和制度前提。在这里我们有必要简要叙述一下2000年取代罗林斯的全国民主大会党政府上台的新爱国党政府的经济政策及其所取得的成就。

东亚国家的经验和加纳的案例有一定联系。在过去的几十年中，东亚国家在工业化方面取得了最非凡的进步，因此加纳等国自然希望能够从中学习到一些有益的经验和教训。实际上，世界银行和加纳官员曾经进行过的联合研究中曾经提到了东亚国家的经验（世界银行，1993a）。东亚新兴工业化国家的迅速崛起和加纳经济的困难重重形成了鲜明对比，凸显了两者之间发展上的巨大差距。①

214　　　此时我们有必要厘清新自由主义者和"发展型国家"学派在理论假设上的主要区别。如我所述，加纳政府采纳了世界银行的新自由主义工业化方针，但是结果却令人十分失望。世界银行新自由主义工业化方针的初始假设是，"让价格回到正轨"是经济发展的关键。随后，世界银行承认该方案不足以解决问题，认为自由化的经济改革需要伴之以制度改革。但是，这种制度改革仍然是在新自由主义的框架之内。更具体来说，从新自由主义经济理论脱胎而出的新制度经济学强调保证财产权和降低经济发展的"交易成本"是重中之重（世界银行，1989，1994；诺斯，1990，1996；哈里斯等编，1995）。需要承认的是，世界银行政策下加纳私营部门的有限发展在某种程度上和这一理论相关联。例如，尽管结构调整政策一定程度上降低了交易成本，但是降低的幅度却远远不够。加纳私有化并且提高交通运输和通信等服务业部门效率的努力归于失败，这意味着交易成本仍然相对较高。同样重要的是，国家临时保卫委员会/全国民主大会党对于大中企业家的政治骚扰意味着财产权依然没有得到有效的保障。人们常常认为，民主化可以确立法治原则，减少政治骚扰，从而更好地保障财产权。

---

① 《经济学家》1989 年 9 月的一篇报道称，加纳 1957 年的人均年收入是 490 美元，而同年韩国的人均年收入则是 491 美元。到了 80 年代初期，加纳的人均年收入只有 400 美元，比之前下降了将近 20%；而同时期韩国的人均年收入则已经超过了 2000 美元。根据联合国开发计划署 1990 年度的《人类发展报告》中所记录的 1987 年的数据，韩国人均年购买力已经比加纳多出了十倍——4832 美元对 481 美元（沃林，1994）。

但是，在加纳的案例中，财产权并没能如人们所期待的那样得到实质性的改善，起码在罗林斯 1992～1996 年和 1996～2000 年的两届政府任职内是这样。

与新自由主义经济学的理论假设相反，"发展型国家"学派认为：保证财产权和降低交易成本固然重要，但是这并不足以促使欠发达国家形成具有竞争力的工业。他们认为，东亚新兴工业化国家成功的关键因素就是采取了一系列市场调节和国家干预相结合的政策。约翰逊（1982）、汉密尔顿（1986）、韦德（1990）、阿姆斯登（1994，2001）以及弓野和阿姆斯登（1994）等人认为，新兴工业化国家的成功是因为它们强有力的中央政府有着长期连贯的发展战略并且对经济进行了长期系统和有力的干预。

阿姆斯登或许对新兴工业化国家的这一战略进行了最令人印象深刻的分析。她认为，经济发展的进程要求一国的经济财富从原材料为主的资产转变为知识型资产。知识型资产不仅包括先进的工业技术，而且还包括应用这些技术来实现高度竞争力的管理知识和技巧。发达资本主义国家的公司通常都在这些技术及其应用方面有着全面的优势。因此，如果欠发达国家想实现经济发展，那么政府就必须为本国"襁褓中的工业"提供资助和保护，起码让这些企业能够暂时免受发达国家竞争力更强的公司的摧残，让本国企业在"学习中成长"。

如果跳出东亚新兴工业化国家的范围并从长时段的历史视角观察，我们同样也可以发现正统的新自由主义发展思维存在的缺陷。在大量调查研究的基础上，常在其著作《踢开梯子》（*Kick Away the Ladder*）一书中提出：发达国家给发展中国家所开出的一整套经济发展的政策药方与发达国家自身的发展道路相矛盾。他强调，十分讽刺的是，当发达国家在 19 世纪沿着经济成功的梯子努力向上攀爬之时，它们自己并没有实施这样的经济政策。与之相反，它们的政策包括高额关税、保护新生工业、出口补贴和其他经济产业政策——所有这些政策都是它们现在反对的。

常的研究显示，英国和美国——自由主义经济政策的摇篮实际上一直都在保护自己的新生工业，直到它们有能力抵御住全球竞争的冲击。作为第一个实现工业化的国家，英国是在确立了自己的工业优势地位之后才开始促进自由贸易的。与之相似，美国以前长期都是"保护主义最热情的践行者和鼓吹者"，但是当美国获得了绝对的工业优势之后它也开始促进自由贸易，而美国也"正是通过高度的贸易保护主义来取得这种优势的"（常，第 5 页）。对于英国的情况，常引用了德国经济学家弗里德里希·李斯特（Friedrich List）的著名段落：

> 任何攀登到成功顶峰的人都会采取一种十分常见和聪明的策略：他会踢开自己用来攀爬的梯子，以防止其他人跟在他身后一起爬上来。这就是亚当·斯密（Adam Smith）普适性理论的秘密，也是他同时代伟大的威廉·皮特（William Pitt）世界主义倾向背后的秘密，也是皮特之后历届英国政府的秘密。

216
> 通过保护性关税和航行限制，一个国家能够提升自己的制造业实力。（英国）通过这样的措施极大地提升了自己的实力，使得任何其他国家都无法与其竞争。随后，（英

国）所能做的最明智的事就是扔掉这些使它成功的梯子。它向其他国家宣传自由贸易的好处，用忏悔的语调反省自己之前走过的错误道路（保护主义做法），并声称自己第一次发现了事实真相（自由贸易）（常，2002，第4～5页）。

德国、法国、瑞典、比利时、荷兰、瑞士、日本和最近的东亚新兴工业化国家都在不同程度上让自己尚处在"襁褓中的工业"避开了全球竞争。而且，在经济起步时期，他们都无视专利权、盗仿他国工业产品并展开工业间谍活动。他们也都把国家对工业化的干预视为追赶技术更为先进的国家的关键。常随后把这些历史应用到当今的发达国家身上，声称它们也在某种程度上对发展中国家隐藏它们成功的秘密。

常对于资本主义发展史和后起国家工业化的探讨让我们想起了格申克龙（Gerschenkron，1962）对欧洲工业史的分析。通过对后发工业化国家追赶老牌工业化国家的过程进行分析，格申克龙发现经济落后的国家需要比早期的工业化国家对经济进行更多的干预。对工业化国家中广泛存在的政府干预，阿姆斯登认为，和格申克龙的观点相反，"政府对经济的干预并不一定因为工业化的时间越靠后而越多，只是干预的手段不同而已"（阿姆斯登，2001，第285页）。

东亚新兴工业化国家近期也广泛使用相似的国家干预政策来实现经济的迅速和持续增长。它们推行经济产业政策，"意在扶植政府所认定的能够对整体经济产生积极有效影响的特定产业"（常，1994，第61页）。国家挑选出特定的产业以促进其发展；通过提供保护和高度优惠的金融政策，国家引导甚至强迫公司进入这些产业。国家还会帮助实现技术转移以本土企业学习和提升能力。而且，它还引导并促进研究和发展技巧的形成。在（国家）完成这些任务的过程中，价格机制被人为扭曲以实现某些特定目的。这些并不依赖于市场力量的国家干预是东亚奇迹得以实现的关键因素（阿姆斯登，1989；韦德，1990）。用韦德的话说，东亚新兴工业化国家"引导"市场而非"跟随"市场，这意味着"政府发起了一些商人们不会用现在的价格去做的工程"（韦德，第133页）。

　　尽管以上这些研究都有着分量十足的证据来证明自己的观点，可是世界银行和新自由主义经济学家仍然坚持把东亚奇迹归因于自由的经济政策。然而，世界银行在其著名出版物《东亚奇迹》（世界银行，1993b）中却承认，东亚国家的经济中存在十分广泛的国家干预，而其中一部分的干预对经济发展十分有效。即使如此，世界银行仍然认为国家干预在整体上是无效的。因此，世界银行继续鼓吹放任自由的工业化政策，声称国家干预会造成市场扭曲并为权力寻租创造机会，而这两者都会削弱经济长期繁荣的前景。世行偏向依赖市场力量，只在一些特别案例以及孤立的市场失败的个案中才承认国家干预的作用；而且世行还认为市场机制可以很容易得到重建并实现最优竞争。① 世行的这一观点在加纳得到贯彻实行，给加纳的工

---

① 德安尼亚格拉（Deraniyagala，2001）详细论述了这一观点：尽管世界银行奉为公理的关于自由市场和自由贸易能够达到最优效果的观点正遭到越来越多的质疑，其中也包括许多来自世行内部的质疑声音，但是它依然还坚持着自己最初的观点。

业化带来了损害。

　　这里还要提到的就是，世界银行关于权力寻租的观点最近受到了一些发展经济学家的广泛批评（阿姆斯登，1994；劳，1994）。新自由主义者认为，国家干预创造了租金，这使得部分企业能够获得超出正常交易范围之外的利益。他们还认为，一旦国家通过实行补贴、提供补贴性信贷、提供政府合同、征收进口关税、推行许可证制度和配额分配等政策创造了租金，那么理性的企业家们就不再有动力去提高生产力；相反，他们会去争取租金。而且，为了能够获得租金，他们会收买政府官员和官僚。随之而来的便是腐败滋生泛滥——政府官员出于个人利益利用或者"出售"公共资源给企业家，这就拖慢了经济增长并且抬高了社会成本（克鲁格，1974；奥尔森，1982）。①尽管寻租和腐败这两个术语的含义不尽相同，但是它们的意思还是有一些重叠。如卡恩和乔莫（Khan and Jomo，2000a）所言，用在腐败上的资源有时（但并不总是）是花在寻租过程中。和麦金泰尔（MacIntyre，2000）一样，我也把寻租看作是腐败的一种形式。

　　但是，卡恩和其他人却认为，权力寻租和腐败必然有害的观点和经验证据并不一致。实地证据显示，租金和腐败活动的成本以及收益有着很大的变化空间，这取决于一个国家内部社会、政治和经济力量的构成。因此，虽然寻租行为让一些国家

218

① 世界银行和国际货币基金组织花费了大量的时间和金钱来抑制发展中国家存在的腐败情况。国际货币基金组织下属的出版物《财政与发展》（Finance and Development）叙述了腐败的弊端以及腐败斗争的方法。

237

的经济速度放缓，但是同时却提振了另一部分国家的经济。在卡恩和乔莫所编辑的论文集中，许多作者都强调各个东亚国家的彼此各异的经验。卡恩和乔莫在引言中提出了一个有用的评估租金影响的框架。他们注意到，人们比较重视寻租行为的投入成本，但是却常常忽略了寻租行为的租金产出。在这个框架下，他们探讨了各个亚洲国家存在的租金类型，租金如何被分配和使用以及租金产生了怎样的结果。证据显示，根据每个国家各自的政治和制度情况，寻租的成本和租金的产出各不相同。在印度、巴基斯坦和孟加拉国，由于有大量不同派别竞争租金，所以它们的寻租成本很高。而且，由于中间团体的成员在这些派系中发挥了关键的组织和领导作用，这使得租金的去向相对分散。韩国和马来西亚的情况则不同。在韩国，租金的分配由强有力的政府集中控制，这使得较弱的中间团体无法获得租金。马来西亚也拥有中央集权的租金分配制度；而且，由于有着相对较长的资本积累的历史，马来人和华裔马来西亚人之间已经形成了一种不成文的社会契约，这使得（国家得以将）租金以一种集中的方式给予马来人。所以，韩国和马来西亚的寻租成本比它们印度次大陆的邻国要低（卡恩，2000，2001）。

租金的产出也有着显著的不同。在韩国，补贴被发放给特定的产业。国家密切注视着企业的表现，奖励那些业绩良好的企业，让它们能够接触到更先进的技术和更好的租金。相比之下，表现欠佳者则会丢失特权并遭到制裁，在一些极端的案例中他们甚至会被判刑。如常（1994）所述，尽管韩国财阀十分强大并在租金分配中占据有利位置，但是国家并没有让他们高枕无忧、无所事事。因此，租金的接收者依然有追求业绩的动力。相反的例子可以在印度找到（卡恩，2000，2001）。在印度，尽管产业政策为新生工业创造了租金和技术进步的机会，但是国家却没能履行好自己的两个重要职能。首先，国家没能通过有效的监督来约束租金接收者。其次，国家没有把租金和表现挂钩，也没有收回表现不佳者的租金。租金被当成了理所当然的。

卡恩和乔莫编辑的论文集中的其他研究进一步证实了寻租和腐败所产生的不同结果。泰国的寻租成本很高，但是却依然实现了经济的高速增长。多纳和拉姆塞（Doner and Ramsay，2000）把高企的寻租成本归因于泰国竞争性的产业结构和竞争性的庇护主义。在泰国，较高的寻租成本并没有阻碍经济增长，这是因为监督国家工业工程的关键政府部门没有参与到政治寻租中来。洛克（Rock，2000）却认为，泰国之所以能实现经济增长是因为一小部分大资本家的个人能力——他们利用自己和政府的关系获得了租金和技术，进而促进了经济增长。相比之下，租金在菲律宾则造成了严重的社会后果。赫奇克罗夫特（Hutchcroft，2000）的研究显示，菲律宾独特的权力结构"阻碍了"发展，孕育了"特权政治"；租金的接收者没有什么压力进行生产性投资。因此，菲律宾是东南亚国家最接近于多数非洲国家的。

从以上研究得出的一个重要观点是，成功的资本积累和资本主义发展并不依赖于清除腐败或是清除"裙带资本主义"。卡恩（2000，第140页）表达了这样的观点：

人们所默认的与"裙带"资本主义相反的应该是"真正无偏见的"资本主义：后者拥有自由市场，没有租金，所有人的回报都由市场决定，国家在其中只发挥最小的作用。但是，无论这种虚构的资本主义多么具有吸引力，我们的讨论却发现建立这样的资本主义模式和发展中国家并不相关，或许和所有经济都不相关。真正重要的区别是那些发展型的寻租体系和那些残破的寻租体系。

阿姆斯登（1989，2001）和常（2003a）认为，鉴于租金和腐败在后期国家工业化的初期所发挥的关键性作用，本土资本家需要政府的帮助或是租金来应对大型跨国公司的竞争并建立起自己的大型资本主义企业。东亚新兴工业化国家在 20 世纪后半叶实现了人类历史上最为迅速的经济和社会变革，而这证明了有智慧地使用租金的力量（常，2003b）。尽管 1997 年的东亚经济危机拖延了新兴工业化国家经济快速增长的步伐，但是和多数非洲国家糟糕的经济表现相对比，它们所取得的成就还是十分显著的。

加纳经济的表现对于这一论题有何意义？我们可以从国际货币基金组织/世界银行在加纳和非洲其他地方所推行的改革计划的内容中得出怎样的结论？乍看之下，答案似乎十分明确。如前文所述，尽管有新自由主义经济改革措施的促进，但是期待中的私营部门的复兴并没有出现。所以，一些更加有效的产业政策应该被添加到将来的政策改革中去。不幸的是，事情并没有那么简单。首先，由于历届罗林斯政府都没能提供良好的"治理"并进行成功的制度改革来为新自由主义经济政策凑效创造一个有利环境，所以新自由主义能够以此来为自己辩护。更具体地说，从新自由主义经济理论脱胎而出的新制度经济学强调，保证财产权和降低经济发展的"交易成本"是重中之重（世界银行，1989，1994；诺斯，1990，1996；哈里斯等编，1995）。需要承认的是，世界银行政策下加纳私营部门的有限发展在某程度上和这一理论相关联。例如，尽管结构调整政策一定程度上降低了交易成本，但是降低的幅度却远远不够。私有化并提高交通运输和通信等服务业部门效率的努力归于失败，这意味着交易成本仍然相对较高。同样重要的是，国家临时保卫委员会对于大中企业家的政治骚扰意味着财产权依然没有得到有效的保障。事实上，正如本书前面所述，商人群体在罗林斯时代面临着前所未有的不确定性。虽然这种不确定性随着时间的推移而逐渐下降，但是伤害却已经造成。人们常常认为，民主化可以确立法治原则，减少政治骚扰，从而更好地保障财产权。法治原则的确立和政治骚扰的减少可以更好地保障财产权。但是，在加纳的案例中，财产权并没能如人们所期待的那样得到实质性的改善。而且，和东亚新兴工业化国家的政府相比，罗林斯政府以补贴性信贷和免除税收等形式创造的租金只是被用来奖励效忠者，却没能够促进整体经济的增长。政府提供的资助很少以企业家的能力或是成功的可能性作为标准。相反，政府的主要动机却是扼杀政治反对派。所以，许多靠着和国家临时保卫委员会/全国民主大会党的关系而上位的企业在后罗林斯时代大多处境艰难而挣扎度日。

　　如果要想对新自由主义的经济观点进行更全面的考察，那么我们就需要把目光放到 2000 年之后，也就是新爱国党政府

221

取代罗林斯的全国民主大会党上台执政之后。新爱国党毕竟是一个旗帜鲜明的支持企业的政党。如果新自由主义的观点是正确的，那么加纳政府的更迭应该能够为私营部门注入活力并使经济状况出现显著的改善。新爱国党政府确实称得上是加纳历史上最支持私营部门的政府。新爱国党政府履新的第一周就宣布加纳"企业的黄金时代"即将到来。它随后还组建了私营部门发展部。但是，尽管如此，私营部门和整体经济都依然虚弱（社会经济数据研究所，2004；政策分析中心，2003）。

原因何在？首先需要澄清的是，新爱国党政府一直努力践行着正统的新自由主义政策。尽管新爱国党在2000年大选的宣言中曾经对国际货币基金组织/世界银行资助的改革计划提出了批评，但是人们不应该被这份宣言所误导。新爱国党在宣言中陈述："许多和加纳相似的国家已经甩掉了贫困落后的帽子，变成了生产力发达、工资高、国际竞争力强和生活水平不断提升的现代化国家。"宣言称，这取决于下面这些关键因素：（1）民间力量的动员；（2）农业改革；（3）生产力的增强；（4）工业和出口的扩张；（5）政府和私营部门之间富有成效的伙伴关系；（6）公共财政的审慎管理（新爱国党，2000，第2页）。新爱国党指责国家临时保卫委员会/全国民主大会党忽视工业化以及后者"经常把自由放任主义和由私营企业家所领导的国家发展政策混为一谈"。"由于政府在支持本土私营部门发展方面态度冷淡又甚少作为，加纳稚嫩的新生工业在无差别的进口自由化政策之下遭到了严重摧残"（新爱国党，2000，第4页）。新爱国党提出实行这样一种工业政策：

222

……（这一政策）创造出一个充满活力、竞争力和创新能力的工业部门，使之能够在全球经济的竞争中立于不败之地。新爱国党政府在促进工业部门发展方面所采取的方法将和全国民主大会党完全不同……例如，全国民主大会党几乎完全依赖初级产品和原材料的出口来发展工业部门，而新爱国党则会创造一个多样化而又充满创新和活力的高度整合的工业部门。在这个全新的工业部门中，新观念和技术创新将会被持续用来改善产品和服务。新爱国党在这个创新型经济中的角色就是和私营部门一起发现未来存在的战略机会并把资源重新投向这些方面（新爱国党，2000，第 2 页）。

为了实现这一目标，新爱国党意图积极地发展它和私营部门之间的伙伴关系："和现任的政府相比（指全国民主大会党政府），新爱国党一直以来都笃信私营企业在消除贫穷和创造繁荣方面的领导作用。而且，宣言还称全国民主大会党政府"让许多本有可能领导加纳走出贫困的企业家们遭受了严重的挫折"（新爱国党，2000，第 3 页）。新爱国党在宣言中承诺它会建立一个投资基金来帮助私营公司。资金的分配将根据利润而不是政治关系确定（新爱国党，2000，第 11 页）。

这里我们对宣言进行三点分析。首先，尽管没有具体说明，但是宣言十分清楚地暗示了东亚模式。其次，新爱国党不仅要保护本土企业，而且还帮助企业一起寻觅战略机会并重新引导资源和企业活动进入这些战略领域。这一点上是对东亚模式的明确暗示。最后，新爱国党强调政府和资本家之间的密切联系，而这也是东亚成功的关键特征。

　　新爱国党上任后确实显示出了它和其前任之间在许多方面的重要不同。国家临时保卫委员会/全国民主大会党政府绝不会轻易举起资本主义的大旗，但是新爱国党却能够自豪地扛起资本主义的旗帜并在面对加纳左派的指责时为自己辩护。库福尔总统（J. A. Kufuor）在其就职演讲中宣称"企业的黄金时代"即将到来以及将要组建一个新的专门监督私营企业发展的部门。随后，他又颁布总统特别令为加纳企业家甄别并提供潜在的商业机会（阿瑟，2006）。新爱国党推行了一系列支持商业的措施，如为企业提供财政金融支持和减少公司税。在这些支持商业的举动中，最能与执政长达二十年的罗林斯形成对比的就是，库福尔每半年就会和企业界领导人会面一次并征求他们的意见和建议，而罗林斯本人是绝对不会和加纳企业界领导人会面的。而且，新爱国党不会迫害企业家或是没收财产，这让它和此前的罗林斯政府划清了界限。如阿瑟（2006，第40页）所述，新爱国党政府"保护私有财产"。

　　尽管新爱国党实施了这些支持商业的政策，但是它所说的和全国民主大会党先前的经济政策"一刀两断"的承诺却基本没有实现。这主要是因为国际金融机构继续反对国家干预。因此，无论新爱国党什么时候试图对经济进行更多的干预，国际金融机构都会进行阻挠。加纳对于国际金融机构的依赖十分严重，这使得加纳政府无法违抗这些机构的命令。鉴于新爱国党政府从全国民主大会党政府那儿继承了大笔债务和日益恶化的公共财政，这使得新爱国党不得不申请重债穷国（Heavily Indebted Poor Countries）债务减免，而这一举动也让加纳对国

223

际金融机构的依赖程度愈发严重。在重债穷国债务减免协议的约束之下，新爱国党政府的政策选择也越来越有限。[①] 其次，在重债穷国的条件限制下，政府能够对本土公司提供的资助不足以让本土企业发展成为具备全球竞争力的大公司。更具体来说，新爱国党所创立的加纳投资基金基本上无法改变加纳缺乏发展资金的情况。与此同时，批评者们则指责投资基金只是让政府内部人士及其朋友受惠。

事实上，新爱国党比全国民主大会党政府还要更加忠实和严谨地执行着世界银行的政策。它遵照世行的意思进行更合理的宏观经济管理以及发展和私营部门之间更密切的关系——但是商业投资增长和整体经济增长方面所取得的成就却基本可以忽略不计。

因此，相比于罗林斯时代加纳的经济表现，新爱国党政府的经济表现更能够体现出新自由主义经济政策在促进加纳这样十分不发达的经济体的快速经济增长时的无力。在这一点上，"发展型国家"学派的观点明显有着更强的说服力。如卡恩（2000，第141页）所说："无论在亚洲还是在任何其他地方，证据都表明，长期的经济发展不可能在无租金的基础上实现。

224

---

① 下面的例子说明了政策受限的情况。在加纳的鸡肉进口从1998年的5000吨增长到了2001年的30000吨之后，议会批准把家禽类产品的进口关税从20%上升到40%，把大米的关税从20%上升到25%。但是来自国际借贷方的压力却让政府最终屈服。加纳的私营部门发展部长和总统特别计划负责人悲叹道，"我们所处的重债穷国的状况不允许我们（补贴或是实行任何形式的保护主义）""没有对家禽进口进行限制——巴特尔斯"，2010年5月24日。

相反，政策的（真正）挑战是要在发展中国家建立或是重建一套制度和政治来促进和保持发展型租金和寻租并抑制那些阻碍发展的租金和寻租行为。"

但是，主要的问题依然在于，加纳政府能否在政治上和行政上成功地执行选择性产业政策。过去的历史让我们有足够的理由怀疑这一点。加纳政府和其他非洲国家政府都倾向于对经济进行干预并让多数企业家处境艰难；它寄生于企业家，而不是帮助企业家。而且，加纳政府所提供的帮助——如进口许可证和外汇分配——以政治恩惠为主要根据，同时没有任何机制来制约政府的作为；这和韩国的情况非常不一样。因此，这些政府所掌控的资源基本上都被浪费在短期的资本积累和资本外逃上，而没有用在发展更大更长久的企业上。如前面所述，加纳和多数非洲国家一样，它们的结构更接近于南亚国家，而不是东亚国家；它们的寻租模式在经济上是有害的，而不是发展型的。

新爱国党政府可能比之前历届加纳政府都更真心实意地支持企业发展，但是它仍然难以有上佳表现。这不仅仅是因为世界银行的压力，而且还因为加纳行政部门一直以来能力较弱、内部不团结和腐化堕落。如果没有一支有着凝聚力和支持私营企业发展的精英官僚队伍，那么任何试图运用更多"干涉主义"方式来发展的战略都可能会归于失败。我们甚至可以说，采用"干预主义"很难能够取得比正统新自由主义政策更好的结果。过去的经验和比较研究的证据都显示，对于整体经济而言，（干预主义的）结果可能会更糟。

所以，最后问题就变成加纳能否像韩国或泰国一样建立一个类似的精英官僚团队以及如何建立这样一个团队。这里我们无法对这个问题进行详细讨论，但是作者有以下几个观点。首先，卡恩等政治经济学家的研究方法过于偏向结构决定论。在前总统朴正熙于60年代初期发起改革之前，韩国的官僚同样以低效和腐败而闻名，对工业发展没有什么积极贡献。坚定果决而又富有手腕的政治领导人所采取的坚决行动可以十分显著地改变官僚系统的能力。另一方面，我们需要承认的是，社会环境——渗透入官僚机构内部的种族和其他地方种族——和历史上官僚传统的缺乏可能会让这个任务在包括加纳在内的多数非洲国家更加困难。但是这不应当成为顺从宿命而放弃努力的借口。如果政府可以推出足够的激励措施来吸纳精英分子，并且为有效的表现和管理提供足够的回报，那么加纳还是可以大有作为的。这个任务面临的主要的困难就是其非常高的初始成本。为了能够引进坚定负责而又精明能干的新鲜血液，政府不得不辞退那些已经毫无生气的高级官员并向他们提供大笔补偿金。而且，期待政府会为这些冗余人员提供资金，在政治上是不现实的。所以，要完成这个任务就需要大量的外部援助以及援助国本身对于这个任务有着坚定的信心。目前看来，无论是非洲政府还是援助国都不可能全心投入去完成这一任务。但是我们可以期待的是，有了非洲委员会这样的机构和相关规划，越来越多的注意力和资源会被放到促进经济迅速增长所必需的前提以及本章所提到的两个长远战略上来。

225

结　论

　　本结论将综合之前各章的数据资料对本书的主要观点和发现进行概述，并把它们和更广阔的经济发展问题相联系。如前所述，尽管加纳的改革旨在增强资本家的能力，使其能够领导经济增长和变革；但是加纳的资产阶级依然疲软无力，他们的投资远远少于预期也远远难以满足经济的要求。本书针对这一问题提出了三种解释。首先，新自由主义经济改革对于加纳商人的财富和命运产生了十分复杂的多方面影响。改革为加纳企业家创造了许多之前没有的机会。比如，进口许可证的废除让之前依托权贵崛起的人不再享有特权，这就为企业家创造了比较好的经营和竞争环境。但是改革同时也给企业家们带来了严峻的挑战。高利率、信贷不足、货币巨幅贬值和贸易自由化等措施让他们步履维艰，同时也抵消了刺激措施的正面效果。其中贸易自由化措施给制造业带来了灾难性的影响，而制造业则是现代经济的心脏和促进经济持续增长的源动力。《加纳远景2020》这份罗林斯时代有关国家发展方面最全面的政策声明也曾十分正确地阐述过这一观点。但是如我们所看到的，无论是在（对企业的）援助还是（和企业的）有效合作方面，加纳政府都少有作为，没有把政策声明落到实处。

我们可以从两个方面对加纳经济政策的指导思想——"不干涉（政策）"提出质疑。首先，东亚新兴工业化国家的成功已经证明，国家的战略性干预十分关键。其次，鉴于本土制造业很容易被国际竞争挤垮，因此国家对本土企业提供帮助，从而为它们赢得时间适应国际竞争就显得十分必要。需要承认的是，国家干预本身是一个颇具风险的战略。东亚新兴工业化国家的精英们全身心地投入到促进国家发展的事业中，而加纳却缺乏这种条件。而且，亚洲模式的高风险在于其要求政府有能力正确地"选择赢家"——但是鉴于第八章所强调的加纳官僚行政机构的弱点，它无法胜任正确地"选择赢家"的任务。世界银行偏向于选择新自由主义经济政策正是基于这些考量，但是如果（世行和加纳政府）能够推出一些经过仔细推敲而又目标明确的干预政策，那么这或许能够逆转加纳去工业化的进程。

加纳改革计划的另一个弱点在于本土企业家的有限作用。由于改革计划基本上没有为本土企业家提供什么有意义的支持，甚至在他们面临破产时也不例外，所以本土企业家在改革计划中的地位无足轻重。与之形成强烈对比的是，政府积极努力使用各种方法来吸引外国资本。例如，罗林斯及其同僚就曾在 90 年代四处出访来游说投资者，向他们宣传加纳的投资机会。加纳领导人对于本土企业缺乏信心，不认为它们有能力在经济发展中扮演重要角色。麦坎达维（Mkandawire，2001）认为，非洲政府一方面十分努力地追逐外国资本，另一方面却对本土资本家怀有偏见，指责它们没能够建立起具有竞争力的现

228

代企业。

加纳政府没能够妥善对改革的努力方向做出调整，这对本土企业的命运和能力以及整个国家的进步都产生了负面影响。在改革中占有极重要地位的出口部门就是一个例子。如第三章所述，如果加纳资本家想在全球舞台取得成功，那么国家的支持对于他们是至关重要的。抛开激烈的全球竞争不说，加纳公司大部分都是小规模经营并且缺乏足够资源，这使得它们无法在自己不熟悉的国际竞争中站稳脚跟。而它们在亚洲和拉美的竞争者们却是国家资助的受益者。如第三章和第七章所述，加纳出口促进委员会既缺乏必要的资源，也缺少严肃认真的态度，所以他们很难为本土企业家提供后者所需的相应的制度支持。这就让本土企业家很难有机会在全球竞争中崭露头角。从发展型国家模式的观点来看，国家应该为企业家提供资本积累的渠道并适时做出调整以发展国民经济，但是加纳的改革却在这方面缺点明显，力度有限。加纳政府缺少长期的发展规划，尤其是缺少一个把促进出口投资和拉动本土企业发展联系起来的计划。

229 　　不友好的政治环境是本土企业家为何没能在加纳的改革计划中获得发展的第二个方面原因。加纳企业家在整个罗林斯时代都遭到政府的迫害。如第二章所述，反贪腐运动是国家临时保卫委员会执政初期重要的政治议程。在它初掌政权的前十八个月里，国家临时保卫委员会及其下属的民众主义组织和机构一直指责资产阶级是加纳经济灾难的罪魁祸首，并且（在言语和行动上）对他们进行持续威胁。即便稍后国家临时保卫委员会走上了发展资本主义的道路，它还继续保持着反资本主

义的论调。政府对资本家的安抚少之又少，政府还经常高调罚
没一些加纳最著名企业家的企业并且对他们进行审判。

虽然援助国鼓吹民主并希望民主可以抑制非洲政府的独裁
倾向来辅助市场化改革，但是这种期望没能够在加纳实现。在
加纳向民主过渡期间以及之后的一段时间里，政府对企业家们
的迫害反而显著增多，因为这部分企业家加入了主要的反对党
并且向反对党提供资助。如第五章所述，政府的骚扰和迫害在
民主化时期出现了大幅增加。值得注意的是，即使是在国家临
时保卫委员会反资本主义言论和行动的高峰时期，它一直都坚
持自己只是在和腐败作斗争。但是，现在连总统自己都指出政
治动机是政府骚扰部分企业家的一个重要原因。尽管这一
"严酷的"政治气候随后逐渐"冷却"下来，但是政府对部分
和反对派结盟的企业家的十分明显的敌视一直持续到 2000 年
罗林斯时代终结。全国民主大会党没有没收企业，但是它仍继
续对私有财产构成严重威胁，比如它曾分别在 1999 年和 2000
年拆除了一家价值数百万美元的宾馆和 35 间正在由一家房地
产公司建造的房屋。

国家临时保卫委员会/全国民主大会党对于大多数企业界
人士的敌意导致政府十分不愿意和企业家进行协商，或是和企
业家发展任何有意义的关系。如第四章和第五章所述，政府与
企业间的协商十分重要，因为这种协商可以促进双方关系的健
康发展。通过安抚企业家让他们相信政府不仅认可他们做出的
贡献，而且还愿意和他们合作。在加纳，政企之间的协商显得
尤为重要，因为唯有如此，企业界才能打消内心对政府动机的
怀疑：企业界认为政府推行改革并不是出于自身的信念，而只

230　是政府在经济上求生存的一种手段。新建立的几个协商和咨询团体没有能够促使政府制定出促进投资的政策，因为企业家们被排除在了政策制定的圈子之外。罗林斯坚持不会见任何企业界领袖的立场在其担任政府领导人期间从未改变，这被认为是罗林斯本人无法克服自己对企业家敌意的证据。

鉴于和政府领导人之间紧张的政治关系，企业家们自然而然倾向于隐藏自己的财富，即使他们还有意向进行投资，他们也只是投入自身财富的很少一部分。企业家们对一些政治人物十分憎恨，他们不仅把投资看做是对这些掌权者的默许和支持，还认为这和自己希望这些政治人物倒台的想法背道而驰。企业家们不仅从加纳国内撤出资金，而且还劝说外国投资者远离加纳（奥弗里，1993）。值得一提的是，在2000年外汇危机期间（见第三章），罗林斯曾指责反对派企业家故意把资金从银行抽出来制造经济困难和社会恐慌，从而让选民在选举年改变投票意向。[①]

本土企业对于改革计划反应冷淡的第三个方面原因在于加纳自身充满不确定性的制度环境。如第八章所述，行政机构的高效和透明对于资本主义经济的重要性是毋庸置疑的。但是加纳的行政机构却缺乏透明性，并且还存在工作拖拉、蓄意阻挠和腐败等情况。这就使得加纳企业不得不面对混乱、不确定性以及高企的经营成本。司法系统也受到了类似问题的困扰。法庭的公正受到了加纳企业家的质疑。司法诉讼程序拖沓，代价

---

① 罗林斯同样也指责过国际金融机构和援助国，认为他们没有给予加纳协议中确定的足够数量的援助。

昂贵，而且常常半途而废。我们在一些案例中看到，在涉及企业和政府的诉讼中，政府经常能够否决法庭的判决。许多人都感到法庭受到了政府的操控。鉴于罗林斯一直有着没收财产的记录，企业家完全有理由担心自己投资的安全。这些因素综合在一起使得投资风险变得非常高。

接下来的问题似乎就变成如何让东亚模式在国家机构能力较弱的加纳等非洲国家发挥作用。在这方面，世界银行到目前为止似乎一直都没有找到正确的努力方向：它主要把注意力放在民主化和市民社会方面，而较少关注行政机构改革。非洲大多数国家的行政和司法机构的改革都只是流于表面，这使得非洲国家很难复制东亚模式。但是，如果援助国和世界银行能够下定决心把援助集中用于塑造一个有着更强行政能力和凝聚力的精英官僚机构，这并非是不可能的。

231

参考文献

Abdulai, R. and I. Ndekugri (2007) "Customary Landholding Institutions and Housing Development in Urban Centers of Ghana: Case Studies of Kumasi and Wa" *Habitat International*, 31, 2, pp. 257 ~ 267.

阿卜杜来和恩德库瑞：《加纳城市中心的例行土地所有制度和住房情况进展：库玛西和瓦城的案例研究》，载《国际栖息地》，2007 年，31，2，第 257 ~ 267 页。

Afrani, M. (1995) "The Killer Tax" *New African*, July/August, p. 27.

阿弗莱尼：《杀人的税》，载《新非洲人》，1995 年，7 ~ 8 月，第 27 页。

Agbodo, E. (n. d.) "The Impact of Divestiture" in *Divestiture: Unlocking Ghana's Growth Potential. Accra*: Divestiture Implementation Committee, p. 5.

阿格波多：《资产剥离的影响》，载《资产剥离：释放加纳的曾展潜力》，阿克拉：资产剥离执行委员会，第 5 页。

Agyemang, N. (1988) "Tribunal 'Confessions'" *West Africa*, February 8, p. 210.

阿贾芒：《法庭'坦白'》，载《西非》，1988 年，2 月 8 日，第 210 页。

Agyemang-Duah, B. (1987) "Ghana, 1982 ~ 1986: The Politics of the P. N. D. C. " *Journal of Modern African Studies*, 25, 4, pp. 613 ~ 642.

阿贾芒—杜：《1982～1986 年的加纳：国家临时保卫委员会的政治》，载《现代非洲研究》期刊，1987 年，25，4，第 613～642 页。

Akakpo, B. (1993) " High Expectations " *West Africa*, July 19, p. 1260 ~ 1262.

阿卡波：《高度期待》，载《西非》，7 月 19 日，1993 年，第 1260～1262 页。

Ahwoi, K. (ed.) (1999) *Selected Speeches and Papers*: *Sixth Annual Conference of District Chief Executives*, September 5 ~ 10, 1999. Accra: EDO Printing Press.

阿霍伊：《第六届地区行政长官年度会议竞选演讲与论文》，1999 年 9 月 5～10 日，阿克拉：EDO 印刷公司，1999 年。

Alston, L., T. Eggertsson, and D. North (eds.) (1996) *Empirical Studies in Institutional Change*. Cambridge: Cambridge University Press.

奥尔斯顿、埃格森和诺斯：《制度变化的经验研究》，剑桥：剑桥大学出版社，1996 年。

Amate, C. (1999) *The Making of Ada*. Accra: Woeli Publishing.

阿梅特：《阿达的塑造》，阿克拉：维力出版社，1999 年。

Amissah, A. (1981) *The Contribution of the Courts to Government*: *A West African View*. Oxford: Clarendon Press.

阿米沙：《法庭对政府的贡献：一个西非人的观点》，牛津：克拉莱登出版社，1981 年。

Amponsah, N. (2000) "Ghana's Mixed Structural Adjustment Results: Explaining the Poor Private Sector Response" *Africa Today*, 47, 2, pp. 9 ~ 32.

阿姆蓬萨：《加纳结构调整的复杂结果：对私营部门糟糕反应的解释》，载《今日非洲》，2000 年，47，2，第 9～32 页。

_____ (2001) "Adjustment Reforms in a Poor Business Environment: Explaining Why Poor Institutions Persist under Ghana's Reforms" in *IMF and*

World Bank Sponsored Structural Adjustment Programs in Africa：*Ghana's Experience*，*1983 ~ 1999*（ed.）K. Konadu-Agyemang. Aldershot：Ashgate，pp. 371 ~ 390.

————不良商业环境下的结构调整：《为何糟糕的制度得以在加纳改革中持续存在》，见科纳多、安德森编：《国际货币基金组织和世界银行资助的非洲结构调整计划》，载《加纳的经验》，1983 ~ 1999 年，阿尔德索特：阿什哥特，2001 年，第 371 ~ 390 页。

Amsden，A.（1985）"The State and Taiwan's Economic Development" in *Bringing the State Back In*（eds.）P. Evans，D. Rueschmeyer，and T. Skocpol. Cambridge：Cambridge University Press，pp. 78 ~ 106.

阿姆斯登：《国家和台湾的经济发展》，载伊万斯、拉斯梅尔、斯卡帕《回归国家》，剑桥：剑桥大学出版社，1985 年，第 78 ~ 106 页。

————（1989）*Asia's Next Giant*：*South Korea and Late Industrialization*. New York and Oxford：Oxford University Press.

————《亚洲的下一个巨人：韩国和下一个工业化》，纽约和牛津：牛津大学出版社，1989 年。

————（1994）"Why Isn't the Whole World Experimenting with the East Asian Model to Develop?：Review of the East Asian Miracle" *World Development*，22，4，pp. 627 ~ 633.

————《为什么全世界不试着用东亚模式去发展？回顾东亚奇迹》，载《世界发展》，1994 年，22，4，第 627 ~ 633 页。

————（2001）*The Rise of "the Rest"*：*Challenges to the West from Late-Industrializing Economies*. Oxford：Oxford University Press.

————《"其他地方"的崛起：后工业经济时代以来对西方的挑战》，牛津：牛津大学出版社，2001 年。

Anin，T.（1991）*Essays on the Political Economy of Ghana*. Accra：Selwyn Publishers.

艾宁：《加纳政治经济论文集》，阿克拉：索伦出版社，1991 年。

Anyemedu，K.（1991）"Export Diversification under the Economic

Recovery Program" in *Ghana: The Political Economy of Recovery* (ed.) D. Rothchild. Boulder and London: Lynne Reinner, pp. 209～220.

艾耶梅德：《经济恢复计划下的出口多样化》，见罗斯查尔德编：《加纳：恢复的政治和经济》，伯德和伦敦：林恩林那，1991 年，第 209～220 页。

Appenteng L. (1993) "Appenteng Breaks His Silence" *West Africa*, September 9, pp. 1393～1395.

阿彭腾：《阿彭腾打破沉默》，载《西非》，9 月 9 日，1993 年，第 1393～1395 页。

Appiah-Kubi, K. (2001) "State-Owned Enterprises and Privatisation in Ghana" *Journal of Modern African Studies*, 29, 2, pp. 197～229.

阿皮亚—库比：《加纳的国有企业和私有制》，载《现代非洲研究》期刊，29，2，2001 年，第 197～229 页。

Armstrong, R. (1996) *Ghana Country Assistance Review: A Study in Development Effectiveness.* Washington, DC: World Bank.

阿姆斯特朗：《加纳国家援助评论：援助有效性的研究》，华盛顿：世界银行，1996 年。

Arthur, P. (2006) "The State, Private Sector Development and Ghana's 'Golden Age of Business'" *African Studies Review*, 49, 1, pp. 31～50.

阿瑟：《国家、私营部门发展和加纳商业的'黄金时代'》，载《非洲研究评论》，2006 年，49，1，第 31～50 页。

Aryeetey, E. (1994) "Private investment under Uncertainty in Ghana" *World Development*, 22, 8, pp. 1211～1221.

艾瑞特：《加纳不确定性之下的私人投资》，载《世界发展》，1994 年，22，8，第 1211～1221 页。

Assiseh, V. (2000) "Rejoinder" *The Independent*, October 10.

阿希瑟：《反驳》，载《独立报》，2000 年，10 月 10 日。

Atim, C. and A. Gariba (1987) "Ghana: Revolution or Counter-

Revolution?" *Journal of African Marxists*, 10（June）, pp. 90~105.

阿提姆和加里巴：《加纳：革命和反革命》，载《非洲马克思主义者》期刊，1987年，6月10日，第90~105页。

Awoonor, E.（1999）"Role of the Judiciary in Promoting Market Oriented Policies" *Banking and Financial Law Journal of Ghana*1, 2 & 3, pp. 99~104.

阿乌诺：《司法在促进市场化导向政策方面的作用》，载《加纳银行和金融法》期刊，1999年，第99~104页。

Awoonor, K.（1984）*The Ghanaian Revolution*：*Background Account from a Personal Perspective.* New York：Oases.

阿乌诺：《加纳革命：个人视角下的背景记录》，纽约：绿洲出版社，1984年。

Ayee, J.（1996a）"Ghana's Return to Constitutional Rule" *Africa Insight*, 26, 2, pp. 120~129.

阿伊：《加纳回归宪政统治》，载《非洲洞见》，26, 2, 1996a年，第120~129页。

_____（1996b）"The Measurement of Decentralization：The Ghanaian Experience, 1988~92" *African Affairs*, 95, pp. 31~50.

_____《去集权化的措施：加纳的经验，1988~1992》，载《非洲事务》，95, 1996b年，第31~50页。

_____（1999）"Ghana" in *Public Administration in Africa*：*Main issues and Selected Country Studies*（ed.）L. Adamolekun. Denver：Westview Press, pp. 250~289.

_____加纳．见阿达莫里克编：《加纳的公共管理机构：主要议题和特定国家研究》，丹佛：西方视点出版社，1999年，第250~289页。

Ayee, J., M. Lofchie, and C. Wieland（1999）*Government-Business Relations in Ghana*：*Experience with Consultative Mechanisms.* Private Sector Development Occasional Paper No. 36, World Bank.

阿伊、洛弗奇、威兰：《加纳的政府与企业间关系：咨询机制的经验》，载《私营部门发展报告 36 号》，世界银行，1999 年。

Ayim, F. (2000a) "CASHPRO's C20 Billion Jackpot" *The Statesman*, October 1.

《阿伊姆腰果产品公司两百亿塞地的赌注》，载《政治家》，2000a，10 月 1 日。

_____ （2000b） "CASHPRO is NDC Front" *The Statesman*, October 15.

_____《腰果公司是全国民主大会党的前线》，载《政治家》，2000b，10 月 15 日。

Baah-Nuakoh, A. （2003） *Studies on the Ghanaian Economy：The Industrial Sector.* Accra：Woeli Publishing.

巴—努阿科：《加纳经济研究：工业部门》，阿克拉：维力出版社，2003 年。

Bates, R. （1981） *Markets and State in Tropical Africa：The Political Basis of Agricultural Policies.* Berkeley University of California Press.

贝茨：《热带非洲的市场和国家：农业政策的政治基础》，伯克利加州大学出版社，1981 年。

Bayart, J. （1993） *The State in Africa：The Politics of the Belly.* New York：Longman Publishing.

贝亚特：《非洲的国家：大肚政治》，纽约：朗文出版社，1993 年。

Bennell, P. （1984） "Industrial Class Formation in Ghana：Some Empirical Observations" *Development and Change*, 15, 4, pp. 593～612.

班诺：《加纳产业阶级的行程：一些经验观察》，载《发展与变化》，1984 年，15，4，第 593～612 页。

Bentsi-Enchill, N. （1989） "Timber Scandals" *West Africa*, March 6, pp. 344～345.

本茨—伊丘：《木材丑闻》，载《西非》，3 月 6 日，1989 年，第 344～345 页。

Bienen, H. and J. Herbst （1996） "The Relationship between Political and Economic Reform in Africa" *Comparative Politics*, 29, 1, pp. 23 ~ 42.

贝宁和赫伯斯特：《非洲政治改革与经济改革的关系》，载《比较政治》，1996 年，29，1，第 23 ~ 42 页。

Boahen, A. (1989) *The Ghanaian Sphinx*: *Reflections on the Contemporary History of Ghana, 1972 ~ 1987*. Accra: Ghana Academy of Arts and Sciences.

博阿亨：《加纳谜题：对加纳当代史的思考，1972 ~ 1987》，阿克拉：加纳艺术科学学院，1989 年。

_____ (1997) "Ghana: Conflict Reoriented" in *Governance as Conflict Management*: *Politics and Violence in West Africa* (ed.) W. Zartman. Washington DC: Brookings Institute Press, pp. 95 ~ 147.

_____《加纳：冲突的新方向》，载扎特曼编《作为冲突管理的统治：西非的政治和暴力》，华盛顿：布鲁金斯学会出版社，1997 年，第 95 ~ 147 页。

Boone, C. (1990) "The Making of a Rentier Class: Wealth Accumulation and Political Control in Senegal" *Journal of Development Studies*, 26 (April), pp. 425 ~ 449.

布恩：《寻租阶级的产生：塞内加尔的财富积累和政治控制》，载《发展研究》期刊，1990 年，4 月 26 日，第 425 ~ 449 页。

_____ (1994) "Accumulating Wealth, Consolidating Power: Rentierism in Senegal" in *African Capitalists in African Development* (eds.) B. Berman and C. Leys. Boulder and London: Rienner, pp. 163 ~ 187.

_____《积累财富，巩固权力：塞内加尔的寻租主义》，见伯曼和利思编《非洲发展中的非洲资本主义》，伯德和伦敦：林恩林那，1994 年，第 163 ~ 187 页。

Botchwey, K. (1999) "Comments" in *Africa*: *Adjusting to the Challenges of Globalization*. (ed.) L. Wallace. Washington, DC: International Monetary Fund, pp. 114 ~ 120.

博奇韦：《评论》，见华莱士编《非洲：面对全球化挑战的调整》，华盛顿：国际货币基金组织，1999 年，第 114～120 页。

Bowditch，N.（1999）*The Last Emerging market：From Asian Tigers to African Lions.* Westport and London：Praeger.

鲍迪奇：《最后一个新兴市场：从亚洲虎到非洲雄狮》，韦斯特波特和伦敦：普雷格，1999 年。

Brautigam，D.（1994）"African Industrialization in Comparative Perspective：The Question of Scale" in *African Capitalists in African Development*（eds.）B. Berman and C. Leys. Boulder and London：Lynne Reinner，pp. 139～162.

布罗蒂加姆：《比较视野下的非洲资本主义者：规模的问题》，见伯曼和利思编《非洲发展中的非洲资本主义》，伯德和伦敦：林恩林那，1994 年，第 139～162 页。

_____（1997）"Substituting for the State：Institutions and Industrial Development in Eastern Nigeria" *World Development*，25，7，pp. 1063 ～1080.

_____《替代国家：东尼日利亚的制度和工业发展》，载《世界发展》，25，7，1997 年，第 1063～1080 页。

Callaghy，T.（1990）"Lost between State and Market：The Politics of Economic Adjustment in Ghana，Zambia，and Nigeria" in *Economic Crisis and Policy Choice：The Politics of Adjustment in the Third World*（ed.）J. Nelson. Princeton：Princeton University Press，pp. 257～319.

卡拉奇：《迷失在国家和市场之间：加纳、赞比亚和尼日利亚三国经济调整的政治》，见尼尔森编《经济危机和政策选择：第三世界的调整》，普林斯顿：普林斯顿大学出版社，1990 年，第 257～319 页。

_____（1994a）"Africa：Back to the future?" *Journal of Democracy*，5，4，pp. 133～145.

_____《非洲：回归未来》，载《民主》期刊，5，4，1994a 年，第 133～145 页。

_____"Civil Society，Democracy and Economic Change in Africa：A

Dissenting Opinion about Resurgent Societies" in *Civil Society and the State in Africa* (*eds.*) J. Haberson, D. Rothchild, and N. Chazan. Boulder: Lynne Rienner, pp. 231~254.

_____《非洲的市民社会、民主和经济变革：不同的意见》，见哈博森等编《非洲的市民社会和国家》，伯德和伦敦：林恩林那，第 231~254 页。

Centre for Policy Analysis (1998) *Ghana Macroeconomic Review and Programme.* Accra: Centre for Policy Analysis.

政策分析中心：《加纳宏观经济评论与计划》，阿克拉：政策分析中心，1998 年。

_____ (1999) *Ghana Macroeconomic Review and Programme.* Accra: Centre for Policy Analysis.

_____《加纳宏观经济评论与计划》，阿克拉：政策分析中心，1999 年。

_____ (2000) *Ghana Macroeconomic Review and Programme.* Accra: Centre for Policy Analysis.

_____《加纳宏观经济评论与计划》，阿克拉：政策分析中心，2000 年。

_____ (2003) "Overview: The State of the Ghanaian Economy 2002~2003" *Selected Economic Issues*, No. 6. Accra: Centre for Policy Analysis.

_____《概述：加纳 2002~2003 年的经济情况》，载《经济问题精选》，第 6 期，阿克拉：政策分析中心，2003 年。

Chabal, P. and J. P. Daloz (1999) *Africa Works: Disorder as Political Instrument.* Oxford: James Currey.

沙布尔和达洛兹：《非洲：无序和政治工具》，牛津：詹姆斯柯里，1999 年。

Chang, H. (1994) *The Political Economy of Industrial Policy.* London and Basingstoke: Macmillan.

常：《工业政策的政治经济》，贝辛斯托克：麦克米伦出版社，

1994 年。

_____ （2002） *Kicking Away the Ladder*：*Development Strategy in Historical Perspective*. London：Anthem Press.

_____《踢走梯子：发展战略的历史视角》，伦敦：安瑟姆出版社，2002 年。

_____ （2003a）"The East Asian Development Experience" in *Rethinking Development Economics* （ed.） H. Chang. London：Anthem Press，pp. 107～124.

_____《东亚发展经验》，见常主编《重新思考发展经济学》，伦敦：安瑟姆出版社，2003a 年，第 107～124 页。

_____ （2003b）"Trade and Industrial Policy Issues" in *Rethinking Development Economics* （ ed.） H. Chang. London：Anthem Press，pp. 257～276.

_____《贸易和工业政策议题》，见常主编《重新思考发展经济学》，伦敦：安瑟姆出版社，2003b 年，第 257～276 页。

Chazan，N. （1983） *An Anatomy of Ghanaian Politics*：*Managing Political Recession，1969～1982*. Boulder：Westview Press.

沙赞：《加纳政治剖析：管理政治衰退，1969～1982》，伯德：西方视点出版社，1983 年。

_____ （1991） "The Political Transformation of Ghana under the PNDC" in *Ghana*：*The Political Economy of Recovery* （ ed.） D. Rothchild. Boulder and London：Lynne Rienner，pp. 21～47.

_____《国家临时保卫委员会统治下的加纳政治变革》，见罗斯查尔德编《加纳：恢复时期的政治经济》，伯德和伦敦：林恩林那，1991 年，第 21～47 页。

Clague，C. （ ed.） （1997） *Institutions and Economic Development*：*Growth and Governance in Less Developed Countries and Post-Socialist Countries*. Baltimore：Johns Hopkins University Press.

克莱格编：《制度和经济发展：欠发达和后社会主义国家的增长和统

治》，巴尔的摩：约翰霍普金斯大学出版社，1997 年。

Clague，C.，P. Keefer，S. Knack，and M. Olson（1997）"Institutions and Economic Performance：Property Rights and Contract Enforcement" in *Institutions and Economic Development：Growth and Governance in Less Developed and Post-Socialist Countries*（ed.）C. Clague. Baltimore：Johns Hopkins University Press，pp. 67～90.

克莱格、基弗、奈克和奥尔森：《制度和经济表现：财产权和合同执行》，载《制度和经济发展：欠发达和后社会主义国家的增长和统治》，巴尔的摩：约翰霍普金斯大学出版社，1997 年，第 67～90 页。

Collier，P. and J. Gunning（1999）"Why Has Africa Grown Slowly" *Journal of Economic Perspective*，13，3，pp. 3～22.

科利尔和冈宁：《为什么非洲增长缓慢》，载《经济视角》期刊，13，3，1999 年，第 3～22 页。

Collier，P. and C. Pattillo（eds.）（2000）*Investment and Risk in Africa*. Basingstoke and London：Macmillan Press.

科利尔和帕蒂略编：《非洲的投资和风险》，辛斯托克和伦敦：麦克米伦出版社，2000 年。

Commission on Human Rights and Administrative Justice（1995）*First Annual Report，1993～1994*（mimeo）.

人权和行政公正委员会：《第一次年度报告 1993～1994》，1995 年。

——— *Third Annual Report，1996*（mimeo），1997.

———《第三次年度报告 1996》，1997 年。

——— *Fourth Annual Report，1997*（mimeo），1998.

———《第四次年度报告 1997》，1998 年。

Crook，R.（1994）"Four Years of the Ghana District Assemblies in Operation：Decentralization，Democratization and Administrative Performance" *Public Administration and Development*，14，pp. 339～364.

克鲁克：《加纳地区议会四年来的执行情况：去集权化、民主化和行政表现》，载《公共管理和发展》，14，1994 年，第 339～364 页。

Crook，R.（1998）"Ghana" in *Democracy and Decentralisation in South Asia and West Africa*（eds.）R. Crook and J. Manor. Cambridge：Cambridge University Press，pp. 202～270.

克鲁克：《加纳》，见克鲁克等编《南非和西非的民主和去集权化》，剑桥大学出版社，1998 年，第 202～270 页。

_____（1999）"'No Party' Politics and Local Democracy in Africa：Rawlings' Ghana in the 1990s and the 'Ugandan Model'" *Democratization*，6，4，pp. 114～138.

_____《非洲的'无党派'政治和地方民主：90 年代的罗林斯和'乌干达'模式》，载《民主化》，6，4，1999 年，第 114～138 页。

Dadzie，A.（1999）"Foreword" in *Divestiture of State-Owned Enterprises in Ghana：Seminar for Members of the Council of State and Presidential Staffers*. Accra：Divestiture Implementation Committee.

达泽：《前言》，载《加纳国有企业的资产剥离：为国务委员会和总统府职员准备的讲习班》，阿克拉：资产剥离执行委员会，1999 年。

De Soto，H.（1989）*The Other Path：The Invisible Revolution in the Third World*. New York and London：Harper and Row.

迪索托：《另一条道路：第三世界的隐形革命》，纽约和伦敦：哈珀和柔，1989 年。

_____（2000）*The Mystery of Capitalism：Why Capitalism Succeeds in the West and Fails Everywhere Else*. New York：Basic Books.

_____《资本主义的神秘：为什么资本主义在西方成功而在其他地方失败》，纽约：基本书刊，2000 年。

Deraniyagala，S.（2001）"From Washington to Post-Washington：Does It Matter for Industrial Policy?" in *Development Policy in the Twenty-first Century：Beyond the post-Washington Consensus*（eds.）B. Fine，C. Lapavitsas，and J. Pincus. London and New York：Routledge，pp. 80～98.

德安尼亚格拉：《从华盛顿到后华盛顿：对工业政策有何影响》，见劳特利奇见法恩、拉帕维萨斯、平卡斯编《二十世纪的发展政策：超越后华盛顿共识》，伦敦和纽约：劳特利奇，2001 年，第 80～98 页。

Divestiture Implementation Committee（1999）*Divestiture of State-Owned Enterprises in Ghana: Seminar for Members of the Council of State and Presidential Staffers.* Accra: Divestiture Implementation Committee.

资产剥离执行委员会：《加纳国有企业的资产剥离：为国务委员会和总统府职员准备的讲习班》，阿克拉：资产剥离执行委员会，1999 年。

Doner, R. and A. Ramsay（2000）"Rent-Seeking and Economic Development in Thailand" in *Rents, Rent-Seeking and Economic Development: Theory and Evidence in Asia*（eds.）M. Khan and K. Jomo. Cambridge: Cambridge University Press, pp. 145～181.

多纳和拉姆塞：《泰国的寻租和经济发展：亚洲的理论和证据》，见卡恩、乔莫编《租金、寻租和经济发展：亚洲的理论和证据》，剑桥：剑桥大学出版社，2000 年，第 145～181 页。

Drah, F.（1979）"The Brong Political Movement" in *Essays on the Society, History and Politics of the Brong People*（eds.）Kwame Arhin. Accra: New Times Corporations, pp. 119～164.

达拉：《布朗政治运动》，见夸梅·阿宁编《布朗人的社会、历史和政治论文集》，阿克拉：新时代公司，1979 年，第 119～164 页。

Dunn, J.（1975）"Politics in Asunafo" in *Politicians and Soldiers in Ghana, 1966～1972*（eds.）D. Austin and R. Luckham. London: Frank CASS, pp. 164～213.

邓恩：《阿苏那弗的政治》，见奥斯汀等编《加纳的政客和士兵，1966～1972》，伦敦：弗兰克 CASS 出版社，1975 年，第 164～213 页。

Dunn, J. and A. Robertson（1973）*Dependence and Opportunity: Political Change in Ahafo.* London and New York: Cambridge University Press.

邓恩和罗伯逊：《依附和机会：阿哈福的政治变化》，伦敦和纽约：剑桥大学出版社，1973 年。

Dyson, K.（1980）*The State Tradition in Western Europe: A Study of an Idea and Institution.* Oxford: martin Robertson.

戴森：《西欧的国家传统：观念和制度研究》，牛津：马丁罗伯特森，1980年。

Ephson, B. (1982) "Checking corruption in Ghana" *West Africa*, April 5, pp. 925～926.

艾佛森：《检视加纳的腐败》，载《西非》，4月5日，1982年，第925～926页。

_____ (1983) "Lessons from the CVC" *West Africa*, March 28, pp. 774～776.

_____《公民审查委员会的教训》，载《西非》，3月28日，1983年，第774～776页。

_____ (1988) "The Management View" *West Africa*, June 6, pp. 1012～1013.

_____《管理层的观点》，载《西非》，6月6日，1988年，第1012～1013页。

Esseks, J (1971a) "Political Independence and Economic Decolonization: The Case of Ghana under Nkrumah" *Western Political Quarterly*, 24, 1, pp. 59～64.

埃森克：《政治独立和经济的去殖民化：恩克鲁玛治下加纳的案例》，载《西方政治》季刊，24，1，1971a年，第59～64页。

Esseks, J. (1971b) "Government and Indigenous Private Enterprise in Ghana" *Journal of Modern African Studies*, 9, 1, pp. 11～29.

埃森克：《加纳的政府和本土私营企业》，载《现代非洲研究》期刊，9，1，1971b年，第11～29页。

_____ (1975) "Economic Policies" in *Politicians and Soldiers in Ghana*, *1966～1972* (eds.) D. Austin and R. Luckham. London: Frank CASS, pp. 37～61.

_____《经济政策》，见奥斯汀等编《加纳的政客和士兵，1966～1972》，伦敦：弗兰克CASS出版社，1975年，第37～61页。

Evans, P. (1989) "Predatory, Developmental and Other Apparatuses:

A Comparative Political Economy Perspective on the Third World State ”
Sociological Forum, 4, 4, pp. 561 ~ 586.

埃文斯：《掠夺、发展和其他机制：对第三世界国家的比较政治经济
学研究》，载《社会学论坛》，4，4，1989 年，第 561 ~ 586 页。

_____（1992）“ The State as problem and Solution：Predation,
Embedded Autonomy and Structural Change” in *The Politics of Economic
Adjustment：International Constraints，Distributive Conflicts，and the State*
（eds.）S. Haggard and R. Kaufman. Princeton：Princeton University Press,
pp. 139 ~ 181.

_____《国家作为问题和解决方案：掠夺，嵌入自治和结构变化》，
见哈格德等编《经济调整的政治：国际束缚、分配冲突和国家》，普林斯
顿：普林斯顿大学出版社，1992 年，第 139 ~ 181 页。

_____（1995）*Embedded Autonomy：States and Industrial
Transformation*. Princeton：Princeton University Press.

_____《嵌入的自治：国家和工业变革》，普林斯顿：普林斯顿大学
出版社，1995 年。

_____（1997）“State Structures，Government-Business Relations，and
Economic Transformation” in *Business and the State in Developing Countries*
（eds.）S. Macfield and B. Schneider. Ithaca and London：Cornell University
Press，pp. 63 ~ 87.

_____《国家结构、政企关系和经济变革》，见麦克菲尔德等编
《发展中国家的企业和国家》，伊萨卡和伦敦：康奈尔大学出版社，1997
年，第 63 ~ 87 页。

Fafchamps, M（1996）“ The Enforcement of Commercial Contracts in
Ghana” *World Development*，24，3，pp. 427 ~ 448.

法兰姆：《加纳商业合同的执行》，载《世界发展》，24，3，1996
年，第 427 ~ 448 页。

_____（2004）*Market Institutions in Sub-Saharan Africa：Theory and
Evidence.* Cambridge，MA：MIT Press.

_____《撒哈拉以南非洲的市场制度：理论和证据》，马萨诸塞州，剑桥：麻省理工大学出版社，2004 年。

Fordwor，D.（1998）*Swimming Upstream*：*The Story of Southern Cross*：*A Double Betrayal of an African Entrepreneur in a Gold Mining Venture*. Pittsburgh：Dorrance publication.

福德沃：《游向上游．南方十字路口的故事：在黄金矿业风险中面临双重背叛的非洲企业家》，匹兹堡：多伦斯出版社，1998 年。

Forrest T.（1994）*The Advance of African Capital*：*The Growth of Nigerian Private Enterprise*. Edinburgh：Edinburgh University Press.

福里斯特：《非洲资本的前进：尼日利亚私营企业的增长》，爱丁堡：爱丁堡大学出版社，1994 年。

Frimpong-Ansah，J.（1991）*The Vampire State in Africa*：*The Political Economy of Decline in Ghana*. London：James Currey；Trenton，NJ：Africa World Press

弗里彭—安萨：《非洲的吸血帝国：加纳衰落的政治经济》，伦敦：詹姆斯柯里；新泽西州特伦顿：非洲世界出版社，1991 年。

Frohlich，N. and J. Oppenheimer（1978）*Modern Political Economy*. Englewood Cliffs：Prentice Hall.

弗勒利希等：《现代政治经济》，恩格伍德克里夫：普瑞恩提斯—霍尔，1978 年。

Frohlich，J.，J. Oppenheimer，and O. Young（1971）*Political Leadership and Collective Goods*. Princeton：Princeton University Press.

弗勒利希等：《政治领导和集体财产》，普林斯顿：普林斯顿大学出版社，1971 年。

Garlick，P.（1967）"The Development of Kwahu Business Enterprise in Ghana Since 1874—An Essay in Recent Oral Tradition" *Journal of African History*，8，3，pp. 463～480.

加利克：《加纳 1874 年以来夸胡商人企业的发展—基于口头传统的研究》，载《非洲历史》期刊，8，3，1967 年，第 463～480 页。

_____（1971）*African Traders and Economic Development in Ghana.* Oxford：Clarendon Press.

_____《加纳的非洲商人和经济发展》，牛津：克莱雷登出版社，1971 年。

Genoud，R.（1969）*Nationalism and Economic Development in Ghana.* New York：Praeger.

杰努：《加纳的民族主义和经济发展》，纽约：普雷格，1969 年。

Gerschenkron，A.（1962）*Economic Backwardness in Historical Perspective：A Book of Essays.* Cambridge，MA：Harvard University Press.

格申克龙：《从历史视角看经济落后：论文集》，马萨诸塞州，剑桥：哈佛大学出版社，1962 年。

Ghana（1995）*Ghana-Vision 2020：The First Step：1996 ~ 2000.* Accra：National Development Planning Commission（memeo）.

《加纳远景 2020：第一步：1996 ~ 2000》，阿克拉：国家发展计划委员会，1995 年。

Ghana Export Promotion Council（1993）*Exporter Performance：Non-Traditional Exports.* Accra（mimeo）.

加纳出口促进委员会：《出口表现：非传统出口》，阿克拉，1993 年。

_____（1994）*Exporter Performance：Non-Traditional Exports.* Accra（mimeo）.

_____《出口表现：非传统出口》，阿克拉，1994 年。

_____（1995）*Exporter Performance：Non-Traditional Exports.* Accra（mimeo）.

_____《出口表现：非传统出口》，阿克拉，1995 年。

GEPC（1995/1996）*Comparison of Export Performance of Non-Traditional Exports.* Accra（mimeo）.

加纳出口促进委员会：《非传统出口表现的比较》，阿克拉，1995 ~ 1996 年。

_____（1996）"Post Structural Adjustment Strategies for Small and Medium-Sized Industries in Ghana and their Contribution to the Corporate Agenda of the Ghana Export Promotion Council" in *Strategies for Strengthening Small and medium-Sized Industries in Ghana*（ed.）O. Boeh-Ocansey. Accra：Ananesem Publications.

_____《后结构调整战略：加纳中小企业以及他们对加纳出口促进委员会整体安排的贡献》，见博奥—欧坎瑟编《增强加纳中小企业的战略》，阿克拉：阿南塞瑟姆出版社，1996年。

_____（1997/1998）*Comparison of Export Performance of Non-Traditional Exports.* Accra（mimeo）

《非传统出口表现的比较》，阿克拉，1997/1998年。

_____（1997/1998）*Comparison of Export Performance of Non-Traditional Exports.* Accra（mimeo）.

_____《非传统出口表现的比较》，阿克拉，1997/1998年（此文与上条属于同一文件）。

_____（1998/1999）*Comparison of Export Performance of Non-Traditional Exports.* Accra（mimeo）.

_____《非传统出口表现的比较》，阿克拉，1998/1999年。

_____（1999/2000）*Comparison of Export Performance of Non-Traditional Exports.* Accra（mimeo）.

_____《非传统出口表现的比较》，阿克拉，1999～2000年。

_____（n. d.）*Ghana Export Promotion Council at a Glance.*

_____《加纳出口促进委员会一瞥》。

Ghana Investment Promotion Centre（1999）1999 *Ghana Club 100.* Accra：Ghana Investment Promotion Centre.

《加纳投资促进中心加纳俱乐部100》，阿克拉：加纳投资促进中心，1999年。

Graham, Y.（1989）"From GTP to Assene：Aspects of Industrial Working Class Struggles 1982～1986" in *The State, Development and Politics in Ghana* （eds.） E. Hansen and K. Ninsin. London：Codesria，pp. 43 ~ 72.

格雷厄姆：《从加纳纺织印染公司到艾赛尼：1982 ~ 1986 年工人阶级的斗争》，见汉森等编《加纳的国家、发展和政治》，伦敦：柯德斯利亚，1989 年，第 43 ~ 72 页。

Green, D. （1998）"Ghana：Structural Adjustment and State （Re） Formation" in *The African State at a Critical Juncture：Between Disintegration and Reconfiguration* （eds.） L. Villalon and P. Huxtable. Boulder and London： Lynne Rienner, pp. 185 ~ 211.

格林：《加纳：结构调整和国家的（重新）形成》，载《非洲国家的关键路口》，伯德和伦敦：林恩林那，1998 年，第 185 ~ 211 页。

Gregory, P. （1996）"Dealing with Redundancies in Government Employment in Ghana" in *Rehabilitating Government：Pay and Employment Reform in Africa* （eds.） D. Lindauer and B. Nunberg. Washington, DC： World Bank, pp. 195 ~ 210.

格雷戈里：《应对加纳的政府裁员问题》，见林达尔编《重振政府》，华盛顿：世界银行，1996 年，第 195 ~ 210 页。

Grindle, M. （1980） *Politics and Policy Implementation in the Third World.* Princeton：Princeton University Press.

格林德尔：《第三世界的政治和政策执行》，普林斯顿：普林斯顿大学出版社，1980 年。

Gyan-Apenteng, K. （1992）"Damning Indictment" *West Africa*, March 30, p. 545.

盖恩·阿蓬腾：《该死的起诉书》，载《西非》，3 月 30 日，1992 年，第 545 页。

Gyimah-Boadi, E. （1990）"Economic Recovery and Politics in the PNDC's Ghana" *Journal of Commonwealth and Comparative Politics*, 28, 3, pp. 328 ~ 343.

吉玛·博阿迪：《加纳国家临时保卫委员会时代的经济恢复和政治》，载《英联邦和比较政治》期刊，28，3，1990 年，第 328 ~ 343 页。

_____（1991a）"State Enterprises Divestiture: Recent Ghanaian Experiences" in *Ghana: The Political Economy of Recovery*（ed.）D. Rothchild. Boulder and London: Lynne Rienner, pp. 193～208.

_____《国有企业剥离：加纳近期的经验》，见罗斯查尔德编《加纳恢复时期的政治经济》，伯德和伦敦：林恩林那，1991a年，第193～208页。

_____（1991b）"Tensions in Ghana's Transition to Constitutional Rule" in *Ghana's Transition to Constitutional Rule: Proceedings of a Seminar Organised by the Department of Political Science, University of Ghana, Legon*（eds.）K. Ninsin and F. Drah. Accra: Ghana Universities Press. pp. 35～40.

_____《加纳转向宪政统治的紧张情况》，见宁森等编《加纳向宪政统治的转型》，加纳：加纳大学出版社，1991b年，第35～40页。

_____（1994）"Associational Life, Civil Society, and Democratization in Ghana" in *Civil Society and the State in Africa*（eds.）J. Haberson, D. Rothchild, and N. Chazan Boulder and London: Lynne Rienner, pp. 125～148.

_____《协会生活、市民社会和加纳的民主化》，见黑博森、罗斯查尔德、沙赞编《非洲的市民社会和国家》，伯德和伦敦：林恩林那，1994年，第125～148页。

_____（1995a）"Explaining the Economic and Political Successes of Rawlings: The Strengths and Limitations of Public Choice Theories" in *The New Institutional Economics and Third World Development*（eds.）J. Harris, H. Hunter, and C. Lewis. London: Routledge, pp. 306～322.

_____《罗林斯取得经济政治成功的原因：公共选择理论的力量和局限》，见哈里斯、亨特、路易斯编《新制度主义经济学和第三世界发展》，伦敦：劳特利奇，1995a年，第306～322页。

_____（1995b）"Ghana: Adjustment, State Rehabilitation and Democratization" in *Between Liberalisation and Oppression: The Politics of structural Adjustment in Africa*（eds.）T. Mkandawire and A. Olukoshi

Codesria，pp. 217～229.

_____《加纳：调整、国家复兴和民主化》，见米肯沃尔、欧鲁科编《自由化和压迫之间：非洲结构调整的政治》，1995b 年，第 217～229 页。

_____（1999）"Ghana：The Challenges of Consolidating Democracy" in *State，Conflict，and Democracy in Africa*（ed.）R. Joseph. Boulder：Lynne Rienner，pp. 409～427.

_____《加纳：巩固民主的挑战》，见约瑟夫编《非洲的国家、冲突和民主》，伯德：林恩林那，1999 年，第 409～427 页。

Gyimah-Boadi，E. and C. Daddieh（1999）"Economic and Political Liberalization in Ghana and Cote d'Ivoire：A Preliminary Assessment of Implications for Nation Building" in *State Building and Democratization in Africa：Faith，Hope and Realities*（eds.）K. Mengisteab and C. Daddieh. Westport，CT：Praeger，pp. 125～155.

吉玛·博阿迪、戴迪：《加纳和科特迪瓦的经济和政治自由化：对民族建构影响的初步评估》，见蒙吉斯塔波、戴迪编《非洲的国家建设和民主化：信念、希望和现实》，西港：普拉格，1999 年，第 125～155 页。

Gyimah-Boadi，E. and R. Jeffries（2000）"The Political Economy of Reforms" in *Economic Reforms in Ghana：The Miracle and the Mirage*（eds.）E. Aryeetey，J. Harrigan and M. Nissanke. Oxford：James Currey，pp. 32～50.

吉玛·博阿迪、杰弗里斯：《改革的政治经济》，见艾瑞特、哈里根、尼桑克编《加纳的经济改革：奇迹和幻象》，牛津：詹姆斯柯里，2000 年，第 32～50 页。

Gyimah-Boadi，E. and D. Rothchild（1982）"Rawlings，Populism，and the Civil Liberties Tradition in Ghana" *Issues*，3 & 4（Fall/Winter），pp. 64～69.

吉玛·博阿迪、罗斯查尔德：《罗林斯、民众主义和加纳的民间自由传统》，载《热点》，3&4，（秋、冬），1982 年，第 64～69 页。

_____ （1990）"Ghana" in *Public Administration in the Third World：An International Handbook* （ed.） V. Subramaniam. Westport：Greenwood Press，pp. 229～257.

_____ 《加纳》，见苏布里曼尼编《第三世界的公共管理：国际手册》，西港：格林伍德出版社，1990 年，第 229～257 页。

Hamalai，L. （1993）*Government-Business Relations and Economic Liberalisation in Nigeria.* D. Phil. Diss.，University of Sussex.

哈马来：《尼日利亚的政企关系和经济自由化》，博士论文，萨塞克斯大学，1993 年。

Hamilton，C. （1986）*Capitalist Industrialization in Korea.* Boulder CO：Westview Press.

汉密尔顿：《韩国资本主义者的工业化》，伯德：韦斯特韦尔出版社，1986 年。

Handley，A. （2008）*Business and the State in Africa：Economic Policy-Making in the Neoliberal Era.* Cambridge and New York：Cambridge University Press.

汉利：《非洲的企业和国家：新自由主义时代的经济政策制定》，剑桥和纽约：剑桥大学出版社，2008 年。

Hansen，E. （1991）*Ghana under Rawlings：The Early Years.* Ikeja：Malthouse Press.

汉森：《罗林斯统治下的加纳：早期》，伊凯贾：迈尔特豪斯出版社，1991 年。

Harris，J.，J. Hunter，and C. Lewis （1995） （eds.） *The New International Economics and Third World Development.* London：Routledge.

哈里斯、亨特、路易斯编：《新制度主义经济学和第三世界的发展》，伦敦：劳特利奇，1995 年。

Hart，E. （1996）*Liberal Reforms in the Balance：The Private Sector and the State in Ghana，1983～1995.* Ph. D. diss.，Princeton University，UMI：Princeton University.

哈特：《平衡中的自由化改革：加纳的私营部门和国家，1983～1995》，博士论文，普林斯顿大学，1996年。

Hart, E. and E. Gyimah-Boadi (2000) *Business Associations in Ghana's Economic and Political Transition.* Critical Perspective no. 3. Centre for Democracy and Development.

哈特、吉玛·博阿迪：《加纳经济和政治转型中的商业协会》，第三期，民主和发展中心，2000年。

Hart, K. (1970) "Small-Scale Entrepreneurs in Ghana and Development Planning" *Journal of Development Studies*, 6, 4, pp. 104 ～120.

哈特：《加纳的小型企业家和发展规划》，载《发展研究》期刊，6，4，1970年，第104～120页。

Hawkins, A. (1986) "Can Africa Industrialize?" in *Strategies for African Development: A Study for the Committee on African Development Strategies* (eds.) R. Berg and J. Whitaker. Berkeley: University of California Press, pp. 279～307.

霍金斯：《非洲能否工业化》，见伯格、惠特克编《非洲发展战略：为非洲发展战略委员会进行的研究》，伯克利：加州大学出版社，1986年，第279～307页。

Herbst, J. (1993) *The Politics of Economic Reforms in Ghana.* Berkeley: University of California Press.

赫伯斯特：《加纳经济改革的政治》，伯克利：加州大学出版社，1993年。

Hikino, H. and A. Amsden (1994) "Staying Behind, Stumbling Back, Sneaking Up, Soaring Ahead: Late Industrialization in Historical Perspective" in *Convergence of Productivity: Cross-National Studies and Historical Evidence* (eds.) W. Baumol, R. Nelson, and E. Wolff. Oxford: Oxford University Press, pp. 285～315.

弓野、阿姆斯登：《落后、失足、悄然前行和迅速向前：从历史角度看后发工业化国家》，见鲍莫尔、纳尔逊、沃尔夫编《生产力集合：跨国研究和历史证据》，牛津：牛津大学出版社，1994 年，第 285～315 页。

Holecek，B.（1993）" Paying the Piper：Conversations with jerry Rawlings". *Transition*，62，pp. 158～174.

霍莱克：《对话罗林斯》，载《转型》，62，1993 年，第 158～174 页。

Hutchcroft，P.（2000）" Obstructive Corruption：The Politics of Privilege in the Philippines " in *Rents，Rent-Seeking and Economic Development：Theory and Evidence in Asia*（eds.）M. Khan and K. Jomo. Cambridge：Cambridge University Press，pp. 207～247.

赫奇克罗夫特：《阻碍型腐败：菲律宾的政治特权》，见卡恩、乔莫编《租金、寻租和经济发展：亚洲理论和证据》，剑桥：剑桥大学出版社，2000 年，第 207～247 页。

Hutchful，E.（1989）" From ' Revolution' to Monetarism：The Economics and Politics of the Adjustment Programme in Ghana" in *Structural Adjustment in Afric*a（eds.）B. Campbell and J. Loxley. Basingstoke and London：Macmillan Press，pp. 92～131.

哈切夫：《从"革命"到货币主义：加纳调整计划的经济和政治》，见坎贝尔、洛克斯利编《非洲的结构调整》，贝辛斯托克和伦敦：麦克米伦出版社，1989 年，第 92～131 页。

_____（2002）*Ghana's Adjustment Experience：The Paradox of Reforms.* Geneva：United Nations Research Institute for Social Development.

_____《加纳的结构调整经验：改革的矛盾》，日内瓦：联合国社会发展研究中心，2002 年。

Iliffe，J.（1980）*The Emergence of African Capitalism.* London and Basingstoke：Macmillan University Press.

艾利夫：《非洲资本主义的崛起》，贝辛斯托克和伦敦：麦克米伦出版社，1980 年。

Institute of Statistical，Social and Economic Research（1997）*The State of the Ghanaian Economy in 1996.* University of Ghana, Legon.

社会经济数据研究所：《1996 年加纳经济状况》，加纳大学，莱贡，1997 年。

——（1998）*The State of the Ghanaian Economy in 1997.* University of Ghana, Legon.

——《1997 年加纳经济状况》，加纳大学，莱贡，1998 年。

——（1999）*The State of the Ghanaian Economy in 1998.* University of Ghana, Legon.

——《1998 年加纳经济状况》，加纳大学，莱贡，1999 年。

——（2000）*The State of the Ghanaian Economy in 1999.* University of Ghana, Legon.

——《1999 年加纳经济状况》，加纳大学，莱贡，2000 年。

——（2004）*The State of the Ghanaian Economy in 2003.* http：//www. isser. org/SGER% 202003% 20final. htm.

——《2003 年加纳经济状况》，2004. http：//www. isser. org/SGER% 202003% 20final. htm。

Jeffries, R. （1982） "Rawlings and the Political Economy of Underdevelopment in Ghana" *African Affairs*, 81, 324, pp. 307 ~ 318.

杰弗里斯：《罗林斯和加纳的欠发达的政治经济逻辑》，载《非洲事务》，81，324，1982 年，第 307 ~ 318 页。

——（1989） "Ghana：The Political Economy of Personal Rule" in *Contemporary West African States* （eds.） D. Cruise' O'Brien, J. Dunn, and R. Rathbone. Cambridge：Cambridge University Press, pp. 75 ~ 98.

——《加纳：个人统治的政治经济》，见科鲁兹、奥布赖恩、杜恩、拉思伯恩编《当代西非国家》，剑桥：剑桥大学出版社，1989 年，第 75 ~ 98 页。

——（1991） "Leadership Commitment and Political Opposition to Structural Adjustment in Ghana" in *Ghana：The Political Economy of Recovery* （ed.） D. Rothchild. Boulder and London：Lynne Reinner, pp. 185 ~ 211.

_____《加纳领导人对结构调整的承诺和政治反对》，见罗斯查尔德编《加纳：恢复时期的政治经济》，伯德和伦敦：林恩林那，1991年，第185~211页。

_____（1992）"Urban Popular Attitudes towards the Economic Recovery Programme and the PNDC Government in Ghana" *African Affairs*，91，pp. 207~226.

_____《城市民众对经济恢复计划和国家临时保卫委员会的态度》，载《非洲事务》，91，1992年，第207~226页。

_____（1993）"The State, Structural Adjustment and Good Government in Africa" *Journal of Commonwealth and Comparative Politics*，31，1，pp. 20~35.

_____《国家、结构调整和非洲的良政》，载《联邦和比较政治》期刊，31，1，1993年，第20~35页。

Jeffries, R. and C. Thomas（1993）"The Ghanaian Elections of 1992" *African Affairs*，92，368，pp. 331~366.

杰弗里斯、托马斯：《1992年加纳大选》，载《非洲事务》，92，368，1993年，第331~366页。

Johnson, C.（1982）*MITI and the Japanese Miracle：The Growth of Industrial Policy*，*1925~1975*. Stanford, CA：Stanford University Press.

约翰逊：《MITI和日本奇迹：产业政策的增长，1925~1975》，斯坦福：加州：斯坦福大学出版社，1982年。

_____（1987）"Political Institutions and Economic Performance：The Government-Business Relationship in Japan, South Korea and Taiwan" in *The Political Economy of the New Asian Industrialism*（ed.）F. Deyo. Ithaca：Cornell University Press, pp. 136~164.

_____《政治制度和经济表现：日本、韩国和台湾的政企关系》，见戴约编《新兴亚洲工业主义的政治经济》，伊萨卡：康奈尔大学出版社，1987年，第136~164页。

Jonah, K.（1985）"Imperialism, the State and the Indigenization of the

Ghanian Economy 1957 ~ 1984" *Africa Development*, 10, 3, pp. 63 ~ 98.

乔纳：《帝国主义、国家和加纳经济的本土化 1957 ~ 1984》，载《非洲发展》，10，3，1985 年，第 63 ~ 98 页。

Johan, K. (1994) "Continuity in Politics" *West Africa*, January 10, pp. 17 ~ 18.

约翰：《政治的持续性》，载《西非》，1 月 10 日，1994 年，第 17 ~ 18 页。

Jones, T. (1976) *Ghana's First Republic: The pursuit of the Political Kingdom*. London: Methuen.

琼斯：《加纳的第一共和国：对政治王国的追求》，伦敦：梅休因，1976 年。

Kang, D. (2002) *Crony Capitalism: Corruption and Development in South Korea and the Philippines*. Cambridge: Cambridge University Press.

康：《裙带资本主义：韩国和菲律宾的腐败和发展》，剑桥：剑桥大学出版社，2002 年。

Kapur, I., M. Hadjimachael, P. Hilbers, J. Schiff, and P. Szymczak (1991) *Ghana: Adjustment and Growth, 1983 ~ 1991*. Washington, DC: International Monetary Fund.

卡普图尔，汉吉迈克尔、希尔伯斯、希夫、西姆扎克：《加纳：调整和增长，1983 ~ 1991》，华盛顿：国际货币基金组织，1991 年。

Kennedy, P. (1980) *Ghanaian Businessmen: From Artisan to Capitalist Entrepreneur in a Dependent Economy*. Munchen: Wettforum Verlag.

肯尼迪：《加纳商人：在依附经济中从工匠到资本主义企业家》，慕尼黑：怀特福莱姆弗莱格，1980 年。

_____ (1988) *African Capitalism: The Struggle for Ascendancy*. Cambridge: Cambridge University Press.

_____《非洲资本主义：向上的斗争》，剑桥：剑桥大学出版社，1988 年。

_____ (1994) "Political Barriers to Africa Capitalism" *Journal of*

Modern African Studies, 32, 2, pp. 191~213.

_____《非洲资本主义的政治障碍》，载《现代非洲研究》期刊，32，2，1994 年，第 191~213 页。

Khan, M. (2000) "Rent-Seeking as Process" in *Rents, Rent-Seeking and Economic Development：Theory and Evidence in Asia* (eds.) M. Khan and K. Jomo. Cambridge：Cambridge University Press, pp. 70~144.

卡恩：《寻租过程》，见卡恩、乔莫编《租金、寻租和经济发展：亚洲理论和证据》，剑桥：剑桥大学出版社，2000 年，第 70~144 页。

_____ (2001) "The New Political Economy of Corruption" in *Development Policy in the Twenty-first Century：Beyond the post-Washington Consensus* (eds.) B. Fine, C. Lapavitsas, and J. Pincus. London and New York：Routledge, pp. 112~135.

_____《腐败的新型政治经济逻辑》，见法恩、拉帕维萨斯、平卡斯编《二十一世纪的发展政策：超越后华盛顿共识》，伦敦和纽约：劳特利奇，2001 年，第 112~135 页。

Khan, M. and K. Jomo (2000a) (eds.) *Rents, Rent-Seeking and Economic Development：Theory and Evidence in Asia*. Cambridge：Cambridge University Press.

卡恩、乔莫：《租金、寻租和经济发展：亚洲理论和证据》，剑桥：剑桥大学出版社，2000a 年。

_____ (2000b) "Introduction" in *Rents, Rent-Seeking and Economic Development：Theory and Evidence in Asia* (eds.) M. Khan and K. Jomo. Cambridge：Cambridge University Press, pp. 1~20.

_____《引言》，见卡恩、乔莫编《租金、寻租和经济发展：亚洲理论和证据》，剑桥：剑桥大学出版社，2000b 年，第 1~20 页。

Kilby, P. (1969) *Industrialization in an Open Economy：Nigeria, 1945~1966*. Cambridge：Cambridge University Press.

基尔比：《开放经济中的工业化：尼日利亚，1945~1966》，剑桥：剑桥大学出版社，1969 年。

Killick, T. (1978) *Development Economics in Action: A Study of Economic Policies in Ghana.* London: Heinemann.

基利克:《行动中的发展经济学:加纳经济政策研究》,伦敦:海涅曼,1978 年。

Kitching, G. (1989) *Development and Underdevelopment in Historical Perspective: Populism, Nationalism, and Industrialization.* London: Routledge.

吉青:《从历史角度看发展和欠发达:民众主义、民族主义和工业主义》,伦敦:劳特利奇,1989 年。

Kpor, C. (1989) "Free market policy questioned" *West Africa*, April 24, p. 637.

可波尔:《自由市场政策受到质疑》,载《西非》,4 月 24 日,1989 年,第 637 页。

Kraus, J. (1971) "Political Change, Conflict and Development in Ghana" in *Ghana and the Ivory Coast: Perspectives on Modernisation* (eds.) P. Foster and A. Zolberg Chicago and London: University of Chicago Press, pp. 33 ~ 72.

克劳斯:《加纳的政治变化、冲突和发展》,见福斯特、佐尔伯格编《加纳和象牙海岸:现代化的观点》,芝加哥和伦敦:芝加哥大学出版社,1971 年,第 33 ~ 72 页。

———— (1985) "Ghana's Radical Populist Regime" *Current History*, 84, 501, pp. 164 ~ 168 and 186 ~ 187.

————《加纳的激进民众主义政权》,载《当代历史》,84,501,1985 年,第 164 ~ 168 页,第 186 ~ 187 页。

———— (1987) "Ghana's Shift from Radical Populism" *Current History*, 84, 520, pp. 205 ~ 208 and 227 ~ 228.

————《加纳远离基金民众主义》,载《当代历史》,84,520,1987 年,第 205 ~ 208 页,第 227 ~ 228 页。

———— (1991) "The Struggle over Structural Adjustment in Ghana"

Africa Today, Fourth Quarter, pp. 19～37.

_____《有关加纳结构调整的斗争》，载《今日非洲》，第四季度，1991年，第19～37页。

_____（2002）"Capital, Power and Business Associations in the African Political Economy: A Tale of two Countries, Ghana and Nigeria" *Journal of Modern African Studies*, 40, 3, pp. 395～436.

_____《非洲政治经济中的资本、权力和商业协会：加纳和尼日利亚——两个国家的故事》，载《现代非洲研究》期刊，40，3，2002年，第395～436页。

Krueger, A. （1974）"The Political Economy of the Rent-Seeking Society" *American Economic Review*, 64, 3, pp. 291～303.

克鲁格：《寻租社会的政治经济》，载《美国经济评论》，64，3，1974年，第291～303页。

Lall, S. （1994）"The East Miracle: Does the Bell Toll for Industrial Strategy?" *World Development*, 22, 4, pp. 645～654.

劳．东方奇迹：《丧钟为工业战略敲响》，载《世界发展》，22，4，1994年，第645～654页。

_____（1995）"Structural Adjustment and African Industry" *World Development*, 23, 12, pp. 2019～2031.

_____《结构调整和非洲工业》，载《世界发展》，23，12，1995年，第2019～2031页。

_____（1996）*Learning from the Asian Tigers: Strategies in Technology and industrial Policy*. Basingstoke: Macmillan.

_____《向亚洲虎学习：技术和产业政策战略》，贝辛斯托克：麦克米伦出版社，1996年。

Lall, S. and F. Stewart （1996）"Trade and Industrial Policy in Africa" in *Agenda for Africa's Economic Renewal* （eds.）B. Ndulu and A. Van de Walle. New Brunswick and Oxford: Transaction Publishers, pp. 179～209.

劳、斯图尔特：《非洲的贸易和工业政策》，见努杜鲁、范登瓦利编

《非洲经济复兴日程》，新布伦瑞克和牛津：事务出版社，1996 年，第 179～209 页。

Lamptey，B.（1984）"Beware of Politics" *West Africa*，May 21，pp. 1064～1065.

兰普提：《了解政治》，载《西非》，5 月 21 日，1984 年，第 1064～1065 页。

Leechor，C.（1995）"Ghana：Frontrunner in Adjustment" in *Adjustment in Africa：Lessons from Country Case Studies*（eds.）I. Husain and R. Faruqee. Washington，DC：World Bank，pp. 153～192.

利切：《加纳：调整的先驱者》，见胡赛、法鲁奇编《非洲的结构调整：国家案例的经验》，华盛顿：世界银行，1995 年，第 153～192 页。

Leith，J. and M. Lofchie（1993）"The Political Economy of Structural Adjustment in Ghana" in *Political and Economic Interactions in Economic Policy Reform：Evidence from Eight Countries*（eds.）R. Bates and A. Krueger. Oxford and Cambridge：Blackwell pp. 225～293.

利思、洛夫奇：《加纳结构调整的政治经济》，见贝茨、克鲁格编《经济政策改革中的政治和经济互动：来自八个国家的证据》，牛津和剑桥：布莱克韦尔，1993 年，第 225～293 页。

Leys，C.（1996）*The Rise and Fall of Development Theory*. London：Valliers Publications.

利斯：《发展理论的崛起和衰落》，伦敦：瓦利耶出版社，1996 年。

MacGaffey，J.（1987）*Entrepreneurs and Parasites：The Struggle for Indigenous Capitalism in Zaire*. Cambridge：Cambridge University Press.

麦克加菲：《企业家和寄生虫：扎伊尔本土资本主义的斗争》，剑桥：剑桥大学出版社，1987 年。

MacIntyre A.（2000）"Funny Money：Fiscal Policy，Rent-seeking and Economic Performance in Indonesia" in *Rents，Rent-seeking and Economic Development：Theory and Evidence in Asia*（eds.）M. Khan and K. Jomo. Cambridge：Cambridge University Press，pp. 248～273.

麦金泰尔：《有趣的钱：印尼的财政政策、寻租和经济表现》，见卡恩和乔莫编《租金、寻租和经济发展：亚洲理论和证据》，剑桥：剑桥大学出版社，2000年，第248～273页。

Marris P. and A. Somerset (1971) *African Businessmen：A Study of Entrepreneurship and Development in Kenya.* London：Routledge and Kegan Paul.

马里斯、萨摩赛特：《非洲商人：肯尼亚的企业家精神和发展》，伦敦：劳特利奇和基根保罗，1971年。

Martin, M. (1991) "Negotiating Adjustment and external Finance" in *Ghana：The Political Economy of Recovery* (ed.) D. Rothchild. Boulder and London：Lynne Rienner pp. 235～263.

马丁：《调整和外部金融的谈判》，见罗斯查尔德编《加纳：恢复时期的政治经济》，伯德和伦敦：林恩林那，1991年，第235～263页。

_____ (1993) "Neither Phoenix nor Icarus：Negotiating Economic Reform in Ghana and Zambia, 1983～1992" in *Hemmed In：Response to Africa's Economic Decline* (eds.) T. Callaghy and J. Ravenhill. New York：Columbia University Press pp. 130～179.

_____ 《既非凤凰，也非伊卡露斯：加纳和赞比亚经济改革中的斗争，1983～1992》，见卡拉夫、雷耶希尔选辑《对非洲经济衰落的反应》，纽约：哥伦比亚大学出版社，1993年，第130～179页。

Maxfield, S and B. Schneider (1997) (eds.) *Business and the State in Developing Countries.* Ithaca：Cornell University Press.

马克斯菲尔德、施奈德：《发展中国家的企业和国家》，伊萨卡：康奈尔大学出版社，1997年。

May, E. (1985) *Exchange Controls and Parallel Market Economies in Sub-Saharan Africa：Focus on Ghana.* World Bank Staff Working Papers No. 711 Washington, DC：World Bank.

梅：《撒哈拉以南非洲的外汇管控和黑市经济：聚焦加纳》，载《世界银行职员工作报告》第711号，华盛顿：世界银行，1985年。

Mensah, A. (1998) *Ghana Textile/Garment Industry: An Endangered Sub-sector.* Accra: Afram Publications.

门萨:《加纳纺织/服装行业:濒危部门》,阿克拉:阿夫拉姆出版社,1998 年。

Ministry of Industries, Science and Technology (1992) *Industrial Policy Statement: A Strategy for Industrial Regeneration.* Accra: Ministry of Industries, Science and Technology.

工业、科学和技术部:《工业政策声明:工业复兴战略》,阿克拉:工业科学技术部,1992 年。

Mikell, G. (1989) *Cocoa and Chaos in Ghana.* New York: Paragon House.

迈克尔:《加纳的可可和混乱》,纽约:帕洛根出版社,1989 年。

Mkandawire, T. (2001) "Thinking about Developmental States in Africa" *Cambridge Journal of Economics*, 25, 3, pp. 289 ~ 313.

麦坎达维:《思考非洲的发展型国家》,载《剑桥经济》期刊,25,3,2001 年,第 289 ~ 313 页。

Moss, T. (2000) *The Political Economy of Global Portfolio Investment and Financial Sector Development in Africa: An Examination of the Determinants and Consequences of African Stock Exchanges, with Special Reference to Ghana.* Ph. D. diss. , School of Oriental and African Studies.

T. 莫斯:《全球证券投资的政治经济和非洲金融部门的发展》,载《论非洲(加纳)证券市场的决定因素和影响》,博士论文,东方和非洲研究中心,2000 年。

National Commission on Democracy (1991) *Evolving a True Democracy: Summary of NCD's Work towards the Establishment of a New Democratic Order* (Report Presented to the PNDC) .

国家民主委员会:《真正的民主的演化:国家民主委员会建立新民主秩序的工作总结》,1991 年。

National Institutional Renewal Programme (1995) *Scope and methodology* for Capacity Enhancement and Institutional Strengthening（mimeo）.

《国家机构革新计划，能力和制度强化的范围和方法论》，1995 年。

New Patriotic Party（2000）*Agenda for Positive Change*：*Manifesto of the New Patriotic Party*. Accra（mimeo）.

新爱国党：《积极的变化日程表：新爱国党宣言》，阿克拉，2000 年。

Ninsin，K.（1996）"Ghana Beyond Crisis and Adjustment" *Africa Development*，21，2 & 3，pp. 25～42.

尼森：《危机和调整之后的加纳》，载《非洲发展》，21，2&3，1996 年，第 25～42 页。

Nkrumah，K（1994）"The NPP's Ultimatum" *West Africa*，January 24，p. 123.

恩克鲁玛：《新爱国党的终极目标》，载《西非》，1 月 24 日，1994 年，第 123 页。

North，D.（1990）*Institutions*，*Institutional Change and Economic Performance*. Cambridge：Cambridge University Press.

诺斯：《制度、制度变化和经济表现》，剑桥：剑桥大学出版社，1990 年。

North，D.（1996）"Epilogue：Economic Performance through Time" in *Empirical Studies in Institutional Change*（eds.）L. Alston，T. Eggertsson，and D. North. Cambridge：Cambridge University Press，pp. 342～355.

诺斯：《结论：经历时间的经济表现》，见奥尔斯顿、埃格森、诺斯编《制度变化的经验研究》，剑桥：剑桥大学出版社，1996 年，第 342～355 页。

Nugent，P.（1996）*Big Men*，*Small Boys and Politics in Ghana*：*Power*，*Ideology and the Burden of History*，*1982～1994*. Accra：Asempa Publishers.

纽金特：《大人物、小男儿和加纳政治：权力、意识形态和历史的负担，1982～1994》，阿克拉：阿森巴出版社，1996 年。

_____（1999）"Living in the Past：Urban，Rural and Ethnic Themes in the 1992 Elections in Ghana" *Journal of Modern African Studies*，37，2，pp. 287～319.

_____《住在过去：1992 年加纳大选中的城市、农村和种族主题》，载《现代非洲研究》期刊，37，2，1999 年，第 287～319 页。

_____（2001）"Winners，Losers and also-rans：Money，Moral Authority and Voting Patterns in the Ghana 2000 Elections" *African Affairs*，100，400，pp. 405～428.

_____《2000 年加纳大选中的金钱、道德权威和投票模式》，载《非洲事务》，100，400，2001 年，第 405～428 页。

O'Driscoll Jr. G. and L. Hoskins（2003）"Property Rights：The Key to Economic Development" *Policy Analysis*，482，pp. 1～17.

奥德斯考尔和霍斯金斯：《财产权：经济发展的关键》，载《政策分析》，482，2003 年，第 1～17 页。

Oelbaum，J.（2002）"Populist Reform Coalitions in Sub-Saharan Africa：Ghana's Triple Alliance" *Canadian Journal of African Studies*，36，2，pp. 281～328.

奥尔鲍姆：《撒哈拉以南非洲的民众主义改革联盟：加纳的三角联盟》，载《加拿大非洲研究》期刊，36，2，2002 年，第 281～328 页。

Ofori，R.（1993）"Mixed Messages" *Africa Report*，September/October，pp. 70～71.

奥弗里：《混合的信息》，载《非洲报告》，9 月、10 月，1993 年，第 70～71 页。

Olson，M.（1965）*The Logic of Collective Action：Public Goods and the theory of Groups*. Cambridge，MA：Harvard University Press Cambridge University Press.

奥尔森：《集体行动的逻辑：公共货物与群体理论》，剑桥：哈佛大学出版社，剑桥大学出版社，1965 年。

_____（1982）*The Rise and Decline of Nations*. New Haven；London：

Yale University Press.

_____《民族的崛起和衰落》，纽黑文和伦敦：耶鲁大学出版社，1982 年。

_____（1995）"The Ghanaian Elections of 1992—A Dissenting View" *African Affairs*，94，pp. 259～275.

_____《加纳 1992 年选举——不同观点》，载《非洲事务》，94，1995 年，第 259～275 页。

_____（2000）"The Process of Democratization in Ghana" *Journal of Commonwealth and Comparative Politics*，38，3，pp. 55～78.

_____《加纳的民主化进程》，载《英联邦和比较政治》期刊，38，3，2000 年，第 55～78 页。

Osei，P.（2000）"Political Liberalization and the Implementation of Value Added Tax in Ghana" Journal of Modern African Studies，38，2，pp. 255～278.

奥赛：《加纳的政治自由化和增值税的实施》，载《现代非洲研究》期刊，38，2，2000 年，第 255～278 页。

Overseas Development Institute（1996）*Adjustment in Africa*：*Lessons from Ghana*，Briefing Paper.

海外发展研究所：《非洲的调整：加纳的教训》，载《简报》，1996 年。

Overseas Development Institute（1996）*Some Suggested Measures for Industrial Development of the Republic of Ghana*. Tokyo：Overseas Economic Cooperation Fund.

海外发展研究所：《一些对加纳共和国工业发展的建议措施》，东京：海外经济合作基金会，1996 年。

Owusu，J.（1998）"Current Convenience，Desperate Deforestation：Ghana's Adjustment Program and the Forestry Sector" *Professional Geographer*，50，4，pp. 418～436.

奥乌苏：《当下利益和森林砍伐：加纳的调整计划和林业部门》，载

《职业地理家》，50，4，1998 年，第 418~436 页。

Owusu, M.（1996）"Tradition and Transformation: Democracy and the Politics of Popular Power in Ghana" *Journal of Modern African Studies*，34，2，pp. 307~343.

奥乌苏：《传统和变革：加纳的民主的民众权力政治》，载《现代非洲研究》期刊，34，2，1996 年，第 307~343 页。

Pattillo, C.（1998）*Investment, Uncertainty, and Irreversibility in Ghana*. IMF Working Paper 97/169 Washington, DC: International Monetary Fund.

帕蒂略：《加纳的投资、不确定性和不可逆性》，载《国际货币基金组织工作报告 97/169》，华盛顿：国际货币基金组织，1998 年。

_____（2000）"Risk, Financial Constraints and Equipment Investment in Ghana: A Firm-level Analysis" in *Investment and Risk in Africa*（eds.）P. Collier and C. Pattillo. Basingstoke and London: Macmillan Press, pp. 96 ~119.

_____《加纳的风险、财政束缚和设备投资：深度分析》，见科利尔、帕蒂略编《非洲的投资与风险》，贝辛斯托克和伦敦：麦克米伦出版社，2000 年，第 96~119 页。

Peil, M.（1971）"The Expulsion of West African Aliens" *Journal of Modern African Studies*，9，2，pp. 205~229.

皮尔：《驱逐西非外国人》，载《现代非洲研究》期刊，9，2，1971 年，第 205~229 页。

Peprah, K.（n. d.）"Divestiture and Economic Development" in *Diverstiture: Unlocking Ghana's Potential*. Accra: Divestiture Implementation Committee, pp. 4.

派普拉：《资产剥离与经济发展》，载《资产剥离：释放加纳的潜力》，阿克拉：资产剥离执行委员会，第 4 页。

Price R.（1975）*Society and Bureaucracy in Contemporary Ghana*. Berkeley: University of California Press.

普莱斯：《当代加纳的社会与官僚》，伯克利：加州大学出版社，1975 年。

Private Enterprise Foundation（1995）*1995 Mid-Year Review of the Economy of Ghana*（mimeo）.

私人企业基金会：《对加纳 1995 年经济的年中评论》，1995 年。

_____（1996）*A Record of the Proceedings of a Roundtable Discussion on Post FINSAP Flow of Credit to the Private Sector：Constraints and an Agenda for Improvement*（mimeo）.

_____《圆桌讨论事宜记录》，1996 年。

_____（1997a）*Forum for Policy Dialogue：Towards a Re-energised Partnership for Rapid Economic Growth*（mimeo）.

_____《走向经济迅速增长的，更加富有活力的伙伴关系》，载《政策对话论坛》，1997a 年。

_____（1997b）*Ghana Reaching the Next Level through Global Competitiveness：A Public/Private Partnership，Summary of Conference Proceedings*（mimeo）.

_____《加纳通过全球竞争更上一层楼》，1997b 年。

_____（1997c）*Report on National Forum on Funding of Tertiary Education*（mimeo）.

_____《第三级教育资金全国论坛报告》，1997c 年。

_____（1997d）*Review of the Economy in 1996 and Government Budget and Economic Policy for 1997*（mimeo）.

_____《1996 年经济评论和 1997 年政府预算与经济政策》，1997d 年。

_____（1998）*The 1998 Budget and the Private Sector*（mimeo）.

_____《1998 年预算和私营部门》，1998 年。

_____（1999a）*The Mini Consultative Group Meeting，October，1999：Notes on Private Sector Development*（mimeo）.

_____《迷你咨询团体会议 1999，关于私人部门发展的说明》，

1999a 年。

_____（1999b）*Report on the Roundtable Discussion on Current Developments in the International Commodity Market: How to Manage the Impact on the Ghanaian Economy*（mimeo）.

_____《有关国际商品市场当下发展的圆桌讨论报告》，1999b 年。

_____（2000）*PEF's Position on the Economy*（mimeo）.

_____《私人企业基金会对经济的看法》，2000 年。

Quaidoo, P.（1967）"Ghanaian Business Today" *Legon Observer*, September 15, pp. 15 ~ 17.

奎都：《加纳当今的商业》，载《里贡观察者》，9 月 15 日，1967 年，第 15 ~ 17 页。

Rankin, N., M. Soderbom, and F. Teal（2002）*The Ghanaian Manufacturing Enterprise Survey*. Oxford: Centre for the Study of African Economies（mimeo）.

兰金、索德曼、蒂尔：《加纳制造业企业调查》，牛津：非洲经济研究中心，2002 年。

Rathbone, R.（1971）"Politics and Factionalism in Ghana" *Current History*, 60（March）, pp. 164 ~ 167 and 175.

拉思伯恩：《加纳的政治和派系主义》，载《当代历史》，60，（3 月），1971 年，第 164 ~ 167 页，第 175 页。

_____（1973）"Businessmen in Politics: Party Struggle in Ghana, 1949 ~ 1957" *Journal of Development Studies*, 9, 3, pp. 391 ~ 401.

_____《政治中的商人：1949 ~ 1957 加纳的政党斗争》，载《发展研究》期刊，9，3，1973 年，第 391 ~ 401 页。

Ray, D.（1986）*Ghana: Politics, Economics and Society*. London: Frances Pinter.

雷：《加纳：政治、经济和社会》，伦敦：弗朗西丝出版社，1986 年。

Riddell, R.（1993）"The Future of Manufacturing in Sub-Saharan

Africa" in *Hemmed In*: *Responses to Africa's Economic Decline* (eds.) T. Callaghy and J. Ravenhill New York: Columbia University Press, pp. 215 ~ 247.

里德尔：《撒哈拉以南非洲制造业的未来》，见卡拉夫、雷耶希尔编《缝合：对非洲经济衰退的反应》，纽约：哥伦比亚大学出版社，1993年，第 215～247 页。

Riggs, F. (1964) *Administration in Developing Countries*: *The Theory of Prismatic Society.* Boston: Houghton Mifflin Co.

里格斯：《发展中国家的行政机构：多棱社会的理论》，波士顿：霍顿米夫林公司，1964 年。

Rock, M. (2000) "Thailand's Old Bureaucratic Polity and Its New Semi-democracy" in *Rents*, *Rent-Seeking and Economic Development*: *Theory and Evidence in Asia* (eds.) M. Khan and K. Jomo. Cambridge: Cambridge University Press, pp. 182 ~ 206.

洛克：《泰国的旧式官僚体及其新的半民主》，见卡恩、乔莫编《租金、寻租行为和经济发展：亚洲的理论与证据》，剑桥：剑桥大学出版社，2000 年，第 182～206 页。

Rodrik, D. (1989) "Promises, Promises: Credible Policy Reform via Signaling" *Economic Journal*, September, pp. 759 ~ 772.

罗迪克：《承诺，承诺：可靠的政策信号》，载《经济》期刊，9 月，1989 年，第 759～772 页。

_____ (1991) "Policy Uncertainty and Private Investment in Developing Countries" *Journal of Development Economics*, 36 (November), pp. 229 ~ 242.

_____《发展中国家的政策不确定性和私人投资》，载《发展经济》期刊，36（11 月），1991 年，第 229～242 页。

Rothchild, D. (ed.) (1991) "Ghana and Structural Adjustment: An Overview" in *Ghana*: *The Political Economy of Recovery.* Boulder and London: Lynne Rienner pp. 3 ~ 17.

罗斯查尔德：《加纳和结构调整：概述》，见罗斯查尔德编《加纳：恢复中的政治与经济》，伯德和伦敦：林恩林那，1991 年，第 3 ~ 17 页。

Rothchild, D. and E. Gyimah-Boadi (1986) "Ghana's Economic Decline and Development Strategies " in *Africa in Economic Crisis* (ed.) J. Ravenhill. London：Macmillan Press, pp. 254 ~ 285.

罗斯查尔德、吉玛—博阿迪：《加纳的经济衰退和发展战略》，见雷耶希尔《经济危机中的非洲》，伦敦：麦克米伦出版社，1986 年，第 254 ~ 285 页。

_____ (1989) " Populism in Ghana and Burkina Faso " *Current History*, 88, 538, pp. 221 ~ 224 and 241 ~ 244.

_____《加纳和布基纳法索的民众主义》，载《当代历史》，88，538，1989 年，第 221 ~ 224 页，第 241 ~ 244 页。

Saaka, Y. (1997) " Legitimizing the Illegitimate：The 1992 Presidential Election as a Prelude to Ghana's Fourth Republic" in *Issues and Trends in Contemporary African Politics：Stability, Development and Democratization* (ed.) G. Agbango. New York：Peter Lang, pp. 143 ~ 172.

萨卡：《合法化非法统治：1992 年总统大选对加纳第四共和国的影响》，见艾格班格编《当代非洲政治的议题与趋势：稳定、发展和民主化》，纽约：彼得兰，1997 年，第 143 ~ 172 页。

Safo-Adu, K. (1985) *Quo Vadis, Africa? Letters from Ghana Prison, 1972.* New York：Vantage Press.

萨福—阿杜：《非洲何去何从？来自加纳监狱的信件，1972》，纽约：范特奇出版社，1985 年。

Sandbrook, R. and J. Oelbaum (1997) " Reforming Dysfunctional Institutions through Democratization? Reflections on Ghana" *Journal of Modern African Studies*25, 4, pp. 603 ~ 646.

桑德布鲁克、奥尔鲍姆：《通过民主来改革失调的制度机构？对加纳的思考》，载《现代非洲研究》期刊，25，4，1997 年，第 603 ~ 646 页。

Schneider, B. (2004) *Business, Politics and the State in Twentieth*

Century Latin America. Cambridge；New York：Cambridge University Press.

施奈德：《二十世纪拉丁美洲的商业、政治和国家》，剑桥和纽约：剑桥大学出版社，2004 年。

Seidman, S. （1978） *Ghana's Development Experience 1951 ～ 1965*. Nairobi：East Africa Publishing House.

赛德曼：《加纳 1951～1965 的发展经营》，内罗毕：东非出版社，1978 年。

Serious Fraud Office （1998） *1998 Annual Report* （mimeo）.

《重大欺诈办公室 1998 年度报告》，1998 年。

——（1999）*1999 Annual Report* （mimeo）.

——《1999 年度报告》，1999 年。

Silva, E. （1997） "Business Elites, the State, and Economic Challenge in Chile" in *Business and the State in Developing Countries* （eds.） S. Maxfield and B. Schneider. Ithaca：Cornell University Press, pp. 152～188.

席尔瓦：《智利的商业精英、国家和经济挑战》，见马克斯菲尔德、施奈德编《发展中国家的企业与政府》，伊萨卡：康奈尔大学出版社，1997 年，第 152～188 页。

Soderbom, M. and F. Teal （2000） *Skills, Investment and Exports from Manufacturing Firms in Africa*. Centre for the Study of African Economies, WPS/2000－8 （mimeo）

索德鲍姆和蒂尔：《非洲制造业公司的技术、投资和出口》，非洲经济研究中心，WPS/2000－8，2000 年。

Stone, A., B. Levy, and R. Paredes （1996） "Public Institutions and Private Transactions：A Comparative Analysis of the Legal and Regulatory Environment for Business Transactions in Brazil and Chile" in *Empirical Studies in Institutional Change* （eds.） L. Alston, T. Eggertsson, and D. North. Cambridge：Cambridge University Press, pp. 95～128.

斯通、利维、帕德斯：《公共机构和私人交易：对巴西和智利的商业交易法律与一般环境的比较分析》，见奥尔斯顿、埃格森、诺斯编《制度变化的经验研究》，剑桥：剑桥大学出版社，1996 年，第 95 ~ 128 页。

Stryker, T. and H. Tuluy（1989）"Assistance to Ghana and the Ivory Coast" in *Aid and Development*（eds.）A. Krueger, C. Michalopoulos, and V. Ruttan. Baltimore and London：Johns Hopkins University Press, pp. 269 ~ 302.

斯特赖克和塔利：《对加纳和象牙海岸的援助》，见克鲁格、米哈洛普洛斯和拉坦编《援助与发展》，巴尔的摩和伦敦：约翰霍普金斯大学出版社，1989 年，第 269 ~ 302 页。

Tangri, R.（1992）"The Politics of Government-Business Relations in Ghana" *Journal of Modern African Studies*, 30, 1, pp. 97 ~ 111.

坦格里：《加纳的政府与企业间关系》，载《现代非洲研究》期刊，30, 1, 1992 年，第 97 ~ 111 页。

—— （1999）*The Politics of Patronage in Africa：Parastatals, Privatization and Private Enterprise.* James Currey, Fountain Publishers, and Africa World Press.

—— 《非洲的赞助政治：准国家机构、私有化和私营企业》，詹姆斯柯里、源泉出版社和非洲世界出版社，1999 年。

Tangri, R. and A. Mwenda（2001）"Corruption and Cronyism in Uganda's Privatization in the 1990s" *African Affairs*, 100, pp. 117 ~ 133.

坦格里、姆旺达：《90 年代乌干达私有化进程中的腐败和任人唯亲》，载《非洲事务》，100, 2001 年，第 117 ~ 133 页。

Taylor, A. A.（2006）*Sam Jonah and the Remaking of Ashanti.* Accra：Sub-Saharan Publishers.

泰勒, A. A.：《山姆·乔纳和阿散蒂的重塑》，阿克拉：南撒哈拉出版社，2006 年。

Taylor, S. D.（2007）*Business and the State in Southern Africa：The Politics of Economic Reform.* Boulder and London：Lynne Rienner.

泰勒：《南部非洲的企业和国家：经济改革的政治》，伯德和伦敦：林恩林那，2007 年。

Teal, F. (1999) "Why Can Mauritius Export Manufactures and Ghana Not?" *World Economy*, 22, 7, pp. 981～993.

蒂尔：《为什么毛里求斯能够出口制成品而加纳却不能》，载《世界经济》，22，7，1999 年，第 981～993 页。

Thompson, N. and S. Thompson (2000) *The Baobab and the Mango Tree: Lessons about Development-African and Asian Contrasts*. London and New York: Zed Books.

汤普森：《猴面包树和芒果树：亚非发展的对比和教训》，伦敦和纽约：泽德出版公司，2000 年。

Thorp, R. and F. Durand (1997) "A Historical View of Business-State Relations: Columbia, Peru, and Venezuela Compared" in *Business and the State in Developing Countries* (eds.) S. Maxfield and B. Schneider. Ithaca: Cornell University Press, pp. 216～236.

索普、杜兰德：《从历史视角看政企关系：哥伦比亚、秘鲁和委内瑞拉的比较研究》，见马克斯菲尔德、施奈德主编《发展中国家的企业和国家》，伊萨卡：康奈尔大学出版社，1997 年，第 216～236 页。

Toye, J. (1991) "*Ghana*" in *Aid and Power: The World Bank and Policy-based Lending* (eds.) Paul Mosley, J. Harrigan, and J. Toye. London and New York: Routledge, pp. 150～200.

托伊：《援助和权力下的'加纳'：世界银行和政策借贷》，莫斯利、哈里根、托伊主编，伦敦和纽约：劳特利奇，1991 年，第 150～200 页。

Truman, D. (1962) *The Governmental Process: Political Interests and Public Opinion*. New York, N. Y.: Knopf.

杜鲁门：《统治过程：政治利益和公众意见》，纽约：诺夫，1962 年。

U. S. Agency for International Development. (1990) *The Democracy Initiative*. Washington, DC: USAID.

美国国际发展署：《民主动力》，华盛顿：美国国际发展署，1990 年。

Van Walraven, K. (2002) "The End of an Era: The Ghanaian Elections of December 2000" *Journal of Contemporary African Studies*, 20, 2, pp. 183 ~ 202.

范沃伦耶:《一个时代的终结:加纳 2000 年 12 月的大选》,载《当代非洲研究》期刊,20,2,2002 年,第 183 ~ 202 页。

Wade, R. (1988) "State Intervention in 'Outward-looking' Development: Neoclassical Theory and Taiwanese Practice" in *Developmental States in East Asia*. (ed.) G. White. London: Macmillan pp. 30 ~ 67.

韦德:《'外向型'发展中的国家干预:新古典主义理论和台湾的实践》,见怀特编《东亚发展状况》,伦敦:麦克米伦,1988 年,第 30 ~ 67 页。

_____ (1990) *Governing the Market: Economic Theory and the Role of the Government in East Asian Industrialization*. Princeton: Princeton University Press.

_____《统治市场:东亚工业化中的经济理论和政府角色》,普林斯顿:普林斯顿大学出版社,1990 年。

_____ (1995) "Resolving the State-Market Dilemma in East Asia" in *The Role of the State in Economic Change* (eds.) H. Chang and R. Rowthorn. Oxford: Clarendon Press, pp. 114 ~ 136.

_____《解决东亚政府和市场间困境》,见常、罗索恩编《政府在经济变革中的角色》,牛津:克拉伦登出版社,1995 年,第 114 ~ 136 页。

Weber, M. (1978) *Economy and Society: An Outline of Interpretive Sociology*. Berkeley: University of California Press.

韦伯:《经济和社会:解释性社会学概述》,伯克利:加州大学出版社,1978 年。

Werlin, H. (1972) "The Roots of Corruption-the Ghanaian Enquiry" *Journal of Modern African Studies*, 10, 2, pp. 247 ~ 266.

沃林:《腐败的根源—探究加纳》,载《现代非洲研究》期刊,10,2,1972 年,第 247 ~ 266 页。

_____（1994）"Ghana and South Korea: Explaining Development Disparities: An essay in honor of Carl Rosberg". *Journal of Asian and African Studies*, 29, 3～4, pp. 205～225.

_____《加纳和韩国：解释发展的不同》，兹以此文纪念卡尔·罗斯伯格，载《亚洲和非洲研究》期刊，29，3～4，1994年，第205～225页。

Woods, D. （2004）"Predatory Elites, Rents and Cocoa: A Comparative Analysis of Ghana and Ivory Coast" *Commonwealth and Comparative Politics* 42, 2, pp. 224～241.

伍兹：《掠夺型精英、租金和可可：加纳和象牙海岸的比较研究》，载《英联邦和比较政治》，42，2，2004年，第224～241页。

World Bank（1981）*Accelerated Development in Sub Saharan Africa: An Agenda for Action*. Washington, DC: World Bank.

世界银行：《撒哈拉以南非洲的加速发展：行动日程》，华盛顿：世界银行，1981年。

_____（1983）*World Development Report 1983*. Washington, DC: World Bank.

_____《世界发展报告1983》，华盛顿：世界银行，1983年。

_____（1984）*Ghana: Policies and Program for Adjustment*. Washington, DC: World Bank.

_____《加纳：调整的政治和计划》，华盛顿：世界银行，1984年。

_____（1989）*Sub-Saharan Africa: From Crisis to Sustainable Growth. A Long-Term Perspective Study*. Washington, DC: World Bank.

_____《撒哈拉以南非洲：从危机到持续发展—长期视角研究》，华盛顿：世界银行，1989年。

_____（1992a）*Governance and Development*. Washington, DC: World Bank.

_____《治理和发展》，华盛顿：世界银行，1992a年。

_____（1992b）*Program Performance Audit Report, Ghana: First and*

Second Structural Adjustment Credits. Washington，DC：World Bank.

———《计划成绩审计报告，加纳：第一次和第二次结构调整信贷》，华盛顿：世界银行，1992b 年。

———（1993a）*Ghana 2000 and Beyond：Setting the Stage for Accelerated Growth and Poverty Reduction.* Washington，DC：World Bank.

———《2000 年的加纳及其未来》，华盛顿：世界银行，1993a。

———（1993b）*The East Asian Miracle：Economic Growth and Public Policy.* New York：Oxford University Press.

———《东亚奇迹：经济发展和公共政策》，纽约：牛津大学出版社，1993b 年。

———（1994）*Adjustment in Africa：Reforms，Results and the Road Ahead.* Washington，DC：World Bank.

———《非洲的调整：改革、结果和未来》，华盛顿：世界银行，1994 年。

———（1995）*Ghana：Growth，Private Sector and Poverty Reduction：A Country Economic Memorandum.* Report No. 14111 – GH. Washington，DC：World Bank.

———《加纳：增长，私营部门和减少贫困：国别经济备忘录》，载《第 14111 – GH 号报告》，华盛顿：世界银行，1995 年。

———（2001）*Ghana：International Competitiveness Opportunities and Challenges Facing Non-Traditional Exports.* Report No. 22421 – GH. Washington，DC：World Bank.

———《加纳：非传统出口面临的国际竞争机会和挑战》，《第 22421 – GH 号报告》，华盛顿：世界银行，2001 年。

———（2004）*Memorandum of the President of the International Development Association.* Report No. 27838– GH. Washington，DC：World Bank.

———《国际发展协会主席备忘录》，载《第 27838 – GH 号报告》，华盛顿：世界银行，2004 年。

Yeboah-Afari，A（1995）"Resigned to Change" *West Africa*，August

14，pp. 1278～1279.

伊博—阿法利：《接受变革》，载《西非》，8 月 14 日，1995 年，第 1278～1279 页。

Yeebo, Z. （1991）*Ghana*：*The Struggle for Popular Power*. London and Port of Spain：New Beacon Books.

伊博：《加纳：争夺民众权力的斗争》，新灯塔书局：伦敦和西班牙港，1991 年。

Young, C. （1978）"Zaire：The Unending Crisis" *Foreign Affairs*，57，1，pp. 169～185.

杨：《扎伊尔：尚未结束的危机》，载《外交事务》，57，1，1978 年，第 169～185 页。

本书引用的报刊杂志

Africa Confidential（London）

非洲秘闻 （伦敦）

Africa Contemporary Record（London）

非洲当代记录 （伦敦）

Africa Report（London）

非洲报告 （伦敦）

Africa Research Bulletin（London）

非洲研究公报 （伦敦）

African Observer（United States）

非洲观察家 （美国）

AGI News（Accra）

加纳工业协会新闻 （阿克拉）

Business and Financial Times（Accra）

财经时报 （阿克拉）

Business Chronicle（Accra）

商业纪事 （阿克拉）

Crusading Guide（Accra）

改革导报 （阿克拉）

Daily Graphic（Accra）

每日写真报 （阿克拉）

Dispatch（Accra）

派遣报（阿克拉）

Economist Intelligence Unit（London）

经济学人智库（伦敦）

Evening News（Accra）

晚间新闻（阿克拉）

Free Press（Accra）

自由媒体（阿克拉）

Ghana Drum（London）

加纳鼓声（伦敦）

Ghana Review International（London）

加纳国际评论（伦敦）

Ghanaian Chronicle（Accra）

加纳纪事（阿克拉）

Ghanaian Times（Accra）

加纳时报（阿克拉）

Independent（Accra）

独立报（阿克拉）

Legon Observer（Accra）

里贡观察家（阿克拉）

New African（London）

新非洲人（伦敦）

Statesman（*The*）（Accra）

政治家（阿克拉）

West Africa（London）

西非（伦敦）

索引

（索引所标页码为原书页码，见正文页边。）

Abbey, Joseph　约瑟夫·阿比　194

abbreviations key　关键缩略词　6~8

Accra, Ghana　阿克拉，加纳　9~10，26~27，51，66，92，94，96，112~113，116~117，123，125，132，135~136，145，149，167，179，193，209，235n6

Accra Brewery　阿克拉啤酒厂　125

Accra Metropolitan Assembly（AMA）　阿克拉市政会议　132

Accra Municipal Assembly　阿克拉市政议会　135~136，145~146

Acheampong, Ignatius Kutu　阿昌庞，伊格内修斯·库图　20，23，26，35，84，87，93~94，98~99，103~104，106，109~110

Ada Co-operative Salt Miners Association（ACSMA）　阿达采盐工人合作协会　95

Ada Traditional Council（ATC）　阿达传统委员会　94~95

Addison, J. A.　爱迪生，J. A.　110，115~116，118，121，126~127，200，234n12

Addo, Edward　爱德华·阿多　153

Addo, S. A.　阿多，S. A.　145

Adom, J.　阿多姆　173~174，183，235n6

African Capacity Building Initiative（1989）　非洲能力建设行动，（1989）　192

African capitalism　非洲资本主义　1，2，3，7，17～18，101～102，190～194，203，206，208～209

African economy　非洲经济　190～193

African nationalists　非洲民族主义者　18

Africanists　非洲学家　2，102

Afrifa，A. A. （1966～1969）　阿弗利法（1966～1969）　26

Agama，G. K.　阿贾玛，G. K.　129

agriculture　农业　2，3，21，92，118，170，221

Agyemang，Akwasi　阿夸西·阿贾芒　145

Agyemang-Duah，Balfour　阿贾芒—杜　33

Ahwoi，Kwamena　夸梅那·阿霍伊　112，148，158

Ahwoi brothers　阿霍伊兄弟　147

aid donors　援助国　1，101～102，144，152，179

Aidoo，Tony　托尼·阿多　143

Aikins，Addo　阿多·艾金斯　39

Akata-Pore，Allolga　阿卡塔—波　27，41

Akosombo Dam　阿科松博水电站　202

Akuafo Cheque　阿夸富支票　47，233n1

Akuffo，Fred（1978～1979）　弗雷德·阿库福（1978～1979）　26，85

Akuffo-Addo，Nana　阿库福—阿多，娜娜　123～124

A-Life supermarket chain　A- Life 连锁超市　150

Aliens Compliance Order　外国人安全法令　83

Alliance for Change　改变联盟　123

Amissah Inquiry of 1986/1987　阿米撒调查团（1986～1987）　95

Amponsah，N.　阿姆蓬萨，N　198～199

Amsden，Alice　艾丽斯·阿姆斯登　6，63，213～214，216～217，219

Annan，D. F.　安南，D. F.　77

Annan, Eddie　艾迪·安南　157

Ansah, Paul　保罗·安萨　121

Antwi, Kwaku　夸库·安特维　174～177

Apino Oil Palm Plantation　阿皮诺油棕榈种植园　90～91

Apino Soap　阿皮诺肥皂　155～156

Appenteng, S. C.　阿彭腾　83，87，90，94～98，109，114，118～119，149，158，200，205，207

Appiah-Kubi, K.　阿皮亚—库比，k　152，154

Appiah-Menkah, A.　阿皮亚—门卡　37，41，87，90～92，114，118～119，121，155～156，234n4

　　harassment of　（对阿皮亚—门卡的）骚扰　90～92

Apraku, Ernest　阿普拉库　171～172

Armed Forces Revolutionary Council（June-September 1979）（AFRC）武装力量革命委员会　21，24，25～26，110，186

Arthur, P.　阿瑟　223

Aryeetey, E.　艾瑞特　8，55，58～59

Asamoah, Obed　奥贝德·阿萨莫　35

Asante, Kwame　夸梅·阿散蒂　93～94

Ashanti Confederacy　阿散蒂邦联　162

Ashanti Goldfields Company（AGC）　阿散蒂金矿公司　47，125，134～135，145，151

Ashanti nationalism　阿散蒂民族主义　108

Ashanti Oil Mills　阿散蒂榨油厂　91

Ashanti region, Ghana　阿散蒂地区，加纳　77，94，108～109，162～163，235n1

Asian financial crisis（1997）　亚洲金融危机（1997）　16，220

Asian tigers　亚洲新兴国家　70～71，80

Assiseh, Vincent　文森特·阿希瑟　149

Associations of the Committees for the Defence of the Revolution　革命保

卫委员会联合会　123

Association of Ghanaian Businessmen　加纳商人协会　81～82

Association of Ghana Industries（AGI）　加纳工业协会　8，58，78～79，86～87，91，124，130～133，136～138，208，234n10，12

Association of Recognised Professional Bodies　公认职业机构协会　103

Asuo Bomosadu Timbers and Sawmills Ltd.（ABTS）　阿苏奥·博穆萨度木材有限公司　171～172

Atim，Chris　克里斯·阿提姆　27，40～41

authoritarian regimes　独裁政权　101～102

Awoonor，Kofi　科菲·阿乌诺　35，98～99，200～201

Ayitteh，Sherry　谢里·阿伊特　133

Bangladesh　孟加拉国　218

Bank of Ghana（BOG）　加纳银行　22，37，48，57，64，84，128～129

Bank for Housing and Construction（BHC）　房产和建设银行　150

Bartels，Kwamena　夸梅那·巴特尔斯　93

Bates，Robert　罗伯特·贝茨　3，22～23，105

Batsa，Kofi　科菲·巴察　95

Bayart，J.　贝亚特　27，141～142，159

"belly politics,"　大肚政治　141～142

Berg Report（1981）　伯格报告（1981）　191

Bilson，John　约翰·比尔森　107

Black Star Line　黑星航线公司　82

Boahen，A. A.　博阿亨　110～111，113～114，140

Botchwey，Kwesi　奎西·博奇韦　54，61～62，64，78，85～86，89，105，125，130，149，183，194，234n3

Bowditch，N.　鲍迪奇　38，204，206～208

Brautigam，D.　布罗蒂加姆　203

"bribe culture,"　"腐败文化"　195～196

Brong-Ahafo, Ghana　布朗阿哈福省，加纳　9～10，12，51，161～164，173，177～179，181～183，185～186，203，209

Brong Kyempim Federation（BKF）　布朗齐姆皮姆联邦　162

Bruce, Frank　弗兰克·布鲁斯　93

Bucknor, Jude　祖德·巴克纳　208

bureaucrats　官僚　3，10～11，79，88，189～199，203，210，217，224

Burkina Faso　布基纳法索　164

Busia, Kofi　科菲·布西亚　20，83，90～91，94，108～111，115，162～163，173

Business Assistance Fund　商业扶助基金　64，86

Business Associations（BAs）　商业协会　81～89，125，127，130～138，170，230

older　老牌（商业协会）　130～135，230

newer　新兴（商业协会）　135～138

capitalism（Ghanaian）　资本主义（加纳）　4，10～11，13，16～18，23～24，25，30，42～43，45，49～50，55～57，60～61，64，67，69，75～78，80～83，85～86，90，108～114，119～120，134～135，138，146～147，150～151，159～160，161，179，189～211，227（亦见"非洲资本主义"和"本土资本主义"条目）

anticapitalist rhetoric　反资本主义论调　75

and bureaucrats　（资本主义）和官僚　190～199

and business activism　（资本主义）和商业主动性　81～82

"culture of,"　（资本主义）文化　190

and entrepreneurial weakness　（资本主义）和企业家的弱点　203～210

and infrastructure　（资本主义）和基础设施　202～203

and the law　（资本主义）和法律　199～202

See also African capitalism; indigenous capitalism　亦参见非洲资本主

义；本土资本主义

Caridem Corporation　卡瑞戴姆集团　153

Carter Center　卡特中心　113

Cashew and Spices Products Limited（Cashpro）　腰果和香料产品有限公司　147～148

cedi（C）currency, See devaluation　塞地货币，参见"贬值"

Centre for Policy Analysis（CEPA）　政策分析中心　58

Chang, H.　常　6，213，215～216，218～220

Checkpoint Limited　检查站有限公司　149～150

chiefs, See also stool　酋长　33，77，162，182，233n2，235n1

China　中国　58

Christian Council　基督教委员会　103，107

Citizens' Vetting Committee（CVC）　公民审查委员会　34～36，77，92，104，114

civil servants　公务员　10～11，13，18～20，49，53，147，189，195，224，230～231

Clarke, Arden　阿登·克拉克　18

cocoa　可可　17～21，28～29，46～48，52，70，85，94，108，134，147～148，162～163，207

Cocoa Marketing Board　可可营销局　19，49

Cocobod　可可局　47，148

colonialism　殖民主义　12，17～18，42，81，86，108～109，166，235n1

Combined Farms　联合农场　116～117

Commission on Human Rights and Administrative Justice（CHRAJ）　人权和行政公正委员会　36

Commissioners Appointed to Enquire into the Law of Insolvency in Ghana（1961）　加纳破产法调查员（1961）　200～201

Comstrans　康姆斯兰（货运公司）　147

collective action theory 集体行动理论 71，80，87～88，131

Columbia 哥伦比亚 134

Commission for Africa 非洲委员会 225

Commission on Human Rights and Administrative Justice 人权和行政公平委员会 159

Committees for the Defence of the Revolution（CDRs） 革命保卫委员会 77，106

Confederation of British Industry（CBI） 英国工业同盟 121～122，125～126

"Confiscated Assets（Removal of Doubt）Law，" "财产罚没法" 114

congenial governance 良性治理 101～102

constitutional rule（1992～1993） 宪法统治 7，9，11，12，26，45，53，103，106～107，111，114，116，120～121，125，200

constitutionalism 宪法主义 120～121

"constructive contestations," 建设性对抗 15～16

Consultative Bodies（CB） 协商机构 88～89

Convention People's Party（CPP） 人民大会党 18～19，82，108～109，142，158～159，162，184～187

corruption 腐败 19，21，24，25～27，30～31，33～36，38，42，49，78～79，86，88，90，98～99，101，104，113，120，127，141，158～159，167～168，186，193，195～197，200，205，217～219，224～225，229～230，234n1

See also "bribe culture"; kalabule; rent-seeking 亦参见 "腐败文化"; kalabule; 寻租

Council of Indigenous Business Associations（CIBA） 本土企业协会委员会 112，128，137，147

coups, and expansionism 政变 19，20，27，29，84，95 和扩张主义，291966，19

1972，20，84

1979，27

1981，87，95

coup attempts　未遂政变　32，42，77，79，91，120，123

1982，42

1983，32，91

Crabbe，Azu　阿祖·克拉布　77

credit　信贷　12，29～30，57～58，62，67，71～72，81～83，110，126～127，137，144，153～154，201～202，217，220～221，227

cronyism　任人唯亲　16，80，86～87，143，158，179，186，219

Crook，R.　克鲁克　168

"culture of silence"（1980s）　沉默文化　79

Customs，Excise and Preventive Service（CEPS）　加纳海关、税务和预防服务　97

Dadzie，Ato　阿托·达泽　152

Daily Graphic　《每日写真报》　11，33，91，118，144，150，152

Danquah，Boakye　博阿奇·丹凯　93，108～111，115，162，173

Darko，Kwabena　夸贝纳·达科　114，116～118，121，207

De Soto，H.　迪索托　199～200

December Women's Movement（DWM）　十二月三十一日妇女运动　106，148～149，153

Defense Committees（DCs）　保卫委员会　31～34，40～42，95

Deraniyagala，S.　德安尼亚格拉　236n2

Divestiture Implementation Committee（DIC）　资产剥离执行委员会　151～157，172～173，195～196，235n6，236n1

Djentuh，Selassie　杰恩图斯　146

Djentuhs Case　杰恩图斯家族　138，146

democratic era（government-business relations in）　民主时代　101～139

International Tobacco Ghana（ITG）　加纳国际烟草公司　89～90，97～98

interventionism　干预主义　2，4，7，13，46，62～63，213～217，223～224，227～228

Intravenous Infusions　静脉输液公司　207～208

Ivory Coast　象牙海岸　21～22，29，203

Jantuah，F. A.　詹杜阿　77

Japan　日本　144，201，216

Jeffries，R.　杰弗里斯　22～23，46～47

Jomo，K.　乔莫　217～219

Jonah，K.　乔纳　119

Jonah，Sam　山姆·乔纳　145～146

Juapong Textiles　佳鹏纺织厂　65

June Four Movement（JFM）　六月四日运动　27～28，39，42，106，121，233n1

kalabule，kalabule，See also corruption　加纳俗语，指不正当手段获得财富，亦参见"腐败"条目　21，24，26，30，35～37，110

Kang，D.　康　7

Kastena Air Processing　卡斯特纳空气处理公司　93～94

Kaunda，Kenneth　肯尼斯·卡翁达　18

Kennedy，P.　肯尼迪　203～204，206，208

Kente，Nnuro　努如·肯特　207

Kenya　肯尼亚　58

Khan，M.　卡恩　217～219，223～224

Kicking Away the Ladder（2002）　踢开梯子　215

Kilby，P.　基尔比　203

knowledge-based assets　知识性资产　6，215

Kowus Motors and International Tobacco Ghana　加纳科沃斯机车和国际烟草公司　98

Kpordugbe，Peter　彼得·克鲍杜贝　144

Kraus，Jon　乔恩·克劳斯　17，30，38，51，57～58，77，132，184

Kufuor，J. Al　库福尔　222～223

Kumasi，Ghana　库玛西，加纳　9～10，113，116，145，162，167～168，204，235n1，3

Kumasi metropolitan assembly　库玛西市政议会　166～168

Kume Preko　Kume Preko（加纳特维语，意为"你可以杀了我"）　123

Kwahu people　夸胡　206～208

Kwei，Amartey　阿玛特·奎　41

Kyere，Kwaku　夸库·池瑞　169～171

Lall，Sanjaya　桑佳娜·劳　5，56，60，62，64，217

Latin America　拉丁美洲　16，105

leadership　领导　16～17，29～31，42，68～69，73，75，78，80，85，87，89，94，109～112，122，131～134，152，221，225，230

left-wing organizations　左派政治组织　27，30，33，40～43，75～77，79，128，222

Legon Observer　里贡观察家　82

Levantines　东地中海的阿拉伯人（文中主要指黎巴嫩人）　81～82

liberalists　自由主义者　63，80

Liberia　利比里亚　29，54

Libya　利比亚　29～30

Limann（1979～1981），Hilla　希拉·利曼　27，32，85，109

Lindsay，Ahomka　欧姆卡·林德赛　98

List，Friedrich　弗里德里希·李斯特　215～216

MacGaffey，J.　麦克加菲　205

MacIntyre，A.　麦金泰尔　217

macroeconomic policies　宏观经济政策　6～8，12，46，50，52，54，

58 ~ 60，68，72，84，223

　　Malaysia　马来西亚　58，218

　　Mali　马里　164

　　Manu，Kwaku　夸库·曼努　176 ~ 177

　　manufacturing　制造业　5 ~ 6，12 ~ 13，15，28，56 ~ 57，59 ~ 62，
64 ~ 69，82 ~ 84，91，94，115，132，144，148，155，203 ~ 205，207，
213，216，227

　　manufacturing value added（MVA）　制造业增加值　5 ~ 6，56

　　market reforms　市场化改革　12，45，51 ~ 52，61，72，75 ~ 77，
85，101，131 ~ 132，139，189，191，229

　　Marris，P.　马里斯　203

　　Mauritius　毛里求斯　15 ~ 16，67

　　Maxfield，S.　马科斯菲尔德　16

　　media，See private media　媒体，参见私营媒体

　　Mensah，A. H. O.　门萨　65 ~ 66，87，97 ~ 98，109，114，147，
158，174，205

　　methodology　方法论　11 ~ 13，165 ~ 166，195 ~ 198

　　book structure　本书结构　11 ~ 13

　　interviews　访谈　195 ~ 198

　　premise and argument　假设和论点　1 ~ 8

　　research methods　研究方法　8 ~ 11

　　Mills，John Evans Atta　米尔斯　130，142，170 ~ 171，173，176 ~
177，195

　　Mira Timbers　米姆木材公司　153

　　Minerals and Mining Law　矿产品和采矿法　47

　　mining　采矿　5，6，28，46 ~ 48，55 ~ 56，68，82，85，94 ~ 97，
114，134

　　See also gold；Vacuum Salt Products Limited　（亦参见“黄金”，“真
空制盐产品公司”）

Ministerial Conference of the Non-Aligned Movement　不结盟运动部长级会议　54

Mkandawire, T.　麦坎达维　228

Mobutu Sese Seko　蒙布图·西西·塞科　193

Moss, T.　莫斯　209

Movement for Freedom and Justice（MFJ）　自由正义运动　104, 106

Mugabe, Robert　罗伯特·穆加贝　15

Multi-Wall Paper Sacks（MWPS）　多层纸袋制造公司　115

Munufie, A. A.　穆努费伊　163

Museveni, Yoweri Kaguta　穆塞维尼　122

Nartey, W. G.　纳提　94

National Commission on Democracy（NCD）　国家民主委员会　106, 110

National Democratic Congress（NDC）　全国民主大会党　12～13, 52～55, 102～103, 112～113, 115～118, 120～121, 123, 125, 127～129, 131, 133, 137, 141～160, 161～187, 209～210, 221～223, 229

and Brong-Ahafo　布朗阿哈福省　161～169

businesspeople and politics　商人和政治　184～187

case studies　案例研究　169～177

context of study of　研究语境　164～165

and contractors　全国民主大会党和承包商　179～184

entrepreneurial strategies　企业战略　177～178

and the local level　地方层次　165～169

See also P/NDC　亦参见件全国民主大会党/国家临时保卫委员会

National Democratic Movement（NDM）　全国民主运动　27, 42, 233n1

National Development Planning Commission　国家发展计划委员会　130

National Independence Party　国家独立党　114, 116

National Institutional Renewal Programme（NIRP）　国家机构革新计划 194～195

National Investigations Committee（NIC）　国家调查委员会　36～38，77，96，104，114

National Liberation Council（NLC）　全国解放委员会　19～20，23，81～84，151

National Investment Bank（NIB）　国家投资银行　83，92～93，144

National Redemption Council（NRC）　救国委员会　20

National Liberation Movement（NLM）　全国解放运动　108，158～159，162

National Reform Party（NRP）　国家改革党　143

National Union of Ghana Students（NUGS）　加纳全国学生联合会 27～28

neoclassical economics　新古典主义经济学　191

neoliberal economic reforms　新自由主义经济改革　1～4，12，14，15，17，46～73，132～133，139，160，213～215，217，220～221，223～224，227～228

See also Economic Recovery Program；indigenous business；structural adjustment neo-Marxism　新马克思主义　27～28，30，41～42，75，77～78

new institutional economics　新制度经济学　191，213～214，220

New Patriotic Party（NPP）　新爱国党　8，13，53，110～120，123～124，142，144，147～149，155，158～159，163，169～175，177～178，183～184，213，221～224，235

newly industrialized countries（NICs），See East Asian NICs　新兴工业化国家，参见东亚新兴工业化国家

Nigeria　尼日利亚　17，29，83，92，115～116，121～122，203，207

Nkrumah，Kwame　恩克鲁玛　4，18～19，23，81，83，108～109，

111～113，119，142，148，151，158～159，162，186～187，235

and the Convention People's Party 恩克鲁玛和人民大会党 158～159

and economic statism 恩克鲁玛和中央集权下的统制经济 18

and "one-party state," 恩克鲁玛和"一党国家" 108～109

NDC, See National Democratic Congress 全国民主大会党（缩写），参见全国民主大会党

Nontraditional Exports（NTEs） 非传统出口 48，58，69～72，117，135

North, Douglas 道格拉斯·诺斯 190～191

Nunoo-Mensah, Joseph 努诺—门萨 41

Nyerere, Julius 朱利叶斯·尼雷尔 18

Obeng, P. V. 欧鹏 64，194～195

Obo Trading Company 奥博贸易公司 208

Oelbaum, Jay 奥尔鲍姆 127，148，179

Ofori-Atta, Jones 奥弗里—阿塔 208

oil 石油 22，29～30，52，54

Oquaye, M. 奥库耶 127～128，201～202

Osei, Isaac 伊萨克·奥赛 207

Osei-Wusu, W. 奥赛·图图 144

Overseas Development Institute 海外发展研究所 54，57

Overseas Economic Cooperation Fund（OECF） 海外经济合作基金会 204

Owusu, A. A. A. A. 奥乌苏 208

Owusu, Victor 维克多·奥乌苏 109，163

Owusu-Acheampong, J. H. 奥乌苏—阿昌庞 170，236n10

Pakistan 巴基斯坦 218

para-statals 准国家机构 18～19，24，61，77

patronage-based politics 恩惠政治 1～4，13，15～16，84，101～102，133，152，165，168，174，180，184～186，209～210，224，234nl

People's Defence Committee（PDC）　人民保卫委员会　32～34

People's National Party（PNP）　人民国家党　21，27，40

People's/workers' defense committees（P/WDC）　人民/工人保卫委员会　33

Pepera，Paul　保罗·佩佩拉　122

Peperah，Peter　彼得·佩佩拉　153

Peprah，Kwame　夸梅·派普拉　53，152

"performance legitimation"　"成绩合法化"　103～104

personal rule　个人统治　3～4，16，17，135，146，160

Peru　秘鲁　134，200，202

Philippines　菲律宾　219

Piers Hotel（1999）　皮尔斯宾馆　138，145，200

P/NDC；See Provisional National Defence Council and the National Democratic Congress　国家临时保卫委员会/全国民主大会党（缩写）；参见国家临时保卫委员会和全国民主大会党

PNDC，See also Provisional National Defence Council　国家临时保卫委员会（缩写），亦参见国家临时保卫委员会

Popular Front Party　人民阵线党　109，162

Private Enterprise Foundation（PEF）　私人企业基金会　6，58，65，117，128～130，133，137

private media　私人媒体　103，120～121

private property　私有财产　25，32～34，42～43，64，89，97～99，103，114，138，145，199～200，206～207，214，220，230

seizure of，32，97～99，114，138，145，200，206，230

private sector　私营部门　1，5，12，23～24，25～26，34，42～43，45，49～50，55～60，68，72，75～80，82，84～85，88～89，118，121～122，125～129，147，151，164，190～191，194～195，198，200，204，214，220～222，234n4，237n4

and policy implementation　私营部门和政策执行　59～60

relations with　私营部门的关系　77～80

Private Sector Advisory Group（PSAG）　私营部门顾问小组　89，126，234

Private Sector Consultative Committee（PSCC）　私营部门咨询委员会　88

Private Sector Roundtable（PSR）　私营部门圆桌会议　126～128

privatization　私有化　5，19～20，23～24，25～26，49，59，81，126，150～157，199，214，220

Progress Party（PP）　进步党　20，23，83～84，109，151，162

Provisional National Defence Council（PNDC）　国家临时保卫委员会

background of　国家临时保卫委员会的背景　25～28

and business，See PNDC-business relations　国家临时保卫委员会和企业关系，参见国家临时保卫委员会和企业间关系

and the Citizens' Vetting Committee　国家临时保卫委员会和公民审查委员会　34～36

decentralization reform（1988）　民主化改革（1988）　165～166

and the Defense Committees　国家临时保卫委员会和保卫委员会　31～34

and devaluation　国家临时保卫委员会和贬值　48

dual power structure of　国家临时保卫委员会的双重权力结构　40～41

economic challenge to　国家临时保卫委员会面临的经济挑战　28～31

and economic reforms　国家临时保卫委员会和经济改革　76～77

and the legal system　国家临时保卫委员会和司法系统　200，202

and the National Investigations Committee　国家临时保卫委员会和国家调查委员会　36～38

and private property，See private property，seizure of and Public Tribunals　国家临时保卫委员会和私有财产，参见私有财产和私有财产的没收国家临时保卫委员会和公共法庭　38～39

and revenue mobilization　国家临时保卫委员会和收入动员　50

and structural adjustment　国家临时保卫委员会和结构调整　42

PNDC-business relations（1983～1991）　国家临时保卫委员会和企业界关系　75～100，200

and Business Associations　与商业协会的关系　85～88

business advocacy before Rawlings era　罗林斯时代之前企业的宣传　81～85

consultations　协商　79～85

and consultative bodies　协商团体　88～89

economic reforms　经济改革　76～77

and "free rider" problem　"顺风车"问题　80

implications of　两者关系的影响　98～99

and the private sector　私营部门　77～79

See also entrepreneurs, harassment of　亦参见企业家，对企业家的骚扰

Provisional National Defence Council and the National Democratic Congress（P/NDC）　国家临时保卫委员会和全国民主大会党　7，73，112，128，141～160，194～195，200，204，214，221～223，229，233nl

analogy with CPP　与人民大会党的类比　158～159

and Augustus Tanoh　与奥格斯特斯·塔诺的关系　142～145

and the Djentuh case　与杰恩图斯案例　146

"Mr. Fix-It" of　"搞定一切先生"　194～195

and privatization　和私有化　150～157

rise of P/NDC insiders in business　国家临时保卫委员会和全国民主大会党内部人士在商界的崛起　146～150

and Yusuf Ibrahim　和优素福·伊布拉西姆　145～146

Public Sector Reinvention and Modernisation Strategy（1997）　国营部门改革和现代化战略　194～195

Public Tribunals（PTs）　公共法庭　38～39，91，114，138

Quaidoo，K. K.　奎都　82

Quakyi，K. T.　卡奇　153

Ramsay，A.　拉姆塞　219

Rankin，N.　兰金　65

Rathbone，R.　拉思伯恩　112，158，184

Rawlings，Jerry John　罗林斯，杰瑞，约翰　17，30，33，81～85，103，118～120，179，185～186

　　business advocacy before　罗林斯时代前的企业宣传　81～85

　　character of　罗林斯的性格　30

　　and construction boom　罗林斯和建筑业繁荣　179

　　and cronyism，罗林斯和任人唯亲　185～186

　　and "culture of silence"　罗林斯和"沉默的文化"　179

　　and entrepreneurs　罗林斯和企业家　118～120

　　and Fidel Castro　罗林斯和菲德尔·卡斯特罗　86

　　lack of citizen knowledge about　缺乏公民认知　17

　　See also Armed Forces Revolutionary Council；entrepreneurs，harassment of；National Democratic Congress；Provisional National Defence Council　亦参见武装革命力量委员会；企业家，对企业家的骚扰；全国民主大会党；国家临时保卫委员会

Rawlings，Nana　娜娜·罗林斯　148～149，153，158，228

Ray，Donald　唐纳德·雷　36

Reindorf，Joe　乔·瑞恩道夫　95～96

rent-seeking　寻租　217～220，224

Riddell，R.　里德尔　62

Riggs，F.　里格斯　203

Rock，M.　洛克　219

Rothchild，D.　罗斯查尔德　22

Rothmans International　乐富门国际有限公司　97～98

RT Briscoe Motors　布里斯科汽车公司　154

Saaka, Y.　萨卡　107

Safo, Osei　奥赛·萨福　116～118，121，138，200

Safo-Adu, K.　萨福—阿多　89～90，92～94，110

Sandbrook, R.　桑德布鲁克　127

Scanstyle　Scanstyle 公司　122，153

Schneider, B.　施奈德　16

Selormey, Victor　塞罗梅　204

Serious Fraud Office（SFO）　重大欺诈办公室　114～115，128，138，143，150，154，157，159，183

Siaw, J. K.　塞乌　27

Sikpa, Anthony　安东尼·西科帕　37

Sixth Annual Conference of District Chief Executives（1999）　第六届地区行政长官年度会议（1999）　167

Social Security and National Insurance Trust（SSNIT）　国家社保信托基金　97～98

socialism　社会主义　4，18，23～24，28，81，84，108～109，185

Soderbom. M　M. 索德鲍姆　65

Somerset. A　萨默赛特　203

South Africa　南非　15～16

South Korea　韩国　7，73，218，224，236n1

Standard Chartered Bank　渣打银行　125

standard of living　生活水平　21，24

Star Chemicals Company Limited（SCCL）　星光化学品有限公司　94

State Enterprises Commission　国有企业委员会　196

State Gold Mining Corporation　国家金矿公司　82

state-owned enterprises（SUEs）　国有企业　49～50，150～156，172，235n6

statism　国家主义　18，21，24，84，193，195

Stewart, F.　斯图尔特　62

stool　板凳（加纳酋长权力的象征）　33，96，233n2

The Stolen Verdict　被偷走的审判　113

structural adjustment　结构调整　1，5，7，12，40～43，45，50，56，60，75～76，105，214，220，224

subsidies　补贴　6～7，49～50，63～64，71，73，79，127，215，217～218，221，237n4

Sunyani Complex　苏尼亚尼集团　173

Supreme Military Council（SMC）　最高军事委员会　20，21，23，25～26，104

Supreme Military Council II（SMC II）　最高军事委员会（第二届）　21，26

Swimming Upstream（1998）　游向上游　114

Taiwan　中国台湾　7

Tangri, R.　坦格里　90

奥 Tanoh, Augustus　古斯塔斯·塔诺　142～145

Tanoh, Nathaniel　塔诺苏砖瓦厂　144

Tanoso Tile and Brick Factory（TTBF）　塔诺苏砖瓦厂　170

Tanzania　坦桑尼亚　18

TATA Brewery　塔塔啤酒厂　27

Tawiah, Ebo　伊博·塔维亚　78，112，151，153

taxation　税收　4，35～36，47～48，50，53～54，58，68～69，90，92～93，96～98，122～125，127，132～138，147，149，197，209，220～221，223，234n9，236n2

corporate tax　公司税　4，50，58，68，97，223

tax evasion　逃税　35～36，90，92～93

tax rebates　税收减免　69

See also value-added tax　亦参见增值税

Taylor, Scott D.　斯科特·泰勒　15～16，135

Teal, F. 蒂尔 65，67

Techiman, Ghana 泰奇曼，加纳 163～164，173

telecommunications 电信通讯 51，149，202～203，220

terms-of-trade shock 贸易条件改变带来的震动 52

textile industry 纺织业 65～67

Thailand 泰国 58，219，224

Third Force Party 第三力量党 107

Third Republic of Ghana（1979） 第三共和国（1979） 21

31 December Women's Movement, See December Women's Movement
12月31日妇女运动，详见12月的妇女运动

Thompson. N 汤普森.N 204

Thompson. S 汤普森.S 204

Thorp . R 索普 . R 134

timber industry 木材业 28～29，46～48，51，67，78～79，81，
85，134，153，164，169～171，176，203，235n5

Timber Resources Management Act（1997） 木材资源管理法
（1997） 67

Timber Utilization Contract 木材资源管理法 67

Twi language 特维语 9

Togo 多哥 21，29

trade liberalization 贸易自由化 46，59，61～62，64～66，135，
137～138，227

Trades Union Congress（TUC） 工会联合会 20，104

transaction costs 交易成本 6～7，199，214，217，220

Transport and Commodity General（T&CG） 通用运输商品公司 142
～144

Tsikata, Fui 伏维·齐卡塔 27，95～96，149

Tsikata. Kojo 科乔·齐卡塔 27，41，112，153

Tsikata. Tsatsu 卡素·齐卡塔 27，54，97，149，158

Tyson Foods　泰森食品公司　116，234n6

Uganda　乌干达　154

Unilever　联合利华　156，234n4

United African Company　联合非洲公司　34

United Gold Coast Convention（UCCC）　黄金海岸统一大会党　108，158

United Nations Educational，Scientific and Cultural Organization（UNESCO）　联合国教科文组织　98

United Nations Industrial Development Organization（UNIDO）　联合国工业发展组织　66

United Nations Security Council and General Assembly　联合国安理会和联合国大会　142

United States　美国　101，144，201，203，207，215

University of Ghana　加纳大学　27，121，201

University Teachers Association of Ghana（UTAG）　加纳大学教师协会　106~107

USAID，116　美国国际开发署　116，128~129

Vacuum Salt Products Limited（VSPL）　真空制盐产品公司　11，32，90，94~97，149，208

value-added tax（VAT）　增值税　53~54，122~125，133，136，138，197

Venezuela　委内瑞拉　134

Volta dam　沃尔特水电站　29

Wade，Robert　罗伯特·韦德　6，63，214，217

wages　工资　3，20，29，51，57，67，156，193~194，221

Weber，Max　马克思·韦伯　4，102，192，199

Wereko-Brobbey，Charles　查尔斯·乌瑞克—布罗　123~124

West Africa　西非　11

Westel　西讯　149

Williams, Ameto　阿米托，威廉姆斯　95

Wontumi, Andrews　安德鲁斯·翁图米　93

World Bank　世界银行　1~2，5，7~8，10，22，28，33，45，47，50，52~59，62~64，66~68，70，76，78，86，88~89，92~93，99，101，110，122，126，129~130，132，149，152，157，191~192，196~199，202~203，207，213~214，217，220~221，223~224，228，230~231，237n3

WorldSpace　世界空间　144

World War II　二战　81

Workers' Defense Committees（WDCs）　工人保卫委员会　33~34

Yakubu, Hawa　哈瓦·雅库布　123

Yeebo, Zaya　扎亚·伊博　35，41

Zaire　扎伊尔　192~193，205

Zambia　赞比亚　15~16，18，58

Zimbabwe　津巴布韦　15，58，102